MIND OVER MONEY

돈의 힘

초판 1쇄 발행 2017년 6월 30일
초판 3쇄 발행 2017년 7월 31일

지은이 클라우디아 해먼드
옮긴이 도지영
발행인 홍경숙
발행처 위너스북

경영총괄 안경찬
기획편집 김효단, 임소연

출판등록 2008년 5월 2일 제310-2008-20호
주소 서울 마포구 토정로 222, 201호(한국출판콘텐츠센터)
주문전화 02-325-8901

디자인 김종민
제지사 한솔PNS(주)
인쇄 영신문화사

ISBN 978-89-94747-79-8 03320

책값은 뒤표지에 있습니다.
잘못된 책이나 파손된 책은 구입하신 서점에서 교환해 드립니다.
위너스북에서는 출판을 원하시는 분, 좋은 출판 아이디어를 갖고 계신 분들의 문의를 기다리고 있습니다.
winnersbook@naver.com Tel 02)325-8901

이 도서의 국립중앙도서관 출판예정도서목록(CIP)은 서지정보유통지원시스템 홈페이지(http://seoji.
nl.go.kr)와 국가자료공동목록시스템(http://www.nl.go.kr/kolisnet)에서 이용하실 수 있습니
다.(CIP제어번호: CIP2017013281)

MIND OVER MONEY

돈의 힘

돈이 우리에게 미치는
놀라운 영향력

클라우디아 해먼드 지음 ㅣ 도지영 옮김

Winner's Secret Library · 위너스북
WINNER'S BOOK

나의 자매 안토니아,
그리고 조카 플로렌스,
마틸다를 위해

🪙 들어가는 글

1994년 8월 23일 저녁이었다. 스코틀랜드 이너헤브리디스 제도의 주라 섬에 있는 버려진 작은 창고에 모닥불이 피어올랐다. 대량으로 인쇄된 종이에 불이 붙어 재가 날리고 연기가 자욱했다.

이 장면을 보았다면 종이에 불이 붙는 모양새가 좀 이상하다고 느꼈을 것이다. 불이 옮겨붙는 데는 다소 시간이 걸렸고 타는 속도도 느렸다. 쌓인 종이 뭉치가 신문보다 더 촘촘하며 훨씬 작다는 것도 눈치챘을 것이다. 그러고 나서 뜨거운 공기 속에서 조금 전까지 타던 종이의 가장자리가 눈에 들어왔을 것이다. 설마 불에 탄 종이가 50파운드짜리 지폐는 아니겠지?!

20년도 더 된 일이지만, 8월 그날 밤 50파운드짜리 지폐로 된 100만 파운드가 불에 타 사라졌다. 다 타는 데는 겨우 한 시간 남짓 걸렸을 뿐이었다. 모든 이가 바라는 꿈의 금액이 전부 다 타버렸다. 정말 비싼 한 시간이었다.

불 뒤편에 서 있던 남자 두 명은 케이엘에프KLF라는 밴드였다. 케이엘에프는 90년대 초에 댄스곡으로 활동하다 후에 음악에 염증을 느끼고 작품을 만드는 예술가로 전향했다. 100만 파운드를 태운 행위는 개념미술의 일환이었다.

모든 진행 과정은 동영상으로 촬영했고 지금도 유튜브를 통해 시청할 수 있다. 케이엘에프는 처음에 돈다발에서 50파운드짜리 지폐를 한 장씩 꺼내 불 속에 집어넣었다. 지미 커티Jimmy Cauty는 불 속에 집어넣기 전 지폐를 한 장 한 장 모두 구겼다. 빌 드러먼드Bill Drummond는 마치 원반을 던지듯 지폐를 불 속에 던져넣었다. 잠시 뒤 케이엘에프는 속도를 내어 한 번에 지폐를 한 아름씩 던져넣었다.

동영상으로 촬영했음에도 대중은 이 모든 것이 이목을 끌기 위한 쇼라고 의심했다. 누가 그만한 큰돈을 진짜 태울까? 의혹을 잠재우기 위해 케이엘에프는 실험실에 타고 남은 잔여물 분석을 의뢰했다. 그 결과 재는 진짜 지폐가 타고 남은 것이었다.

계획대로 행위를 진행했지만 두 남자는 이로 인한 대중의 적개심에 대응하지 못했다. 대중은 이 행위로 케이엘에프를 몹시 싫어하게 되었다.

돈이 타는 장면을 보면 커티와 드러먼드가 왜 돈을 태웠는지 알고 싶다. 그래, 일종의 예술 행위라는 것은 알겠다. 그런데 무엇을 보여주려는 것일까?

놀랍게도 몇 년 동안 많은 인터뷰에서 둘은 이 질문에 시원한 대답을 내놓지 못했다. 대답은 앞뒤가 맞지 않았고, 일관성이 없었다. 확신이 없는 모습이었다.

공식 다큐멘터리에서 커티는 자신들이 한 일이 무의미했을 수도 있으며, 예술의 일환으로 지폐를 태운 행동이 논쟁을 불러일으켰음을 인정했다. 영상을 보면 커티가 설명하는 동안 더듬거리고, 말 잇기를 힘들어 하는 것을 알 수 있다.

한 텔레비전 인터뷰에서 드러먼드는 이렇게 말했다.

"그 돈으로 다른 일을 할 수도 있었죠. 하지만 우리는 그 돈을 태우는 쪽을 더 원했던 겁니다."

불 속에 지폐를 넣을 때 어떤 기분이었냐는 질문을 받자, 드러먼드는 별 감각이 없었고 무의식적으로 돈을 태울 수밖에 없었다고 대답했다.

"50파운드짜리 지폐 한 묶음을 만질 때마다 생각이라는 걸 한다면…."

이 지점에서 목소리는 점점 작아져 그런 생각은 떠올리기도 어렵다는 듯했다.[1]

드러먼드는 자신들이 파기한 것은 그저 종이 더미였을 뿐 빵이나 사과도 아니었다고 말했다.[2]

드러먼드가 한 말에서 문제의 핵심을 알 수 있다. 그렇게 많은 사람이 왜 커티와 드러먼드에게 화를 내고 언짢아했는지 설명할 수 있다. 물론 불 속에서 타버린 물건이 진짜 빵이나 사과는 아니었지만, 어떤 것이 분명 소실되었다. 사라진 것은 100만 파운드 정도의 빵이나 사과로 바꿀 수 있는 가능성이다.

문제는 여기서 그치지 않는다. 현금을 태우는 동영상을 본 사람은 자신에게 그 돈이 있었다면 실현할 수 있는 모든 일을 떠올린다. 새집과 새 차, 빚더미 탈출, 창업자금, 가족이나 친구에게 금전 지원, 세계 여행, 개발도상국의 어린이나 열대 우림을 위한 기부금 같은 것들 말이다.

커티와 드러먼드가 돈 대신 100만 파운드의 가치가 있는 물건에 불을 붙였다면 이야기는 달라진다. 불에 타버린 물건이 이를테면 그림이나 요트나 귀한 보석이었다면 못 쓰게 되었을 뿐 가치를 부여하지 않았을 것이다.

커티와 드러먼드가 록스타가 하는 대로 호텔 객실을 부수거나 마약을 하느라 그 돈을 낭비했다면, 대중은 이런 행동을 개탄했겠지만 격렬히 항의하지는 않았을 것이다. 그리고 그 돈을 그냥 쌓아두거나 이율이 높은 계좌에 예치하고 주식에 투자했다면, 이에 관심을 가진 사람은 거의 없었을 것이다.

이 문제는 단순히 두 남자가 100만 파운드를 가졌다가 다 없애버린 차원의 문제가 아니다. 진짜 문제는 그 거액에서 아무것도 창출하지 않았다는 것이다. 돈이 지닌 모든 가능성이 허공으로 사라졌다.

여기에서 돈이 우리 마음에 미치는 놀라운 힘을 알 수 있다. 우리는 종잇조각지폐, 금속 덩어리동전 그리고 컴퓨터 화면 속의 숫자에 투자한다. 돈이란 우리가 가치를 느끼는 많은 것을 얻기 위한 약속이다. 우리는 그 약속에 확신을 가지며 실제로 돈이 있으면 가치 있다고 생각하는 수많은 물건을 살 수 있다. 이 세상에 마법이 있다면 바로 돈일 것이다. 돈은 사람이 만들어낸 마음의 산물이다. 우리는 돈으로 필요하고 원하는 물건을 얻을 수 있다.

이런 돈의 성격으로 커티와 드러먼드가 한 행위는 관념에 매우 어긋날 뿐 아니라 신성모독에 가깝다. 이는 사회에서 금기시하는 행위이다. 돈의 성격을 뒤흔드는 행위는 근대 인간 사회의 근간을 뒤흔드는 일일 뿐만 아니라, 동시대를 살아가는 인류의 존재 의미를 뒤흔드는 행위이다.

우리는 심오한 정신적 존재이다. 사람을 사람답게 만드는 것은 사람 마음이며, 돈은 사람의 정신이 만들어낸 산물이다. 그래서 돈을 부정하면 돈은 존재할 수 없다. 하지만 이제는 살아가는 데 필요한 것을 얻기 위해서 우리가 돈에 의존하고 있다.

그렇지만 우리는 아직도 돈을 경멸하는 척한다. 할 수 있다면 돈을 없애고 싶어 하며, 물리적 돈과 가상의 돈이 필요 없는 사회에 매력을 느낀다. 1846년에 출판한 허먼 멜빌의 초기작인 여행기 겸 소설 《타이피족Typee》에 나오는 구절 "누구인들 이런 지상낙원에 살고 싶지 않을까?"를 보자.

타이피는 문명사회이지만, 우리 행복을 앗아가는 수천 가지 근심의 원인이 전혀 존재하지 않는다. 그곳에는 대출로 말미암은 압류도, 부도어음도, 청구서도, 노름빚도 없다. 그 어떤 독촉장도 없다. 또한 굶주린 가난한 과부와 아이도, 거지도, 거만하고 무정한 부자도 없다. 이 모든 것을 한마디로 정의하면 타이피에는 돈이 없다.

멜빌은 타던 배에서 내려 우연히 남태평양에 있는 타이피에 도착한다. 멜빌은 책 속에서 자신의 경험을 아주 좋은 기억으로 회상하며 상상의 나래를 펼쳤다. 책에는 사실과 허구가 섞여 있다. 타이피가 지닌 온갖 매력에도 멜빌은 지속해서 탈출을 꿈꾸었고 몸담았던 사회로 돌아가고자 했다. 말하자면 돈이 있는 곳으로 돌아가고 싶어 했다.

멜빌처럼 돈에서 자유로운 타이피와 같은 지상낙원으로 스스로 찾아갔다고 하자. 우리도 원래 장소로 돌아가고 싶어 하거나 다시 돈을 만들어내려 할 것이다. 우리는 돈에서 벗어나기가 어렵다. 하지만 우리 사회에서 일어나는 문제는 돈 자체가 아니라 돈을 쓰는 방식에서 기인한다. 그렇다면 어떻게 해야 우리는 좋은 목적으로 돈을 쓸 수 있을까?

우리는 돈을 통제하는 것이 아니다. 돈이 우리의 사고방식을 통제해서 때로 역효과를 낳거나, 우리가 잘못된 방식으로 돈과 관계를 맺는다. 우리는 이를 방지하고 훌륭하게 삶을 영위하며, 좋은 사회를 만드는 방향으로 돈을 쓰려면 돈과 인간 심리의 관계를 깊게 이해해야 한다. 돈을 어디에 써야 하는지, 어떻게 하면 돈을 벌 수 있는지에 관한 책은 많다. 그러나 이 책은 그런 내용을 다루지 않는다. 또한, 돈의 해악이나 소비지상주의, 자본주의에 관련된 책도 아니다. 물론 의심할 여지 없이 이런 주제도 제각각 문제가 있지만, 현재 우리는 소비지상주의와 자본주의 속에서 산다. 돈이 필연적으로 우리 가치를 훼손한다는 것이 아니다. 문제는 그보다 더 복잡하다. 이 책에서 돈과 우리 마음 사이에 있는 연결 고리를 풀어보려고 한다.

돈에 접근하는 방식은 학문 간에 서로 다를 수밖에 없다. 정치경제학자 칼 폴라니는 돈이 넓게는 언어 혹은 무게 등의 측정 단위처럼 의미론적 체계이며, 좁게는 지급, 표준 단위, 저축 그리고 교환에 이용하는 물품이라고 정의했다.[3] 지그문트 프로이트는 돈을 대변에 비교했다. 아이는 최초에 자신의 배설물을 가지고 노는 데에 관심을 보이다가 차츰 대변에서 진흙으로, 진흙에서 돌로, 그리고 마침내 돈으로 관심을 옮긴다.

19세기 철학자이자 심리학자인 윌리엄 제임스는 돈을 자기 연장extended self이라고 보았다. 제임스는 "사람이 자신의 것이라고 부르는 것은 신체, 정신력, 옷, 집, 배우자와 자식, 조상, 친구, 땅, 말, 요트 및 은행 계좌와 같은 것이다."라고 말했다.[4]

돈에 관한 심리적 측면을 생각할 때 신뢰가 가장 중요하다. 유발 노아 하라리 역사학 교수는 돈을 '지금까지 고안한 상호 신뢰 구축 중에 가장 보편적이고 효율적인 것'이라고 한다.[5] 돈은 신뢰를 표현하는 방식이다. 우리는 서로 협력할 때 안전하게, 번성하는 삶을 영위할 수 있다. 잘 아는 사람에게 협조하기는 쉽지만, 낯선 이에게 협조해야 할 때는 신뢰를 정량화하여 교환할 수단이 있어야 한다. 여기에 돈의 역할이 있다. 그 어떤 사회도 돈을 사용한 후에 돈이 없던 때로 돌아가려 하지 않았다.[6] 나는 이 책을 통해 돈이 오늘날 우리에게 어떤 일을 해주는지, 어떻게 우리의 사고방식과 감정, 행동을 바꾸는지, 우리가 어떻게 돈의 노예가 되는지 알리고자 한다.

우리는 살아가면서, '최고경영자는 거액의 상여금을 받으면 더 열심히 일할 거야', '용돈을 주면 아이가 숙제할 거야', '많은 물건 중에 최고의 가치를 지닌 물건이 무엇인지 고르는 법을 알아.' 등을 계속 가정한다. 하지만 살펴볼 내용에는 우리 생각이 항상 옳지 않다는 사실을 증명한다. 그리고 우리는 돈을 생각하면 죽음의 공포가 완화되는 사실을 발견한 실험을 보고, 도박으로 탕진한 사람과 인생 역전도 가능한 현금 앞에서 당황한 타밀나두주의 주민도 만날 것이다.

이 책을 다 읽을 때쯤이면 당신도 돈 문제에서 지금까지와는 다른 대처법을 찾게 되리라 확신한다. 하지만 당신이 진짜 지폐를 태우거나 타이피섬으로 떠나지는 않을 것이다. 대신 돈을 지배하는 마음을 얻게 될 것이다.

🪙 목차

이 될 수 있다 | 부자는 때로 통이 크다 | 비범한 이타주의

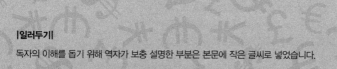

|일러두기|
독자의 이해를 돕기 위해 역자가 보충 설명한 부분은 본문에 작은 글씨로 넣었습니다.

MIND OVER MONEY

CHAPTER 01

돈과 우리의 관계는
어디에서 시작하는가

돈과 우리의 관계는 어디에서 시작하는가
돈은 왜 마약이면서 삶의 수단인가
우리는 왜 돈이 파기되는 것을 끔직이 싫어하는가
우리는 왜 죽음 앞에서도 돈에 집착하는가

뇌가 바라보는 돈

당신이 먹을 때마다 매번 즐거움을 느낀다면 뇌 속에서는 보상 체계가 가동한다. 뇌 속에 어떤 경로가 활성화하여 순간적으로 도파민뇌신경 세포의 흥분을 전달하는 신경전달물질이 상승하면 우리는 즐거움을 느낀다. 이는 뇌가 다시 먹어보라고 말하는 것이다.

이 상황에서 뇌 일부가 활성화하여 화학 반응과 신경 반응이 연쇄적으로 일어난다. 그런데 돈을 얻을 때도 뇌 속에서 이와 같은 반응이 일어난다.[1] 한 연구에서 사람이 돈을 얻었을 때와 맛있는 사과 주스를 마셨을 때 뇌 속에서는 흡사한 반응이 일어났다.[2]

금전 보상은 굳이 동전이나 지폐처럼 진짜 돈일 필요도 없었다. 신경과학자들이 실험 참여자에게 뇌주사 장치brain scanner를 씌운 후, 퀴즈를 맞히면 상으로 쿠폰을 지급했을 때도 참여자의 뇌 속 변연계에서 도파민을 분비했다.[3]

즉, 도파민이란 결국 만족 지연delayed gratification: 지그문트 프로이트가 성격발달이론에서 처음 사용한 용어로, 1960~1970년대에 스탠퍼드대학교 심리학 교수들이 진행한 '마시멜로 실험'으로 유명해짐. 사람이 원하는 것을 얻을 때까지 기다리는 것이 있을 때보다 즉각적 보상이 있을 때 분비한다. 하지만 도파민을 분비하는데 금전 보상과 소비가 주는 만족감 사이에는 직접적 연관이 없다. 현금이나 쿠폰은 미래 소비를 약속하는 수단일 뿐이다. 이것을 얻었다 해도 이를 소비하여 만족감을 얻는 것은 돈을 받는 순간이 아니라 미래의 어느 시점이다. 좋다, 당신은 현금을 받자마자 가게로 바로 달려가서 무언가를 살 수 있다. 하지만 여전히 소비에서 오는 만족감이 금전 보상을 받는 것과 동시에 나타나지 않는다.

이때 돈은 마약 같은 작용을 한다. 화학적 의미가 아니라 정신적 의미에서 말이다. 인류 진화에 걸린 시간에 비하면 돈이 등장한 지는 얼마 되지 않았기에 우리 뇌 속에 돈과 관련한 특정 신경 체계가 발달했다고 말하기는 어렵다. 그래서 돈을 얻을 때는 즉각적 보상을 얻을 때와 동일하게 뇌가 반응하는 것이다.

돈을 주겠다는 약속을 받았을 때, 즉 지폐나 쿠폰을 받은 것이 아니라 어떤 사람이 나에게 앞으로 돈을 주겠다는 말만 했을 경우에는 뇌 속에서 같은 반응이 일어나지 않는다. 이때는 직접 돈을 받았을 때와는 다른 뇌 부위가 활성화한다. 뇌는 돈을 받을 것이라는 약속을 실제 돈이나 쿠폰과 같다고 보지 않는다. 당장 돈을 받아도 그 자리에서 바로 소비의 만족감을 얻을 수 없다는 것은 마찬가지인데도 말이다.

이를 보면 우리 뇌는 일종의 마약처럼 돈, 그 자체를 원한다. 물론 돈이 마약처럼 진짜 중독성을 지닌 것은 아니지만, 정도의 차이일 뿐이지 누구나 돈에 끌린다.

하지만 우리가 돈을 원하는 것은 살아가는 데 필요한 물품을 얻기 위해서이기도 하다. 돈은 삶의 수단이다. 즉, 인생에서 원하는 것을 얻기 위해서는 돈이라는 수단이 있어야만 한다.

돈에 대한 사람의 태도를 관찰한 기존 심리 연구에서는 돈의 역할을 마약 같거나 아니면 원하는 것을 얻기 위한 삶의 수단, 둘 중 하나로만 전제하는 경향이 있었다. 반면 영국의 심리학자 스티븐 리Stephen Lea 교수와 폴 웨블리Paul Webley 교수는 돈이 앞서 말한 두 가지 성격을 동시에 지닌다고 주장했다. 돈의 노예가 되면 돈이 사람을 통제한다. 하지만 돈을 지배하는 마음을 가지면 사람은 스스로 원하는 방식으로 돈을 사용할 수 있다. 사람 마음과 돈의 관계는 이보다 훨씬 더 복잡하다. 돈은 사람의 사고방식, 감정, 행동에 영향을 준다. 이 세 부분은 여러 방식으로 서로 연결되다가 또 분리된다.

돈이 파기되면 우리 뇌는 돈을 다시 도구로 바라보게 된다. 케이엘에프가 100만 파운드를 불태운 주라섬의 그날 밤으로 다시 돌아가 보자. 사람들은 **현금을 불태운 일에 왜 그토록 화가 났을까?**

2011년에 인지 신경학자 부부 크리스 프리스Chris Frith 교수와 우타 프리스Uta Frith 박사는 이를 설명하기 위한 연구를 진행했다.[4] 프리스 부부는 엎드린 실험 참여자를 천천히 뒤집으면서 뇌주사 장치에 넣었다. 뇌주사 장치 안에는 45도 각도의 거울이 달려 있었고, 실험 참여자는 화면을 비추는 거울을 통해 재생 시간이 6.5초 되는 여러 짧은 동영상을 시청했다. 모든 동영상 속에는 같은 여성이 검은 스웨터를 입고 하얀 탁자에 앉아 있었다.

여성의 얼굴을 볼 수는 없었지만, 상반신과 손이 보였고, 손에 지폐를 쥐고 있었다. 첫 번째 동영상에서는 60파운드에 해당하는 덴마크 크로

네 지폐였고, 두 번째 동영상에서는 금액이 훨씬 적은 12파운드가량의 덴마크 크로네 지폐였다. 그리고 마지막 동영상은 진짜 지폐와 동일한 형태와 크기지만 전혀 다른 그림이 그려진 종이를 쥐고 있었다.

영상 속에서 여성은 지폐 한 장을 들어 의도적으로 위에서 아래로 지폐를 찢었다. 실험 참여자들은 예상한 그대로 반응을 보였다. 여성이 명백한 가짜 지폐를 찢을 때 실험 참여자들은 아무렇지도 않았다. 하지만 진짜 지폐를 찢을 때 참여자들은 불쾌했고, 찢어지는 지폐가 고액권일수록 더욱 불쾌하게 느꼈다.

보통 돈의 외관을 훼손하거나 파기하는 행위는 불법이다. 호주에서 화폐 훼손 행위는 최대 5천 호주 달러의 벌금이나 징역 2년에 처한다.[5] 폴 키팅Paul Keating 전 호주 총리는 1992년 타운즈빌 해양 수족관을 방문했다. 이때 지역의 한 예술가가 총리에게 5호주 달러짜리 지폐 두 장에 사인을 요청했고 총리는 지폐에 사인했다. 그 모습을 본 국민은 깊이 분노했으며, 일부는 총리가 행동에 대한 처벌을 받아야 한다고 생각했다.

나중에 밝혀졌지만 예술가가 사인을 요청한 것은 지폐의 신규 디자인에 항의하려는 목적이었다. 그 지폐 속 초상화는 원래 19세기 인권운동가였던 카롤린 치점Caroline Chisholm이었으나 영국 엘리자베스 2세 여왕으로 교체한 것이었다. 그런데 불 난데 부채질하는 격으로 마침 당시 영국 여왕이 호주에서 국가원수 지위를 지니는 것에 대해 많은 논란이 일어났다. 그리고 폴 키팅 총리는 국가원수를 바꾸어야 한다는 태도를 취했다. 그래서 화가 난 왕정주의자는 한 남자가 지폐에 항의 메시지를 적다가 기소된 사례를 들며, 총리와 예술가는 왜 처벌하지 않느냐며 항의했다.[6]

또 다른 호주인 필립 터너는 외관이 훼손된 지폐는 가치가 없다는 것을 알게 되었다. 필립이 주유소에서 받은 거스름돈 안에는 20호주 달러가 있었다. 지폐의 한 면에는 사인펜으로 "생일 축하해."라고 쓰여 있었고 뒷면에는 "망해라! 이제 너는 아무것도 못 살 걸."이라고 쓰여 있었다. 누군지 알 수 없지만, 지폐에 장난을 친 사람이 한 말이 맞았다. 가게에서는 훼손된 지폐를 받아주지 않았고, 처음 지폐를 필립에게 주었던 주유소도, 은행에서도 받아주지 않았다.[7]

돈에 메시지를 남기는 것은 새삼스럽지 않다. 돈은 모든 사람의 주머니 속으로 들어갈 수 있다. 메시지를 널리 알리는 데 이보다 더 좋은 방법이 어디 있을까? 과거 영국에서는 여성 참정권 운동가들이 이 방법을 썼다. 대영박물관의 전시물을 보면 여성 참정권 운동가들은 1903년에 주조된 1페니 동전 위에 '여성에게 투표권을Vote for Women'이라는 슬로건을 찍었다.[8] 영리한 항의 방식이었다. 소액의 동전은 회수되기까지 유통 빈도가 높기 때문이다. 하지만 당시 화폐를 훼손하면 징역을 받을 수도 있었기에 동전에 슬로건을 찍은 사람은 큰 위험을 감수해야 했다.

더 나아가 훼손에 그치지 않고 화폐를 전부 파기하면 어떻게 될까? 미국에서 지폐를 태우는 것이 얼마나 심각한 일인지는 다음을 보면 알 수 있다. 미연방 법전 제18편 〈중앙은행 채권의 훼손〉을 보면 해당 행위를 명백히 금지한다. 하지만 화폐를 파기한 행위로 실제 유죄 판결을 받은 경우는 매우 드물다. 미국에서는 화폐 파기보다는 오히려 국기 훼손 행위를 훨씬 심각하게 받아들인다. 캐나다에서는 동전을 녹이는 행위는 금지하지만 지폐 파기에 관한 언급은 없다. 그리고 2010년 유럽 연합 집행위원회의 권고안에 따르면 회원국은 '예술의 목적을 위한 유로 지폐나 동전의 훼손'을 장려해서는 안 되지만 '받아들여야 한다.'[9]

하지만 이는 국가 기관이 정한 규칙일 뿐이다. 그렇다면 **돈을 파기하는 행위를 보면 어떤 감정을 느낄까?** 프리스 교수 부부의 실험으로 돌아가 보자. 두 교수는 지폐가 찢어지는 모습을 보는 참여자의 반응을 관찰했다. 실험을 진행하기 전 단스케 방크덴마크의 최대 은행로부터 연구 허가를 받아 화폐 파기로 인한 처벌을 걱정할 필요는 없었다. 하지만 참여자는 대부분 돈을 찢는 행위를 명백히 관습을 어긴 행동으로 받아들였다.

앞서 뇌주사 장치에 들어간 실험 참여자들은 진짜 지폐가 반으로 찢어지는 것을 보면서 정신적 고통을 토로했다. 하지만 그보다 더 흥미로운 점은 참여자의 뇌 활동이었다. 화폐가 찢어지는 모습을 보았을 때 활성화한 뇌 부위는 보통 상실감이나 정신적 고통을 느낄 때 반응하는 부위가 아니라 좌뇌의 방추상회와 후측 설전부라는 작은 영역이었다. 방추상회에 관한 과거의 연구 결과를 보면 이곳은 만년필과 호두 까기 등을 식별하는 일과 관련이 있다. 즉, 사용 목적이 있는 도구를 인식할 때 활성화하는 부위이다. 이를 보면 우리가 돈을 도구로 바라본다는 설명은 타당하다. 돈을 바라볼 때 사람은 유용성을 매우 강하게 느끼므로 뇌가 마치 돈을 실제 도구인 것처럼 인지하고 반응한다.

이 연구 결과로 사람들이 케이엘에프가 화폐를 소각한 행위를 그렇게 속상해한 이유도 설명할 수 있다. 사람들은 타버린 돈이 있다면 할 수 있는 온갖 유용한 일에 대해 생각한 것이다. 다시 말해, 물리적 인공물이 파기되는 모습을 보는 것이 괴로운 것이 아니라 돈이 가진 가능성을 잃어버린 것이 괴로웠다.

프리스 교수 부부의 연구팀도 뇌 활동영역의 변화가 돈이 찢어지는 모습을 보는 순수한 괴로움에서 기인했을 수도 있다고 했다. 또한, 여러 연구에서는 편도체에 손상을 입은 사람은 돈을 잃어도 신경 쓰지 않는다는 사실이 드러났다.[10] 편도체는 뇌 속 깊은 곳에 있는 호두 모양의 부위인데, 일부 감정과 연관이 있다. 이는 돈을 바라보는 태도에 감정적 부분이 있음을 나타낸다. 프리스 부부의 연구가 흥미로운 이유는 실험 결과에서 상징성이라는 돈의 속성에 대해 알 수 있기 때문이다. 우리는 돈을 상징적으로 바라보기 때문에 도구로 사용할 수 있다. 또 이 연구는 우리가 돈을 바라보거나 만지거나, 아니면 생각만 하더라도 강한 감정이 일어난다는 사실을 보여준다. 돈이 불러일으키는 감정은 앞으로 여러 차례 다룰 예정이다. 돈에 대한 좋은 감정도 있고, 나쁜 감정도 있다. 그리고 이상하게 느끼기도 한다. 이런 감정을 알기 전에 돈과 우리의 관계가 어디서부터 시작하는지 우리 어린 시절을 돌아볼 필요가 있다.

아이들의 경제관념

처음 돈을 마주할 때 아이는 돈이라는 물건, 그 자체에 가치가 있다고 생각한다. 아이는 반짝반짝 빛나는 동전이나 빳빳하고 멋진 지폐를 만지며, 그 안에서 기쁨을 느낀다. 동전이나 지폐는 소중히 다루어야 하고, 버려서는 안 되는 것을 금세 깨닫는다. 그래서 할머니가 손에 몰래 돈을 쥐여주면 아이는 특별한 느낌, 심지어는 마법이 일어난 듯한 느낌을 받는다. 소설가 헨리 밀러Henry Miller가 실화를 바탕으로 쓴《Money and how it gets that way》에서 이런 감정은 나이를 먹어도 계속된다고 말한다.

"주머니에 돈이 있는 느낌은 인생에서 얻는 작지만 헤아릴 수 없는 기쁨 중 하나이다. 은행 계좌에 있는 돈은 이런 기쁨을 주지 않지만, 통장에서 돈을 인출하면 큰 기쁨을 느낀다. 이는 반박할 수 없는 사실이다."[11]

최근에 나는 친구의 딸, 네 살 틸리와 함께 공원에 갔다. 틸리는 반짝이는 구슬로 장식한 지갑을 가지고 있었고, 지갑 안에는 틸리가 모아온 동전이 몇 개 들어 있었다. 틸리는 몹시 기뻐하며 사람이 지나갈 때마다 지갑을 흔들면서 "보세요! 저 돈 많아요!"라고 소리쳤다. 틸리에게 그 동전으로 무엇을 살 것인지 물었지만 틸리는 대답하지 못했다. 틸리에게는 돈으로 무엇을 사는지가 아니라 근사한 돈을 가진 사실이 중요했다.

나는 틸리가 그 지갑을 얼마나 소중하게 생각하는지 놀이터에서 알게 되었다. 틸리는 놀고 난 후 집에 가기 싫다고 떼를 부렸다. 우리는 그러면 너를 두고 갈 테니 혼자 놀라고도 하고, 집에 가서 엄마에게 떼를 썼다고 이를 것이라며 겁을 줘보고, 잡기 놀이도 해보았다. 하지만 모든 노력이 허사였다. 틸리는 놀이터에서 꼼짝도 하지 않았다. 그때 틸리 이모가 틸리의 지갑을 들고 도망쳤다. 그리고 집에 가면 돌려주겠다고 하니 틸리가 순순히 따라왔다. 틸리는 돈이 얼마나 있는지, 그 돈으로 무엇을 살 수 있는지 몰랐지만 지갑 속 돈이 자신의 돈이라는 사실은 알고 있었다. 돈, 그 자체에 가치를 부여한 것이다. 평생 이어질 돈과의 관계를 이제 시작한 셈이다.

아이와 돈의 관계는 꽤 빠른 시간 내에 깊어지고, 복잡해진다. 내가 초등학생이었을 때, 여동생과 나는 지역의 금융기관에 저축 계좌를 가지고 있었다. 우리는 때로 계좌에 1파운드씩 저축하러 갔고 새로이 기장된 통장을 들고 뿌듯해하며 돌아왔다. 어느 해에는 그 금융기관에서 그림 그리기 대회를 주최했는데, 주제가 금융기관의 사무실이었다.

내가 낸 작품은 콜라주였다. 나는 건물의 벽 모양을 올이 굵은 옅은 노란색 삼베로 꾸몄고, 사람 모양으로 종잇조각을 잘라 위층의 창문에서 밖을 바라보도록 붙였다. 종이 사람은 모두 통장을 흔드는 모습이었다. 지금 생각해보면 내가 상을 탄 것은 틀림없이 그 종이 사람 덕분이다. 내 예술 작품이 심사위원을 감명시킨 것이 아니라 내가 금리를 과대 평가했기 때문일 가능성이 높다.

종이 사람들이 들고 있던 통장에 '예금 600파운드, 이자 300파운드, 잔액 900파운드'라고 써놓았다. 물론 그때는 지금보다 이율이 높았지만, 저 정도로 높지 않았다. 나는 어린 소녀였지만 얕은 지식을 가지고 돈이 어떻게 굴러가는지 조금이나마 이해하고 있었다. 그때 나는 벌써 저축, 이자, 예금 그리고 잔액에 대해 알았으며, 돈이란 그저 사탕을 사기 위해 동전을 몇 개 내는 수준이 아니라는 것도 알았다.

핀란드 유바스큘라대학교University of Jyväskylä의 마를레나 스톨프 Marleena Stolp는 한 어린이집에서 여섯 살 아이를 대상으로 돈에 대한 초기 이해도를 연구했다. 아이들은 카펫 위에 모여 앉아 연극을 연출하고 있었다. 성인 연출가가 함께 있었지만, 가능하면 무대 디자인에서부터 줄거리, 대사 등에 대한 많은 결정은 아이들이 직접 하도록 했다.

토론을 몇 번 거쳐 아이들은 〈6백만 마리의 사자들〉이라는 제목의 이야기를 만들었다. 아이들은 스스로 역할을 배정했고, 한 남자아이는 감자로 만든 탁자 역할을 하겠다고 주장했다. 그 역할은 상당한 연기력이 필요해 보였지만 이 연구의 취지는 무엇이든 할 수 있게 하자는 것이었기에 허용해주었다.

이 과정에서 돈에 관한 언급을 전혀 하지 않았음에도 아이들은 돈 문제까지 다루었다. 연극을 연출하는 6주 동안 아이를 관찰하고, 대화를 녹음하여 분석했다.[12] 스톨프는 곧 아이들이 주도적으로 대화하는 주제를 하나 발견했다. 바로 돈이었다. 아이들은 연극에 시장가치가 있다는 것을 알았다. 그래서 티켓 가격을 이야기했고, 나중에 디브이디로 판매할 수 있도록 공연을 촬영하는 것이 어떨지도 이야기했다. 고작 여섯 살 난 아이들이었지만 연극 연출을 단순히 재미있는 경험으로 받아들이는 것이 아니라 어떻게 마케팅을 할 것인지, 어떻게 돈을 벌 것인지 생각했다. 아이들은 돈을 버는 생각을 좋아했다. 심지어 티켓 가격을 어떻게 책정해야 사람들이 많이 살지에 대해서도 토론했다. 티켓 가격을 과도하게 책정하면 돈을 내고 연극을 보러오는 관객이 한 명도 없을 것이라는 위험도 잘 알았다.

연극을 연출하는 아이들은 이미 돈, 가격 정책, 그리고 시장에 대해 어느 정도 이해했다. 그렇다면 **아이는 돈의 가치를 도대체 어디서 이해하는 것일까?**

돈을 쌓아 올리는 기쁨

홍콩에서 진행한 연구에서 5세와 6세 아이로 구성한 그룹에 '돈'이라는 단어를 주고, 이를 주제로 자유롭게 연상하도록 했다. 아이들은 돈에 대해 여러 가지 이야기를 떠올렸지만, 이야기는 대부분 자신이 원하는 물건을 살 수 있는 능력과 관련한 것이었다. 미국과 유럽에서 진행한 비슷한 연구에서도 같은 결과가 나왔다. 아이는 돈의 미덕이나 다른 내용에 관해서는 흥미가 없었다.

반대로 어른은 그렇지 않다. 성인에게 돈이 좋은지, 나쁜지에 대해 설문조사를 했더니 자신이 속한 사회 집단에 따라 생각이 달랐다. 특히 학생은 돈을 부정적으로 생각했다. 직장인보다 돈을 좋지 않게 생각했고, 돈에 큰 관심도 없었다. 또한, 돈이 지닌 힘에 대한 생각도 덜 하는 것으로 나타났다.[13] 이와 달리 아이는 돈의 윤리적 측면에 대한 개념이 발달하지 않았다. 아이에게 돈은 단지 존재하는 물건이고, 가치 있고 유용하며, 가지고 싶은 것, 쓰일 준비가 된 것 정도로 인식했다. 아이는 학습을 통해 저축이라는 개념을 알며, 꽤 어릴 때부터 그 가치를 인식한다. 보통 입학하기 전 아이가 저축하는 주요 동기는 대개 돈을 모으는 기쁨 때문이라고 한다. 돈을 쌓아 올리고 세는 기쁨 말이다. 본인이 원하는 물건을 사기 위해 저축한다는 생각은 좀 더 크고 나서야 한다.

어렸을 때 내가 무엇보다 가지고 싶은 물건은 류트연주법이 기타와 비슷한 초기 현악기였다. 나는 공예작품 장터에서 류트를 처음 보고 나서 돈을 모으겠다고 결심했다. 나는 모은 돈이 얼마인지 측정하기 위해 모금 온도계를 정성껏 그렸고 그 금융기관에 특별 통장을 개설했다. 유별난 꼬마였던 나는 끈질기게 저축을 계속했다. 그로부터 5년 후 187파운드를 모았다. 꽤 많은 돈이었지만 류트를 사기에는 턱없이 부족했다. 내가 눈독을 들인 류트 가격은 1,400파운드였다.

그 비싼 류트를 갖고 싶지 않았다면 그렇게 많은 돈을 모으지 못했을 것이다. 저축을 시작하고 5년 정도가 지나서 저축이 얼마나 유용한지 깨달았다. 돈이란 어떤 특정 물건을 사기 위해서만 써야 하는 것이 아니다. 돈이란 선택이다. 사고 싶은 물건이 무엇인지 확실하지 않을 때에도 돈이 있으면 좋다. 미래에 어떤 물건을 원하거나 필요하게 되었을 때 저축한 돈으로 바로 살 수 있기 때문이다. 안타깝게도 나는 류트를 사려고 모은 돈을 조금씩 다른 데에 써버렸다.

아이에게 '좋은' 저축을 정의하는 일은 어렵다. 아이는 일정 기간에 받은 돈, 정기적으로 받는 용돈 그리고 조부모에게 받은 돈 일부를 저축할 수 있다. 하지만 **몇 달 혹은 몇 년간 저축해서 비싼 장난감을 사는 것이 칭찬할 만한 일일까?** 예를 들어 45세 남성이 자신의 저축 금액을 모두 털어 비싼 오토바이를 산다면 우리는 돈을 낭비한다고 생각할 것이다. 아이가 일정 기간 저축해서 한 번에 돈을 전부 쓰는 것도 마찬가지이다.

좀 더 짧은 기간에 적은 돈을 모아 책을 사는 것은 어떨까? 책을 정말 좋아하는 사람이라면, 이 방식 또한 하나의 탐닉 추구일 뿐이다. 그렇다면 **특별한 목적 없이 거액을 저축하는 것은 어떨까?** 얼핏 분별 있는 행동으로 보일 수도 있다. 살면서 언제 돈이 필요할지 결코 미리 알 수 없기 때문이다.

이 모든 면을 고려했을 때 일반적으로 소득의 일정 부분을 정기적으로 저축할 때 바람직하다는 소리를 듣는다. 우리는 집 보증금을 마련하기 위해서 저축한다. 저축은 실직했을 때나 병에 걸렸을 때를 대비하는 보험이다. 물론 은퇴한 후의 삶도 생각해야 한다. 하지만 아이는 '만일의 경우'라는 개념을 받아들이기 어렵다. 힘든 시기에 대비할 대책을 부모가 주기 때문이다. 아이에게 부모가 '복지 국가'인 셈이다. 게다가 현재를 충실하게 살아가는 아이에게 저축에 필요한 자기절제를 기대하는 것은 너무나 어렵다.

이 사실은 '경제야, 놀자play economy!'라는 실험을 만들어 아이를 관찰한 연구 결과에서 잘 드러난다.[14] 실험에 참여한 아이들은 토큰 30개가 있는 가상의 은행 계좌를 받았다. 그리고 아이들에게 이 가상의 세계에서는 '하루'가 단 10분 만에 지나고, '하루'가 지날 때마다 토큰을 10개씩 추가로 주겠다고 알렸다. 이 가상의 세계에서 한 시간은 '6일'인 것이다. 그동안 토큰을 하나도 쓰지 않는다면 아이들은 90개를 모을 수 있다.

다음으로 아이들을 일련의 방으로 안내했다. 방에 있는 일부 놀잇거리는 무료로 이용할 수 있었지만 어떤 놀이를 하기 위해서는 토큰을 내야 했다. 예를 들어 책을 읽는 것은 무료였지만, 영화를 보거나 비디오 게임을 하려면 토큰을 내야 했다. 마찬가지로 먹고 마시려고 무언가를 살 때도 토큰이 필요했다. 하지만 그림을 그리고 싶다면 연필과 종이는 무료로 빌릴 수 있었다. 마지막 방은 장난감 가게였는데, 계좌에 토큰이 70개 이상 남은 아이만 진짜 장난감을 사서 집으로 가져갈 수 있었다. 아이들이 얼마나 고통스러운 계산을 해야 했을지 짐작이 가고도 남는다. 마지막 방에 다다라 장난감을 살 때까지, 아이들은 쓸 수 있는 돈이 거의 없는 상태로 긴 시간을 기다려야 했다. 토큰 70개를 모으기 위해서는 게임, 음료수, 사탕을 사고 싶은 유혹을 40분 동안이나 참아야 했다. 대신 아이들은 지겹게 책을 읽거나 그림을 그릴 수 있었다.

모두 매우 진지하게 실험에 임했지만 토큰을 쓰지 않고 버티기가 너무 어려웠다. 이런 실험은 진짜 희생을 요구하기 때문이다. 이 사실은 유명한 마시멜로 실험을 진행한 심리학자 월터 미셸Walter Mischel 교수가 증명했다.[15] 당신도 알다시피 마시멜로 실험에서는 지금 당장 마시멜로 한 개를 먹을지, 10분을 기다렸다가 두 개를 먹을지 아이들에게 선택권을 주는 것이다. 어른이라면 실험 중에 자제력을 보일 수 있다. 마시멜로가 먹고 싶다면 집에 가는 길에 마시멜로를 한 가득 살 수 있기 때문이다. 하지만 아이는 그럴 방법이 없다.

'경제야, 놀자!' 실험에 참여한 아이들도 같은 어려움에 부닥쳤다. 아이들은 정말 장난감을 갖고 싶었지만 토큰을 끝까지 모을 의지력을 가진 아이는 소수였다. 아이들은 저축이 좋다는 것을 이미 알고 있지만, 중간에 들어간 방에서 직접적 유혹을 느끼자 자신을 자제할 수 없었다. 실험을 종료했을 때 장난감을 살 수 있을 정도로 토큰을 모은 아이는 절반에 불과했고, 전체 아이 중 4분의 1은 토큰을 단 하나도 모으지 못했다. 아이들은 시작할 때부터 장난감을 '사기'까지 토큰을 거의 사용하지 않아야 한다는 사실을 알았다. 그래서 아이들이 한 행동은 전반적으로 매우 합리적이었다. 가짜 돈인 토큰을 실험실 밖에서 쓸 수 없다면, 실험 중 재미있는 일을 할 수 있을 때 전부 써 버리는 편이 더 낫기 때문이다. 그래서 실험에 참여한 아이들은 '저축'이 유용하다기보다 손해 보는 일이라고 느꼈다.

아이의 경제관념은 부모의 소비 생활에서 온다

이탈리아의 권위 있는 심리학자인 안나 베르티Anna Berti 교수와 안나 봄비Anna Bombi 교수는 아이가 성장하면서 돈에 대한 생각이 어떻게 바뀌는지 알기 위해 1980년대에 3~8세 사이의 아이들을 추적했다.

그 결과 두 교수는 4~5세 아이는 대개 돈이 어디서 오는지 전혀 알지 못한다는 사실을 밝혔다. 아이는 유급노동의 개념이 거의 없었고, 대체로 은행이 모든 사람에게 그냥 돈을 준다고 생각했다.[16)]

뉴질랜드에서 록 밴드 '플라이트 오브 더 콘코즈Flight of the Conchords'가 5~6세 아이에게 돈이 어디서 오는지 질문했을 때도 비슷한 대답을 얻었다. 이 밴드는 2012년 빨간 코의 날Red Nose Day: 1988년부터 시작된 영국의 기부하는 날을 맞아 아픈 어린이를 위한 모금에 쓸 노래와 가사를 만들려고 아이디어를 찾고 있었다. 그러다가 한 학교에서 아이들에게 돈이 어디서 오는지 물었다. 아이들은 "은행이요."라고 대답했다.

"그럼 은행은 어디서 돈을 얻니?"

"총리 아저씨요."

"그럼 총리 아저씨는 어디서 돈을 얻니?"

"여왕님이요."

"그럼 여왕님은 어디서 돈을 얻니?"

"은행이요."

아이는 현대 경제의 복잡한 순환성을 잘 알고 있었다. 돈은 그 시작과 끝을 은행과 함께한다. 아이는 스스로 일하기 전까지 부를 이루려면 어디에선가 돈을 창출해야 한다는 사실을 이해하기 어렵다.

베르티 교수와 봄비 교수의 연구로 돌아가 보자. 연구 결과를 보면 4~5세가량이거나 약간 더 큰 또래 아이들은 돈은 가게에서 받아온다고 생각했다. 아이들은 종업원이 부모님에게 거스름돈을 건네주는 모습을 본 것이다. 두 교수는 아이가 부모님의 돈이 은행이나 가게에서 받은 것이 아니라 일을 한 대가라는 사실을 제대로 이해하려면 적어도 7~8세 정도는 되어야 한다고 결론지었다.[17]

하지만 좀 더 최근에 나온 연구 결과는 베르티 교수와 봄비 교수의 결론과는 좀 다르다. 2010년 핀란드의 사회인류학자 미나 루켄스테인 Minna Ruckenstein이 진행한 연구에서 헬싱키에 있는 어린이집 아이들이 단체 토론을 벌였다.[18] 루켄스테인의 연구팀은 아이들이 무슨 말을 하는지 종종 알아들을 수 없어서 나중에 대화 기록을 보고 나서야 이해할 수 있었다. 기록을 보면 요즘 미취학 아이도 노동을 통해 얻은 돈으로 가게에서 음식이나 물건을 교환한다는 사실을 잘 알고 있었다. 토론에 참여한 아이 중 몇 명이 물건을 사면서 돈을 받아오는 것이라고 말하자 다른 아이들이 그렇지 않다고 정정했다.

아이들은 대체로 돼지 저금통, 현금인출기 그리고 은행이 있는 목적이 무엇인지 설명할 수 있었다. 아이들이 특히 좋아한 일은 '공짜 돈'이라고 부르는 돈을 집안 곳곳에서 찾아내는 것이었다. 아이들은 '공짜 돈'이 원래는 누군가의 돈이라는 것을 알고 있었다. 루켄스테인의 실험에 참여한 아이들은 저축의 개념, 비용을 감당할 수 있는 물건만 사야 한다는 것, 필요 없는 물건에 돈을 낭비해서는 안 된다는 것을 알고 있었다.

아이는 돈에 관한 개념을 부모에게서 배웠다. 일부 부모는 아이에게 돈을 아껴 쓰는 방법도 가르쳤다. 즉, '경제야, 놀자!' 실험에서 아이들이 힘들어 한 자제력을 연습시키는 것이다. 베르티 교수와 봄비 교수의 연구 결과보다 루켄스테인의 연구 결과에서 아이가 돈의 출처를 더 잘 아는 이유는 아마 부모의 막대한 영향력 때문일 것이다. 베르티와 봄비 교수의 연구는 1980년대 이탈리아에서 실험했다. 당시에는 직장을 다니는 엄마보다 전업주부의 비율이 훨씬 높았다. 하지만 요즘에는 맞벌이가 훨씬 많다. 그래서 아이들이 "엄마는 왜 일하러 가야 해요?"라고 물었을 때 "돈 벌러 가는 거야. 우리가 살아가려면 돈이 필요해."라고 대답할 확률이 매우 높다.

아이가 가진 지식은 대부분 부모에게서 얻는다. 어떤 방법으로 정보를 얻을까? 아이는 대부분 관찰을 통해 정보를 얻는다. 부모를 관찰하며 사달라고 조른 물건을 부모가 사 주거나 거절하는 빈도를 알게 된다. 또한, 부모가 특정 브랜드를 선택하거나 할인을 받기 위해 여러 가게에 드나드는 것을 반복적으로 목격하고, 성능 대비 가격을 심사숙고하는 부모의 소비 방식을 지켜본다.

이처럼 경제 지식을 얻고 돈에 대한 시각을 발달하는 과정을 재정 사회화financial socialization라고 한다. 하지만 돈 문제를 활발하게 논의하는 가정은 매우 드물다. 조사에 따르면 많은 아이가 성인이 될 때까지 부모의 수입이나 저축에 관해 전혀 모른다고 한다. 그리고 일부 심리치료사는 부부 사이에서조차 성생활, 심지어 불륜보다 돈 문제를 적게 이야기한다고 한다.[19] 배우자와도 돈 문제를 이야기하지 않는데 아이와 이야기하기는 더욱 어렵다.

용돈의 힘

아이는 용돈을 관리하면서부터 내 돈이 생겼다고 생각한다. 영국의 조사에 따르면 부모가 아무리 가난해도 아이는 대부분 어느 정도로 용돈을 받는다고 한다.

런던의 저명한 심리학자인 아드리안 펀햄Adrian Furnham 교수의 연구를 보면 가계 소득 대비 용돈의 비중은 사실 중산층 가정보다 저소득층 가정에서 더 높다. 자녀가 7~10세 사이에 받는 용돈이 가장 빨리 오르고, 15~18세 사이에 가장 느리게 오른다.[20]

그리고 중산층 가정 부모일수록 용돈을 줄 때 아이에게 집안일을 시킨다. 중산층 가정에서는 아이에게 집안일을 시키지 않아도 더 많은 용돈을 줄 여유가 있다. 돈에 여유가 있는 부모일수록 돈이 저절로 생기는 것이 아니라는 메시지를 자녀에게 알려주어야 한다고 느낀다.

하지만 중산층 부모의 방식이 옳다는 확실한 증거는 없다. 한 연구에서는 숙제를 마쳤거나 집안일을 도왔을 때 용돈을 주어 아이에게 돈을 가르치는 편이 좋다고 주장한다. 하지만 다른 연구에서는 일정한 용돈을 지속적으로 주는 방식이 아이에게 현금을 어떻게 관리해야 하는지 알려주고 계획성과 책임감을 일깨운다고 한다.

게다가 집안일을 하는 대가로 용돈을 주면 자녀가 자원해서 돕지 않을 가능성이 있다. 또 시험 기간에 자녀가 설거지하는 대신 공부하는 쪽을 택했으면 하고 부모가 바라는 것도 문제이다.

그간의 연구를 보면 아이가 어느 정도 크면 집안의 예산에 관해 설명하는 편이 좋다. 그러면 아이는 큰 예산 속에서 자신의 용돈이 적당한지 생각하며, 더 많은 용돈을 원할 경우 다른 가계 소비에 어떤 영향이 미치는지 알게 된다. 유명한 자녀 경제 교육 지침서인《앞선 부모가 키워 주는 우리 아이 부자 습관Money Doesn't Grow on Trees》 저자 닐 갓프리Neale Godfrey는 여기서 한 발 더 나아간다. 갓프리는 자녀 용돈은 성인의 소득과 같은 방식으로 다루어야 한다고 제안한다. 예를 들어 성인의 소득에서 세금을 공제하는 것처럼 자녀 용돈에서도 15퍼센트를 떼어 가족 기금에 넣는다. 가족 기금을 어떻게 사용할지는 가족 투표로 결정한다. 그리고 추가로 용돈의 10퍼센트는 기부해야 한다. 아이는 기부금을 바꿀 수는 없지만 기부처는 정할 수 있다. 갓프리는 이런 용돈 관리 방식을 통해 자녀는 '가정 내의 시민'이 되는 법을 배운다고 한다.

모든 부모가 이 정도로 적극적인 방식을 원하지는 않을 것이다. 그렇지만 부모라면 누구나 아이에게 주는 돈이 어디서 생기는지, 아이가 용돈으로 어느 정도 금액을 기대할 수 있는지 열린 마음으로 일관성 있게 대화해야 한다. 반대로 부모도 아이에게 용돈을 투명하게 사용하도록 요구할 수 있다. 사실 일부 자녀 교육 전문가는 자녀 용돈의 소비 내역을 파악하기 위해 강하게 제안하기도 했다. 이에 따르면 부모는 자녀에게 용돈의 연간 소비 내역을 제출하도록 해야 하고, 소비 금액이 가계 예산의 흐름에 맞는지 함께 확인해야 한다.

미국 전역의 1,500가구를 대상으로 한 연구에 따르면 12~18세 사이의 청소년 중 3분의 2는 용돈을 어디에 쓰는지 부모가 대충 또는 거의 안다고 답했다. 또한 일하지 않고 용돈 받는 청소년보다 일하고 용돈 받는 청소년이 자선단체에 기부금을 낸 경우가 거의 두 배에 달했다.

연구에서 밝혀진 흥미로운 사실은 가정의 소득 수준이 아이들의 저축 금액이나 기부금에 아무런 영향을 미치지 않았다는 것이다. 이를 결정하는 중요한 요소는 가정의 소득 수준이 아니라 정서적 따뜻함이었다. 따뜻한 가정에서 자란 아이일수록 저축하는 경우가 더 많았고, 때로 자

신의 대학 등록금을 모으는 아이도 있었다.[21]

물론 성공적 자산 관리를 위해서는 가진 돈을 파악하는 것만큼 돈으로 무엇을 살 것인지도 중요하다. 루켄스테인의 연구를 보면 어린이집에 다니는 연령대의 아이는 가진 돈의 금액은 잘 알지만, 그 돈으로 무엇을 살 것인지는 알지 못했다. 관찰한 아이들은 하나같이 물어보지도 않았건만 가진 돈의 금액을 알려주고 싶어 안달이 났다. 다만 아이들이 생각하지 못한 것은 돈이 어떻게 구매력으로 바뀌는가 하는 부분이었다. 한 아이에게 200달러가 있다고 하자, 아이는 200달러가 큰 금액이라는 사실은 알았지만 그 돈으로 무엇을 살 수 있는지 알지 못했다.

어린 아이일 때 돈의 셈법을 익힌다. 어린 시절 수학에 대한 개념 이해가 높은 경우 성인이 되어서도 재정 관리를 더 잘한다. 그리고 계산을 잘하는 아이는 자선단체에 기부하거나 미래를 대비해서 저축하는 경우가 많았다. 이와 달리 수학을 못하는 아이일수록 돈 걱정을 더 많이 하는 경향이 있다고 한다.

즉, 부모가 자녀와 돈 이야기를 자주 나눌수록 자녀의 수학 공부 의욕을 향상시킬 수 있다. 자녀와 돈 이야기를 나누면 아이는 돈을 좀 더 현명하게 다룰 줄 아는 성인으로 성장하며, 건강하게 돈과 관계를 맺을 수 있다. 하지만 부모에게 어디에 용돈을 소비하는지 전부 이야기해야 한다면 아이는 돈을 자유롭게 사용하는 즐거움을 느낄 수 없다. 자녀에게 돈을 지배하는 마음을 가지게 하려면 항상 정도에 맞게 알려주어야 한다.

지금까지 돈과 우리의 관계가 어디서부터 시작하는지 살펴보았다. 그렇다면 **그 관계가 끝나는 곳은 어디일까?** 생각보다 돈은 죽음을 바라보는 우리의 시각과 더 깊이 이어져 있다.

죽음을 방지하는 돈

"나는 죽는 것이 정말 두렵다."

이 문장은 당신에게 참일까, 거짓일까?

"죽는다는 생각은 거의 하지 않는다."

이 문장은 어떨까? 참일까, 거짓일까?

폴란드의 수도 바르샤바에서 심리학자 토마시 잘레스키에비치Tomasz Zaleskiewicz 교수가 진행한 실험에 참여했다면, 위 질문에 추가하여 죽음에 대한 불안 정도를 측정하는 질문 열 개를 더 봤을 것이다. 하지만 잘레스키에비치 교수는 사실 죽음에 대한 사람의 생각이 아니라 돈에 대한 사람의 집착에 관심이 있었다.

잘레스키에비치 교수는 실험 참여자들에게 죽음에 관한 질문을 하기 전 다음과 같은 과제를 내주었다. 참여자 중 절반에게는 지폐 한 뭉치를 주고 이를 세도록 했다. 그리고 나머지에게는 지폐와 같은 크기에 숫자가 쓰인 종이 뭉치를 주었다. 양쪽이 해야 할 일은 같았다. 받은 뭉치의 숫자를 모두 더하는 것이었다. 그 결과 돈을 계산한 사람은 죽음을 덜 두려워하는 것으로 나타났다.[22] 돈을 계산하고 나서 느끼는 죽음에 대한 두려움은 거의 5분의 1 수준으로 줄었다.

실험 결과는 빅토리아 시대의 우화빅토리아 여왕 시대(1837~1901)의 영국 사람의 도덕관이 담긴 이야기가 우리에게 알려주는 내용과 사뭇 다르다. 우화에서는 나이 든 수전노는 대개 죽음의 공포에 시달리는 것으로 묘사하는 반면 이야기 속 영웅은 가난 속에 살며, 세속의 물욕도 없지만 죽음을 두려워하지 않는 인물로 묘사한다.

미국 워싱턴 D.C.의 국립미술관은 히에로니무스 보스가 그린 섬뜩한 그림을 전시한다. 그림 속에는 어떤 구두쇠가 임종을 맞이하는 순간에도 악마가 내민 금 한 자루에 손을 뻗고 있다. 이때 천사가 구원의 길로 이끌고자 어깨에 손을 올린다. 중세적 그림을 주로 그린 보스는 이 그림에서 죽기 직전까지 돈에 대한 집착을 떨치지 못한 채 지옥으로 가는 인간을 묘사했다.

요즘 지옥을 두려워하는 사람은 별로 없다. 그보다 아무것도 가지지 못한 상태를 더 두려워한다. 그래서 우리는 유형의 것, 측정 가능한 것, 신뢰할 만하다고 생각하는 것, 계속해서 존재하는 것인 돈을 가지면 편안함을 느낀다.

잘레스키에비치 교수는 일반적으로 돈은 '실존을 위한 약'이라고 주장했다. 돈으로 삶에 대한 불안을 잠재울 수 있다는 뜻이다. 그래서 우리는 돈을 모은다. 또 돈은 사람이 인생의 가장 큰 두려움에 맞설 수 있도록 도와주는 완충장치의 역할을 한다.

잘레스키에비치 교수는 앞서 한 실험과 반대 순서로 실험을 진행했다. 돈보다 죽음에 대한 생각을 먼저 알아보는 것이다. 이번에는 실험을 시작할 때 참여자 중 절반에게 죽음의 공포에 대한 설문지에 답하게 했다. 그 후 참여자에게 일련의 동전과 지폐를 보여주고, 물리적 크기를 가늠하도록 했다. 나머지는 치과에 가야 할 때 느끼는 두려움에 대한 설문지를 먼저 작성했다. 그랬더니 죽음을 생각한 참여자가 나머지보다 동전 크기를 더 크게 생각했다. 그 외에도 "부자라면 얼마나 돈이 많아야 할까?"라는 질문에 답할 때 죽음의 공포에 대해 생각한 참여자가 더 많은 금액을 제시했다.

지금 현재 적은 돈을 가질 것인가, 아니면 미래에 좀 더 많은 돈을 가질 것인가? 이 질문을 받자 죽음의 공포를 생각한 사람은 즉시 돈을 갖겠다고 대답하는 편이었다.

마지막 질문에 대한 대답은 일리가 있다. 자신이 죽는다고 생각했을 때 돈을 당장 받는 것이 낫다. 하지만 이 연구에서 중요한 점은 죽음에 연연하는 사람들이 위안을 얻는 때는 돈을 쓸 때가 아니라 돈을 가질 때라는 것이다. 그리고 이 질문을 받았을 때 사람들이 떠올린 현재의 돈은 죽기 전의 마지막 돈이 아니었다. 잘레스키에비치 교수는 후속 연구에서 실험 참여자에게 죽음의 불안에 관한 설문지를 작성하게 한 후에 뜻밖의 횡재로 생긴 돈을 어떻게 할 것인지 질문했다. 그랬더니 참여자들은 소비보다 저축에 더 많은 금액을 분배했다.[23]

이 실험에서는 전부 진짜 지폐를 이용해서 진행했다. 진짜 돈보다 우리가 더 좋아하는 것은 없다. 화면상의 숫자나 통장 속 숫자와는 비교할 수 없다. 이야말로 다음에서 다루려는 물리적 돈이 가진 신기한 힘이다.

MIND OVER MONEY

CHAPTER 02

돈의 형태에
집착하는 이유

사람은 왜 익숙한 돈의 형태에 강한 집착을 보이는가
동전 크기는 왜 실제보다 크게 느껴지는가
신용카드보다 왜 현금으로 결제하는 것이 좋은가

한때 돈은 실질적 가치를 가졌다. 물리적 형태인 주화, 그 자체로 가치가 있었다. 하지만 오래전부터 모두가 알듯이 돈의 내재 가치는 그리 중요하지 않다. 돈은 축적한 가치를 상징한다. 돈의 가치는 내재 가치를 지닌 물건과 교환할 수 있다는 사실에 있다. 그런데도 우리는 돈의 형태에 강한 집착을 보이고, 민감하게 반응하며, 때로 돈의 형태가 변하는 것을 받아들이기 힘들다.

데이비드 그레이버 교수를 비롯한 인류학자들은 5천 년 전 초기 인류 사회에도 돈이 존재했음을 확인했다.[1] 그리고 정말 흥미로운 사실은 돈이 가상 개념으로서 물리적 형태의 주화가 등장하기 훨씬 전부터 존재했다는 것이다. 다시 말해, 우리가 돈을 실제로 손에 쥐기 전부터 돈은 이미 우리 마음속에 있었다. 일반적으로 알려진 바와 달리 과거 사회가 물물교환 경제에만 완전하게 의존한 것은 아니었다. 물물교환은 재화나 용역의 직접적인 즉각적 교환을 말한다. 사람은 늘 추상적 교환의 형태가 필요하다는 것을 알고 있었다. 이를테면 "이 벽을 고치는 대가로 우리가 상호 동의하는 벽 수리와 동등한 가치를 지닌 재화나 용역을 미래의 어떤 시점에 받을 수 있다면 이 거래를 받아들이겠습니다."라고 말할 수 있는 물물교환이 가능했다.

우리는 이 거래에 복잡한 정신 개념이 있다는 것을 알 수 있다. 이 거래가 성사되려면 가상 개념의 이해, 상대방의 마음을 이해하는 능력, 미래를 생각하는 능력, 그리고 무엇보다 중요한 신뢰와 명예, 자신감이 필요하다. 칩앤핀비밀번호를 단말기에 직접 입력하여 직불카드 또는 신용카드로 물건값을 계산하는 방식을 비롯한 일련의 비접촉식 결제 수단은 21세기가 낳은 산물이지만, 어떤 의미에서 이는 전통적인 교환 방법이 형태를 바꾼 것뿐이다. 예를 들어 화폐가 등장하기 전 메소포타미아에서 셰켈shekel은 농부가 밭에서 일한 대가로 받는 보리 양을 나타내는 무게 단위였다. 즉 셰켈은 하나의 약속, 차용증서였다. 시간이 지나면서 약속의 형태가 주조된 화폐로 변화했을 뿐이다.

하지만 사람들이 떠올리는 가상 개념에는 화폐가 곧 확고하게 자리잡아 몇 세기 동안이나 지속하고 있다. 요즘 들어서 금전 거래를 할 때 실제 화폐를 사용하는 빈도가 점점 떨어지는 추세이기는 하나 돈이라 하면 사람은 여전히 물리적 화폐를 떠올린다.

현재까지도 영국의 10파운드 지폐에는 다음과 같은 문구가 적혀 있다. "나는 화폐 소유자가 원한다면 10파운드를 지급할 것을 약속한다."

이 문구는 예전에는 돈을 들고 은행에 가면 금액과 상응하는 실물 금으로 바꿀 수 있었음을 알려준다. 말 그대로 1파운드짜리 열 개를 금화로 바꿀 수 있었던 것이다. 오랫동안 사람들은 이 문구를 지폐에 기재하지 않으면 국가의 화폐는 신용을 얻을 수 없다고 생각했다.

'금본위제도'로 알려진 이 화폐제도는 20세기가 한참 지날 때까지 사용했다. 1971년 미국은 금본위제도를 완전히 포기했다. 금본위제도는 큰 문제점이 있었다. 복잡하고 역동적인 경제를 감당하기에는 너무 융통성이 없었다. 게다가 금본위제도를 너무 엄격하게 적용하면 1920~1930년대를 휩쓴 대공황과 같은 경제 비극이 일어날 위험이 있었다.

그래도 화폐가 금에서 완전히 분리되는 데는 시간이 필요했고, 현재에 이르러서도 여전히 각국의 중앙은행은 화폐 신뢰를 보호하기 위해 대량으로 금을 보유하고 있다.

계좌에 있는 돈을 금으로 바꾸었다고 가정해보자. **금으로 무엇을 할 수 있을까?** 금이란 먹을 수 없는 물건이고 쓰임새가 많은 금속도 아니다. 금의 가치는 희소성, 그리고 사람들이 금의 외형을 좋아한다는 사실에 있다. 하지만 무엇보다 가장 큰 가치는 사람들이 모두 금을 소중한 물건으로 투자해왔다는 사실이다. 다시 한번 느끼지만 소중한 가치란 전부 심리 문제이다. 사람들이 전부 금을 싸구려로 생각하면, 금은 정말 싸구려가 될 것이다.

이처럼 돈에 가치를 부여하는 주체는 사람이다. 태평양에 있는 야프섬은 거대한 석화石貨로 유명하다. 이곳 석화는 직경이 4미터에 이르고 가운데에 큰 구멍이 뚫려 있는데, 1900년대까지 실제 화폐로 사용했다. 수백 킬로미터 떨어진 다른 섬에서 채굴한 석회암으로 만든 석화를 물건을 사고파는 거래에 사용했다. 물건이 팔리면 석화는 제자리에 있고, 주인만 바뀌는 시스템이었다. 밀턴 프리드먼과 같은 경제학자들은 주화를 금속처럼 내재 가치가 있는 물질로 만들지 않아도, 사람들이 주화에 가치가 있다고 선언하면 그렇게 된다고 설명하면서 야프섬의 석화를 예로 들었다. 일부 경제학자는 이를 법정 불환지폐fiat money라고 부른다.[2]

우리가 가장 가치를 느끼는 화폐는 어릴 때부터 쓰임새를 보고 자란 자국의 화폐이다. 그런데 사실 야프 섬에서 석화로 쓰이는 돌도 섬사람에게는 내재 가치가 있었다. 야프섬 사람이 보기에 그 돌은 미학적으로 아름다웠고 동시에 종교적으로 중요했다. 섬으로 돌아오던 커다란 돌 중하나가 배에 실린 채 풍랑을 만나 바다에 빠져도 야프섬 사람은 돈을 잃었다고 생각하지 않았다. 돈이 해저에 있어도 심리적으로 여전히 돈이었다.[3] 야프섬 사람은 그 돈을 쓸 수 있다고 믿었다. 마치 우리가 10파운드짜리 지폐 가치를 믿는 것처럼 말이다.

물론 요즘에는 은행에 가서 10파운드에 해당하는 금을 지급해달라고해도 은행에서 내줄 수 있는 것은 금이 아니라 같은 지폐일 뿐이다. 어떤경우에는 은행에 있는 돈을 입출금명세서에 기재된 숫자로 받을 수 있다. 그나마 지폐로 돌려받으려면 동시에 돈을 인출하지 않아야 가능하다. 많은 사람이 동시에 돈을 인출하려 하면 사실 은행은 예금을 즉시 지급할 수 있을 만큼 충분한 현금을 보유하고 있지 않다. 2007년 영국의 노던록 은행에서 있었던 뱅크런집중적 대규모 예금인출 사태때도 그랬다.

노던록 은행의 뱅크런이 있고, 얼마 뒤 세계 금융위기가 터졌을 때는영란은행영국 중앙은행과 영국 정부가 사태에 개입하여 영국 경제가 완전히 붕괴하는 일을 막아야 했다. 영란은행과 영국 정부는 어떤 방법을 썼을까? 영란은행과 재무부의 여러 조치로 경제에 대한 국민의 '신뢰감을 회복'시켰다. 우리는 지속해서 돈을 신뢰해야 경제생활을 유지할 수있다.

화폐는 근본적으로 신뢰의 속임수이다. 영란은행은 '파운드화에 대한대중의 신뢰는 현재 통화 정책을 시행하고 물가를 안정시키는 노력으로유지한다.'[4]고 한다. 이는 돈을 지배하려 힘쓰고 있다는 것을 국민에게 보여준다.

돈의 다양한 모습이 우리를 매혹하고, 사람 마음을 움직이는 힘을 발휘하는 사실은 새삼스럽지 않다. 앞으로 살펴볼 내용에서 우리는 돈의 형태에 따라 같은 금액을 다르게 생각하기도 한다.

주머니 속의 돈

1980년대에 심리학자 스티븐 리Stephen Lea 교수와 폴 웨블리 교수는 돈에 대한 심리를 다룬 여러 이론을 발전시켰다. 이론에 따르면 우리는 현금, 수표, 바우처 그리고 은행 잔고를 각각 다르게 여긴다.[5] 또한 우리는 돈의 물리적 형태에 특히 집착한다.

빳빳한 새 지폐를 가지면 매우 만족스럽다. 특히 희귀한 50파운드짜리 지폐를 가지면 더욱 만족한다. 영국에는 '접어서 가진다holding folding'는 옛 속담이 있다. 이는 현금을 가지고 있다는 뜻이다. 이 속담처럼 우리는 돈을 가지면 본능적으로 기쁨을 느낀다. 사람은 몇 백만 달러에 당첨되면, 당첨금이 얼마나 많은 돈인지 상상되지 않는다고 한다. 그래서 당첨자가 좀 더 실감날 수 있도록 당첨금을 커다란 종이 수표로 선물한다. 하지만 영국국립복권청UK National Lottery이 당첨금을 현금으로 매끄러운 가죽 가방에 넣어서 건넨다고 생각하면 기분이 더욱 짜릿하다. 은행 계좌로 입금시켜 주는 것보다 훨씬 더 신날 것이다.

비슷한 맥락으로 우리 모두 동전이 쌓인 모습을 즐겁게 바라본다. 어렸을 때 내 조부모는 1페니1파운드의 100분의 1와 반페니 동전을 모아 나에게 주었다. 나는 만족스럽게 동전 더미를 쌓았다. 조부모가 모은 동전은 반짝반짝 빛나는 동전이었는데, 이를 '새 동전'이라고 불렀다. 동전 더미의 금액은 다해도 20펜스도 안 되었지만, 모인 동전은 새것처럼 상태가 좋아 가족 모두 그 동전 더미를 특별하게 생각했다.

사람은 지폐 뭉치도 좋아하지만 낡고 닳은 지폐일수록 더 빨리 써 버린다. 조사에 따르면 지폐가 지갑 속에 머무는 '시간'은 낡고 닳은 지폐가 새롭고 깨끗한 지폐보다 짧다.[6] 10파운드는 10파운드지만 사실 사람은 같은 금액이라도 지폐 외형에 따라 이를 다르게 평가한다.

영란은행은 5파운드와 10파운드 지폐 재질을 기존 종이에서 좀 더 내구성이 좋은 폴리머로 변경했다. 폴리머는 종이보다 내구성이 2.5배가량 높다. 매일 지폐 2백만 장이 시중에서 빠져나오는데 여기에 고속 지폐 감별기를 사용하여 지나치게 더럽거나 찢어지고 위조방지 요소가 손상된 지폐를 걸러낸다. 지폐 재질의 변화에 대해 건전하고 실용적인 논쟁도 이루어지지만, 역사적으로 대중은 신권 등장에 감정적으로 비난하고 찬반양론으로 서로 대립한다.

화폐 형태에 못지않게 디자인의 변화도 대중에게 중요한 의미이다. 화폐의 디자인 변화로 사람들은 격분하기도 하고, 심지어 누군가에게 살인 위협을 가하기도 한다. 2013년 영국에서 일어난 일이다. 당시 영란은행은 5파운드 지폐 초상화를 기존의 여류 사회운동가 엘리자베스 프라이Elizabeth Fry에서 윈스턴 처칠로 변경할 예정이라고 발표했다. 그렇게 되면 파운드 지폐에서 여왕을 제외한 여성 초상화가 하나도 실리지 못하는 것이었다. 그래서 페미니스트 운동가인 캐롤라인 크리아도페레스Caroline Criado-Perez는 10파운드 지폐에 저명한 여류 작가 제인 오스틴 초상화를 실을 것을 요청하는 사회 운동을 이끌었다. 하지만 이로 인해 크리아도페레스는 성폭행과 살인 위협에 시달려야 했다.

소셜 미디어를 통해 크리아도페레스에게 쏟아진 용납할 수 없는 욕설은 대부분 단순한 여성 혐오였다. 요즘 시대에도 일부 남성은 여성이 사회적 목소리를 내는 것을 좋아하지 않는다. 하지만 다른 여러 여성 운동가가 받는 괴롭힘에 비해 **크리아도페레스를 향한 증오는 훨씬 수위가 높았다. 왜 그랬을까?** 나는 첼트넘 과학 축제Cheltenham Science Festival에서 열린 '페미니즘과 이 시대의 딸 키우기'라는 토론회에서 크리아도페레스를 만날 수 있었다. 크리아도페레스는 자신이 일반적 경우보다 훨씬 심한 괴롭힘을 받은 이유는 아마 기성 체제의 산물로 여기는 돈 위에 여성의 업적을 인정해달라는 요구가 '자연스러운' 질서를 위협했기 때문이라고 했다.

지폐는 어디서나 흔히 볼 수 있지만 동시에 신성시하는 부분이 있다. 독립 국가의 지위와 경제력을 강하게 반영하며, 단순한 가치의 축적물이 아닌 하나의 상징, 한 국가의 강한 상징 중 하나이다. 그렇기에 지폐에 오를 인물을 선택하는 일은 중요하다. 보통 왕과 여왕, 독립 운동 지도자, 군부 영웅, 사회 개혁가, 작가와 작곡가 등이 오른다. 그런데 정부가 초상화를 지폐에 싣는 이유가 **위대한 인물의 힘이나 영향력을 상기함으로써 화폐 신뢰도가 높아지기를 기대해서일까?** 이 질문이 함축하는 의미는 지폐는 그 자체로는 아무런 내재 가치가 없지만, 화폐로서 신뢰받는 이유는 바로 지폐에 그려진 인물을 배출한 나라에서 지폐를 발행하기 때문이다. 다행히 크리아도페레스는 결국 싸움에서 승리했고 10파운드 신권에는 제인 오스틴 초상화가 실린다.

새로운 화폐는 할머니만 받아들이기 어려운 일이 아니다

1971년 영국은 화폐 체계를 재정비했다. 영국은 현재 유럽연합EU인 유럽경제공동체EEC 가입국이 되기 위해 다른 가입국들의 제도에 맞추어 화폐 체계에 십진법을 도입했다.

기존의 화폐 체계에서는 1페니가 1실링의 12분의 1이었고, 20실링이 모여 1파운드가 되었다. 십진법이 도입된 신규 화폐 체계에서 1페니는 새로운 10펜스 동전의 10분의 1의 가치를 지니고 10펜스가 모여 1파운드가 된다.

내가 태어나고 불과 석 달 후에 이 십진법 제도를 도입하여 나는 과거 체계를 잘 알지 못한다. 하지만 '과거'의 화폐 체계에서 성장한 어른에게 이 변화는 상당한 혼란과 강한 반발을 불러일으켰다. 일부는 십진법 도입을 두고 영국의 특수성이 유럽 통합 앞에 굴복했다고 생각했으며 또 자신이 어떤 식으로든 사기를 당하지 않을까 의심스러워했다. 국민은 대부분 화폐처럼 삶의 아주 근본적 요소가 크게 변하는 일을 몹시 불안해했다.

영국 정부도 화폐제도의 변화를 우려할 만한 사항이라고 생각했다. 그래서 신규 화폐제도의 장점을 설명하는 5분짜리 공익 광고 영상을 제작했다. 그 광고 제목은 어이없게도 '할머니도 이해할 수 있다!'였다. 내 할머니는 새롭게 변화한 화폐의 논리를 충분히 잘 알았지만 그래도 일말의 불안은 있었다. 그야말로 당연한 반응이다. 새 화폐제도의 시행 초기에 한동안 할머니는 새로운 화폐로 물건을 살 때마다 마음속으로 옛날 돈으로는 가격이 얼마인지 계산하곤 했다. 정당한 가격으로 물건을 사는 것인지 확인하고 싶었기 때문이었다. 그것은 마치 프랑스로 해외 여행을 가서 커피 한 잔이 2프랑이라면 바가지를 쓰는 것은 아닌지 속으로 계산하는 것과 같다.

십진법화는 인플레이션이 심한 시기에 진행되어 국민을 이해시키기가 더욱 어려웠다. 인플레이션으로 매달 새로운 파운드 지폐의 구매력이 조금씩 줄어들었다. 물론 당시 영국의 물가 상승이 초인플레이션으로 고통받는 타국 상황처럼 극단적이지 않았다. 1970년대 영국 국민은 신규 파운드와 펜스의 구매력이 줄어든다고 느꼈다. 구매할 수 있는 물건의 양뿐만 아니라 화폐의 실제 크기도 말이다.

십진법으로 동전의 유통을 시작한 지 5년 후에 한 실험이 있었다. 실험 참여자에게 크기가 서로 다른 원을 보여주면서, 특정 금액의 동전 크기와 같다고 생각하는 원을 고르도록 했다. 물론 새로 유통을 시작한 동전 크기가 옛날 동전보다 작은 것은 사실이었지만, 그래도 실험 참여자들은 옛 동전 크기를 더 크게 생각하고 있었다.[7] 이는 옛날 동전으로 물건을 더 많이 살 수 있다는 생각이 동전 크기도 훨씬 컸다는 생각으로 이끈 것이다.

동전 크기에 대한 인식은 영·유아를 대상으로 한 실험에서도 알 수 있다. 발달 심리학자인 장 피아제의 유명한 연구 결과가 있다. 아주 어린 아이는 길쭉하고 좁은 비커 속의 물과 짧고 넓은 비커의 물이 같은 양이라는 사실을 헤아리지 못한다. 이 연령대의 아이에게는 높은 것이 큰 것이다. 인지 기능이 발달하고 나서야 좀 더 복잡한 부피의 개념을 이해하며 서로 다른 모양의 비커에 든 액체의 양이 얼마나 다른지 추측할 수 있다.

사람의 지각 능력은 향상하면서 점진적으로 발달하지만, 돈과 관련한 문제 앞에서는 엉망이 되고 만다. 1947년에 진행한 대표 연구에서 피아제의 비커실험 같은 내용을 충분히 이해하는 연령대의 아이를 연구 대상으로 삼았다. 그리고 아이들 앞 탁자에 여러 동전과 판지로 만든 동그라미를 펼쳐놓았다. 동그라미들은 동전 크기와 완전히 똑같았지만, 아이들은 계속 반복적으로 동그라미 크기가 동전 크기보다 작다고 판단했다.[8] 아이들은 금액의 개념을 이해하는 연령대였고, 동전이 지닌 가치에 대한 지식으로 사물의 크기를 인식하는 능력이 왜곡된 것으로 보였다. 게다가 동전의 금액이 크면 클수록 크기에 대한 인식을 더 심하게 왜곡했다. 동전이 함축하는 가치의 추상적 개념이 구체적인 사물, 즉 판지 동그라미와 비교했을 때 동전의 물리적 크기를 감지하는 능력을 압도한 것이다.

후에 화폐의 크기 인식에 대한 많은 연구가 뒤따랐고 이를 통해 전 세계에서 화폐의 종류를 불문하고 어른이건 아이건 화폐의 실제 크기를 과대평가한다는 사실을 확인했다. 그리고 앞서 살펴본 것처럼 죽음에 대해 생각하는 사람일수록 돈 크기에 대한 인지적 확대가 더욱 심한 경향이 있었다. 크기의 왜곡은 실험 참여자들이 부유한지 가난한지에 따라서도 달라졌다. 예를 들어 1947년에 실험을 진행한 연구팀이 같은 실험을 보스턴 빈민가의 복지관 아이와 부촌의 학교에 재학 중인 학생을 대상으로 각각 진행해보았더니 가난한 지역의 아이가 부유한 지역의 아이보다 동전 크기를 더욱 크게 판단했다. 돈의 결핍으로 가난한 사람이 느끼는 돈의 소중함이 동전 크기에 대한 인지 능력을 좀 더 심하게 왜곡한 것이다.

모노폴리 게임 속 화폐

1983년 4월 영국 정부는 1파운드짜리 지폐를 동전으로 바꾸기 시작했다. 영국 언론은 새 정책에 호의적이지 않았다. 〈데일리 메일Daily Mail〉은 '영국이 원하지 않는 파운드'라는 표제 하에 새로 출시한 금색의 1파운드 동전에 '장난감 동전'이라는 별명을 붙였다.[9] 한정된 기간에 두 종류를 동시에 유통했다. 1파운드 동전의 경제적 가치는 1파운드 지폐와 완전히 똑같았다. 문제는 사람들이 그렇게 생각하지 않는다는 것이었다.

경제 심리학자인 폴 웨블리 교수가 발견한 바에 따르면 사람은 두 가지 형태의 1파운드 화폐를 서로 다른 것으로 보았고, 다르게 취급했다.[10]

웨블리 교수는 한 무리의 시민에게 요청하여 한 달 동안 매일 지갑 속 화폐를 조사했다. 육안으로는 보이지 않지만 자외선을 쬐면 표시가 나는 특수펜을 이용해서 사람들에게 지갑을 돌려주기 전에 지갑 안의 모든 동전과 지폐에 표시해두었다. 그래서 웨블리 교수는 각 동전과 지폐가 사용되기까지 얼마나 오랫동안 지갑 속에 머무는지 조사할 수 있었다.

6개월간 조사를 진행하는 동안 지갑 속 화폐는 점점 사라져갔다. 당신은 1파운드짜리 동전이 새로 발행한 화폐여서 사람들이 반짝이는 새 동전을 오래 지닐 것으로 생각할지도 모른다. 하지만 실제로 사람들은 1파운드짜리 동전보다 지폐를 더 오래 가지고 있었다. 일부 사람은 새 동전을 모으거나 돼지 저금통에 넣었으나, 대부분은 지폐를 지갑 속에 더 오래 보관했다.

이런 사실을 관찰한 웨블리 교수는 어떤 결론을 내렸을까? 웨블리 교수는 일단 몇 가지 결론을 정리했지만 증명이 더 많이 필요하다고 생각했다. 시중에 유통 중인 1파운드 동전 양이 너무 적어서 웨블리 교수의 연구팀은 데이터를 충분히 모으기 어려웠다. 그래서 연구팀은 다른 시도를 했다. 소속 대학교의 직원들에게 설문지 응답을 부탁하고 답례로 특수펜으로 표시한 1파운드 동전과 지폐를 나눠주었다. 다음 날 직원들이 출근했을 때 다음 단계 실험을 시작했다. 연구팀은 직원들에게 지갑을 보여달라고 요청했다. 조사 결과 1파운드 지폐는 아직 반이나 있었지만 1파운드 동전은 대부분 이미 사용하고 없었다.[11]

사람들이 지갑이 무거운 것이 싫어서 상대적으로 더 무거운 동전을 사용했을 수도 있지만, 화폐의 변화가 당시 사람의 경제 활동에 일부 영향을 끼쳤을 것이다.

웨블리 교수의 실험 결과에서 더욱 흥미로운 점은 사람들은 동전으로 된 파운드는 잔돈으로 받아들여 심리적으로 더 쉽게 썼다는 것이다. 이와 대조적으로 1파운드 지폐는 여전히 더 많은 가치를 상징한다고 여겨 사람들은 좀 더 신경 써서 사용했다. 이는 화폐의 형태가 사람이 느끼는 화폐 가치를 바꿀 수 있다는 확실한 증거이며, 중앙은행이 화폐의 형태를 바꾸려는 시도를 막을 수 있는 논거가 된다.

미국에서도 비슷한 일이 있었다. 2007년 미국에서는 1달러 동전을 재발행했다. 하지만 1달러 지폐도 여전히 발행하고 있었기 때문에 1달러 동전 사용률이 저조했다. 시간이 흘러 2011년이 될 때까지 많은 기업에서 1달러 동전을 요청하기보다는 반환하는 경우가 많았다. 그래서 미국 연방준비은행이 자체 확인한 결과 1달러 동전은 향후 40년간 유통할 만한 재고가 충분히 있었다. 그래서 미국 재무부는 1달러 동전 발행을 중지했다. 미국은 G8 경제 선진국미국, 일본, 영국, 프랑스, 독일, 이탈리아, 캐나다 등 선진 7개국을 칭하는 G7에 러시아를 더한 것 중 그 정도 소액을 지폐로 사용하는 유일한 나라이다.

하지만 미국의 '1달러 지폐 동전화 추진 연합the Dollar Coin Alliance'은 여전히 1달러 지폐를 동전으로 바꾸어야 한다는 운동을 벌인다.[12] 동전화 추진 연합에 따르면 동전 한 개의 수명은 35년에 이르며, 이는 1달러 지폐보다 17배 길다. 그리고 동전은 백 퍼센트 재활용이 가능하다. 이 모든 장점을 고려했을 때 1달러 지폐를 동전으로 바꾸면, 미 정부는 연간 1억 5,000만 달러를 아낄 수 있다고 주장한다.[13]

하지만 연방준비제도이사회는 이 금액을 과도하게 산정했다고 반박했다. 세계 여러 나라에서 소액권을 동전으로 바꾼 1980년대에 비해 현재는 직불카드와 신용카드 사용이 증가하여 동전의 실효성이 떨어지고 있다는 것이다. 게다가 지금은 지폐의 질이 높아져 사용 기간이 6년으로 늘어났으며, 지폐보다 동전이 주조 시 비용이 많이 들고, 위조가 쉽다고 한다.[14]

양쪽 모두 경제적이고 실용적인 면에서 탄탄한 논거를 제시한다. 이런 논쟁은 단순히 가장 합리적이고 지속 가능한 방침을 찾기 위해서가 아니다. 이 논쟁에는 사람들이 특히 좋아하는 달러 지폐에 대한 감정적 애착이 있다. 로이터 통신 설문조사 결과 1달러 지폐를 동전으로 완전히 바꾸자는 주장은 전혀 동의를 얻지 못했다. 무려 조사 응답자의 4분의 3이 동전보다 지폐를 더 선호한다고 답했다.[15]

역사상 세계 최대의 화폐 변경은 유럽 연합 12개 국가가 2002년에 자국 통화를 포기하고 유로로 전환한 때였다. 이 변화가 시작되면서 유럽 중앙은행은 '하나의 유로, 우리의 화폐the EURO, OUR money'라는 슬로건을 내걸어 범유럽 연대를 강조했다. 새로운 유로를 도입한 나라를 대상으로 실시한 설문조사에 참여한 대다수 사람은 화폐 변화로 인해 더 유럽인이 되었음을 느낀다고 했다.[16]

물론 이 변화를 모든 사람이 좋아한 것은 아니었다. 프랑스 극우정당 국민전선National Front Party의 대표 장마리 르펜은 유럽 연합의 고위직 공무원을 내쫓을 현대 잔다르크가 필요하다고 주장했다. 그는 '프랑유로가 등장하기 전 프랑스의 화폐이여, 영원하라! 프랑스여, 영원하라! 프랑스어여, 영원하라!'고 외쳤다.[17]

당시 유로 전환으로 지폐 90억 장과 동전 1,070억 개를 회수했다. 그리고 유럽 중앙은행은 신권 150억 장과 새 동전 510억 개를 발행했다.[18]

유럽에서는 새 화폐에 쉽게 적응할 수 있도록 간단한 금액 변환 방법이 담긴 공익 광고를 내보냈다. 새 동전을 종류별로 담은 기념 주화는 시중에서 1억 5,000만 개나 팔렸다. 실제 유로를 사용하기 전에 사람들은 새 돈에 익숙하고 싶기 때문이었다. 유로를 도입하고 처음 3년 간 진열한 물건 가격표에는 가격이 이중으로 적혔다. 또 당시에 화폐 변화에 대한 정보가 담긴 디스켓을 각 가정에 배포했다.[19]

2002년 1월 1일 이후 2주 만에 시중 유통 화폐의 95퍼센트가 유로로 바뀌었다. 새해가 시작된 첫 주에는 현금인출기를 통한 출금이 평상시보다 훨씬 많았다. 신기하게도 현금 수송 차량을 탈취하는 범죄는 급격히 줄어들었다. 강도를 제외하면 유럽인은 대부분 지갑을 유로로 채우는 일에 금방 익숙해졌다. 하지만 그해 1월이 다 지나가도록 고작 28퍼센트의 사람만이 머릿속에서 유로로 계산한다고 응답했다.[20]

새 화폐에 익숙해지도록 집중적으로 홍보를 했음에도 사람들은 여전히 머릿속으로 유로로 표기한 금액을 예전 화폐 금액으로 바꾸는 계산을 하고 있었다.

유로 전환에 가장 긍정적 반응을 보인 국가는 아일랜드였다. 유로에 만족한다고 답한 국민이 아일랜드에서는 77퍼센트에 달했지만 다른 유럽 국가들의 평균은 약 53퍼센트 정도였다.[21] 일부 아일랜드 사람은 아일랜드 지폐의 매력적인 디자인을 더 볼 수 없게 된 것이 안타깝다고 답했지만, 심리학자들이 심층 면접을 진행한 결과 아일랜드 사람은 새 화폐를 좋아하는 것으로 나타났다. 어떤 응답자는 '크리스마스를 맞은 아이'가 된 기분이라고 했으며, 어떤 사람은 모노폴리 게임 돈을 가진 기분이라고 답했다.

이런 반응이 나온 이유는 유로 변환에 참여한 국가 중에 오직 아일랜드 화폐만이 유로보다 높은 가치를 지니고 있었기 때문이었다. 아일랜드 파운드화는 1파운드당 1.28유로로 변환되었다. 덕분에 아일랜드 사람은 유로로 적힌 급여 명세서를 보고 늘어난 숫자에 기뻐했다. 하지만 물건을 사러 가니 모든 것이 더 비싸진 것 같았다. 일부 사람은 가게에서 바가지를 씌우려 한다고 의심하기도 했다. 아일랜드 사람이 느낀 문제는 우리가 해외여행을 가면 느끼는 문제와 똑같다. 익숙하지 않은 화폐로 표시된 가격이 적당한지 계산하기가 어려웠다.

그래서 아일랜드 사람이 쓴 방법 하나는 특정 준거가격 몇 개를 외운 뒤 물건을 살 때 준거가격 대비 어느 정도인지 추측하는 것이었다. 또 다른 방법은 하나의 물건 가격을 외워서 기준으로 삼는 방법이다. 피자 한 판 가격이라고 해보자. 피자 가격을 구매하는 다른 물건 가격에 적용한다. 예를 들어 스카프를 살 때, 가격 대비 좋은 물건인지 계산하려면 X 화폐 금액에서 Y 화폐 금액으로 재빨리 바꾸는 것은 어렵다. 하지만 마음속으로 스카프 가격이면 피자를 몇 판 살 수 있는지 계산하면 쉽게 비교할 수 있다.

아일랜드 사람을 비롯한 유로존의 국민은 새 화폐에 적응하느라 다소 고생하긴 했지만 새 동전과 신권에 조금씩 익숙해졌다. 하지만 일부 국민은 여전히 과거 화폐를 그리워했다.

물론 유로를 채택하지 않은 국가에서는 화폐 변화에 대한 공익 광고를 하지 않았기 때문에 이곳 국민은 유로를 다루는 일이 그리 쉽지 않았다. 스웨덴 사람은 일상적으로 유로를 써야 할 필요는 없었다. 하지만 많은 인접 국가가 유로를 채택했으므로 새로운 화폐를 알아두어야 했다. **스웨덴 사람은 유로에 대해 어떻게 반응했을까?**

2002년 간단한 실험을 진행했다. 스웨덴 예테보리의 시민에게 잡지 가격, 버스 운임, 월세 등이 적힌 목록을 보여주었다. 가격은 스웨덴 화폐인 크로나로 적힌 것도 있었고 유로로 적힌 것도 있었다. 그러고 나서 사람들에게 '매우 싸다'는 1점, '매우 비싸다'는 5점으로 평가하는 5개 등급으로 각 가격을 평가해달라고 요청했다. 실험에 참여한 스웨덴 시민은 가격 목록에서 유로로 기재한 가격이 더 싸다고 응답했다. 물론 스웨덴의 생활비 수준은 다른 유럽 국가 대부분보다 높다. 하지만 참여자가 유로로 된 가격이 더 싸다고 대답한 이유는 스웨덴의 비싼 생활비 때문이 아니었다. 크로나로 표시한 가격의 숫자보다 유로로 표시한 가격의 숫자가 적었기 때문이었다.[22] 정말 단순히 숫자 2가 숫자 5보다 적은 수이기 때문에 참여자들은 2유로 버스표가 5크로나 버스표보다 싸다고 느꼈다. 수고스럽게 계산하는 대신 감으로 대답한 것이있다. 만일 스웨덴 사람이 **유로를 사용하는 국가로 이민을 갔다면 다르게 대답했을까? 아니면 그래도 여전히 적힌 숫자에 현혹됐을까?**

이어서 스웨덴 예테보리 시민에게 다음 시나리오를 보라고 요청했다. 유럽 연합에 소속된 어느 나라의 회사에서 좋은 일자리 제의를 받았다. 친절한 사람과 살기 좋은 기후로 유명한 나라이다. 확실히 구미가 당긴다. 하지만 우선 생활비가 얼마나 들지 생각해야 한다.

그래서 참여자에게 가상으로 유로로 표시된 영화표, 이발비, 치즈 한 조각 가격, 진공청소기와 퀸사이즈 침대 가격 등을 알려주었다. 실험 참여자들은 유로로 표시된 가격이 크로나로 표시된 것보다 비싸다고 느꼈을까? 참여자들은 환율을 고려하는 약간의 노력만 기울이면 실제 어느 쪽이 더 비싼지 계산할 수 있었다. 하지만 참여자들은 계산하지 않고 물건에 큰 숫자로 유로 가격이 적힌 경우 더 비싸다고 대답했다.

이런 현상을 '유로 환상euro illusion'이라고 부른다.[23] 이는 좀 더 넓은 개념인 '화폐 환상money illusion'의 변형으로 1928년에 경제학자 어빙

피셔가 처음 발견한 현상이다. 말하자면 우리는 지폐 위에 쓰인 실제 숫자의 크기를 떨치지 못하고 실제 금전 가치에 대한 인식을 왜곡하는 것이다. **우리는 왜 이런 함정에 빠지는 것일까?**

먼저 복잡하게 계산하는 것보다 쉽기 때문이다. 하지만 여기서 심리적 현저성psychological salience문제도 생각해야 한다. 심리적 현저성은 여러 경우에 나타난다. 특히 무리 진 사물 중에 두드러지는 모습을 볼 때 나타난다. 예를 들어 흰 꽃이 가득 펼쳐진 꽃밭에 한 송이 빨간 튤립이 핀 경우 우리는 빨간 튤립에 관심이 쏠린다. 하지만 이런 경우도 있다. 행복한 표정을 짓는 무리 속에 한 명이 화난 표정을 짓는다면 우리는 화난 표정에 관심을 두지 않는다. 대신 분노에 초점을 맞춘다. 그래서 반대로 화난 표정을 짓는 사람들 속에 한 사람이 행복한 표정을 지어도 우리는 잘 눈치채지 못한다. 그 이유는 분노가 우리에게 위험을 의미하기 때문이다. 심리적 현저성이 돈 문제에 있어 특히 드러나는 부분이 바로 큰 숫자이다. 어린 시절부터 우리는 큰 숫자가 더 많은 돈을 나타낸다고 배웠다. 1990년대 중반 로마에 갔을 때 나는 프로세코 화이트 와인 한 잔에 1만 리라라고 적힌 광고를 보자마자 '뭐라고?!'라는 생각이 들었다. 내 앞에 쓰인 숫자 크기에 압도된 것이다. 그러고 나서 잠시 후에야 1만 리라가 실은 3파운드도 안 되는 돈이라는 계산을 할 수 있었다. 그 정도는 맑은 날 이탈리아의 노천 광장 카페에서 마시는 스파클링 와인 한 잔 가격으로 합당했다.

유로존 국가로 돌아가 보자. 화폐의 변화를 맞은 유로존 국민은 또 다른 어려움을 겪었다. 오스트리아, 포르투갈, 이탈리아의 국민 중 설문조사에 참여한 사람의 절반 이상이 유로로 바뀐 지 1년이 지났음에도 아코디언 현상accordion effect 때문에 여전히 힘들다고 답했다.[24] 아코디언 현상이란 화폐 단위 두 종류로 적힌 가격이 있을 때, 옛 화폐 단위로 적힌 경우보다 유로로 적힌 경우 가격 비교가 더 어려워지는 현상을 뜻한다. 가격이 유로로 표시된 경우 가격 간의 숫자에 차이가 작기 때문이다. 예를 들어 1유로와 2유로는 서로 큰차이가 없는 것 같지만 2만 리라는 1만 리라보다 훨씬 더 큰 금액처럼 느껴진다.

2002년 유로가 도입된 다른 국가에서도 이와 비슷한 일이 일어났다. 네덜란드의 지적 장애인을 위한 기금 모금 협회the National Collection for Mentally Handicapped Persons는 매년 9월 기부금을 모금하기 위해 집집마다 방문한다. 네덜란드의 어느 마을 세 곳에서 유로가 도입된 해의 9월에 기부된 금액을 조사해보니 기부금이 전년 대비 11퍼센트 상승했다.[25] 소득 수준은 같았고, 사람들의 동정심이 갑자기 그토록 많아졌을 리도 없었다. 이는 새 화폐가 도입되었기 때문이라고 밖에 설명할 수 없다.

당시 사람들은 유로 금액이 옛 네덜란드 화폐 길더guilder로 정확히 얼마인지 계산하려고 하지 않았다. 대충 총액만 추정했고, 그 결과 운 좋게 약간의 자선단체 기부금을 더 모을 수 있었다.

그런데 그다음 해에도 이 단체의 기부금이 증가했다. 하지만 이번에는 증가율이 5퍼센트밖에 되지 않았다. 이는 사람들이 점점 새로운 화폐로 계산하는 데 익숙해졌기 때문이다.

이 현상이 의미하는 바는 명확하다. 화폐의 변화가 사람들이 돈을 지배하는 마음을 교란한 것이다. 익숙한 옛 화폐가 사라지고 나서 얼마간 유로존 국민은 새 화폐를 대할 때 우리가 해외에 나가 외환을 사용할 때와 같은 감정을 느꼈다. 큰 틀에서 보면 이런 현상은 별일 아니다. 사람이 돈을 흥청망청 쓰거나 월급 인상을 엄청나게 요구하지도 않을 것이다. 화폐 변화로 인한 영향은 일부일 뿐이고, 시간이 지나면 사람은 차

차 적응한다. 그렇지만 화폐의 형태에 어떤 변화가 있으면 심리적 혼란
이 일어나는 것은 사실이다.

현금으로 계산하시겠습니까, 카드로 계산하시겠습니까

지금까지 우리는 화폐의 변화가 있을 때 사람 심리가 어떻게 움직이는
지 살펴보았다. 하지만 최근 들어 화폐는 형태의 변화보다 더 큰 근본적
변화를 겪고 있다.

당신의 지갑 속에는 동전, 지폐, 신용카드, 직불카드, 버스카드, 쿠폰,
또 여러 가게에서 받은 포인트 카드가 들어있을 것이다. 당신은 "지금
얼마를 가지고 있는가?"라는 질문을 받으면 지갑 속 현금 금액을 말할
것이다.

우리는 현금, 카드, 쿠폰을 다르게 취급한다. 그래서 이 셋을 합친 금
액으로 물건을 계산하지 않는다. 호프집에서 나온 술값을 슈퍼마켓 포
인트 카드와 도서 상품권으로 결제해달라고 하지 않는다. 하지만 직불
카드나 신용카드로 술값을 결제하는 일은 많아져 딱 한 잔의 술값도 카
드로 결제한다.

카드 사용은 편리하다. 하지만 **카드 사용이 과연 경제적일까?** 그렇지는
않다. 불과 20년 전만 하더라도 술집에서 하룻밤에 쓸 수 있는 돈은 주
머니 속에 든 현금이 전부였다. 설사 술집 주인이 받아준다 해도 '마지
막 술 한 잔'을 더 먹으려고 수표를 꺼내지는 않았을 것이다. 하지만 요
즘 일상에서 매일 쓰는 돈과 보유한 전 재산 사이에 있는 경계가 점점
희미해지고 있다.

물론 껌 같은 소액의 물건을 살 때는 항상 현금을 사용해야 한다고 생
각하는 사람도 있다. 이런 사람은 직불카드는 좀 더 금액이 큰 제품을

구매할 때 사용하고, 신용카드는 그야말로 사치품을 살 때나 휴가 비용을 위해서만 사용해야 할 것 같다고 느낀다. 이는 마음이 소비 앞에서 자제력을 발휘하는 것이다. 그래서 껌을 사려고 쓸데없이 은행에서 돈을 빌리는 일, 신용카드 사용은 옳지 않다고 생각한다.

결제하는 데 사람들이 지나치게 까다롭게 군다고 생각하겠지만, 연구 결과를 보면 이는 건강한 마음이 세우는 전략이다. 미국에서 한 연구팀이 1,000가구의 식료품 구매 명세를 6개월 동안 관찰했다.[26] 모든 종류의 변수를 통제하며 지속해서 관찰한 결과 연구팀은 사람이 직불카드나 신용카드로 계산할 때 케이크나 초콜릿처럼 건강에 해로운 음식을 더 많이 충동구매한다는 사실을 발견했다. 이는 우리가 '진짜' 돈으로 지급하지 않으면, 죄책감을 느끼면서도 그것을 즐기고 좋아하는 심리 '길티 플레져'에 빠지기 때문이다. 그러므로 '비접촉식 결제'를 지속하면 통장 잔액은 줄어들고, 허리둘레만 늘어날 수 있다.

제품이 비쌀 때 카드로 결제하려는 행동은 당연하다. 카드로 결제하면 거액을 현금으로 들고 다닐 필요 없고, 신용카드의 경우 수중에 없는 돈까지 쓸 수 있다. 하지만 카드 결제에는 이보다 더 큰 단점이 있다.

카드를 사용하면 구매 결정이 더 많이 이루어질 뿐 아니라, 우리의 생각도 바뀐다. 사람은 카드로 결제했을 경우 얼마를 지급했는지 잘 기억하지 못한다.[27] 심지어 카드로 결제할 때 같은 제품에 더 비싼 가격을 지급할 마음도 갖는다.

1999년 미 프로농구팀NBA 보스턴 셀틱스와 마이애미 히트의 시즌 마지막 경기가 막 시작했다. 매우 중요한 경기로, 셀틱스가 리그 우승을 하려면 이 경기에서 반드시 승리해야 했다. 셀틱스 경기 표는 항상 경기일 한참 전에 매진되었다. 그래서 경기 시작 불과 일주일 전에 매사추세츠 공과대학의 경영대학원 학생들에게 심리 실험에 참여하면 티켓 두 장을 얻을 수 있다고 제안했다.

이 실험은 경품을 증정하려는 목적이 아니었으므로 공짜는 아니었다. 학생들은 실험에 참여하여 최종 승자가 되면 경기 티켓의 액면가를 지급해야 했다. 다만 실험에 참여한 학생들에게 티켓의 액면가만 지급하면 된다는 사실은 알리지 않았다. 대신 표를 얻기 위해서는 입찰식 경매에 참여해야 한다고 말했다. 그래서 학생들은 경매에 입찰하여 티켓의 액면가보다 비싼 가격을 적어내 티켓을 손에 넣으려 했다.

연구팀은 서로 가지려는 티켓을 놓고 학생들이 얼마를 지급할 생각인지 알아보려 했다. 또한, 지급 방식에 따라 얼마큼 금액 차이가 나는지 확인하려는 목적이었다.

실험에 참여한 모든 학생은 입찰 금액을 적기 위한 종이를 한 장씩 받았다. 하지만 참여자 중 절반에게는 지급은 꼭 현금으로 해야 한다고 말했다. 그리고 필요하면 현금인출기에 다녀와도 좋다고 했고 나머지에게는 신용카드로 결제해도 좋다고 했다. **각 그룹의 학생은 티켓 가격으로 얼마를 제시했을까?**

그 결과 현금으로 입찰한 학생이 적어낸 금액 평균은 28달러였지만, 신용카드를 이용할 수 있었던 학생은 이 금액의 두 배에 달하는 60달러를 지급할 용의가 있다고 답했다.[28]

이러한 차이는 현금으로 지급하면 거래가 훨씬 더 '진짜'같이 느껴지기 때문이다. 돈이 사라지는 것은 괴롭다. 하지만 카드로 계산하면 이런 괴로움을 뒤로 미뤄주고, 거래가 더 쉽다. 어떤 사람은 소비가 지나치게 하기 쉬워졌다고 말한다. 영국에서는 카드 거래가 늘어나면서 1990년에 비해 2013년에 개인 부채가 세 배 이상 늘었다.[29] 앞으로 신용 카드로 무엇인가 사고 싶어질 때마다, 현금인출기에서 현금을 뽑아서 결제한다고 먼저 상상해보라.

입찰 과정에서 카드 결제가 가능했던 학생은 아마 티켓 가격 60달러를 감당할 수 있었고, 그 정도면 적정 가격이라고 생각했을 것이다. 하지만 나는 학생들이 너무 비싼 값을 불렀다고 생각한다. 티켓이 너무 갖고 싶은 나머지 비용이 얼마건 값을 걱정은 나중에 하자고 생각했을 것이다.

현금 또는 카드, 둘 중 어느 것으로 계산할 것인지에 대해 마지막으로 한 가지 더 생각해보자. 1999년 당시는 신용카드를 가진 학생이 아직 많지 않던 시절이었다. 사실 우리도 현금 없이 결제한 것은 꽤 최근 일이고, 특히 물건을 살 때 대부분 카드로 계산한 지는 얼마 되지 않았다. 개인 부채가 늘어난 이유는 개인 금융시장이 급속히 커져 현금을 대신하여 신용을 얻을 방법이 더욱 많아졌기 때문이다. 그리고 또 하나 우리는 여전히 현금 결제에서 벗어나 현금 없는 결제에 익숙해지려는 심리적 이행 기간에 살고 있다. 이행 기간에는 '가상' 화폐를 대하는 우리의 통제력이 충분히 강하지 않다. 그래서 '진짜' 돈을 쓸 때보다 카드를 쓸 때 좀 더 마음이 느슨해진다.

요즘 아이는 크면서 부모가 현금으로 물건을 결제하는 모습을 거의 볼 수 없다. 그래서 현금 결제와 카드 결제 사이에서 때로 위험한 결정, 이를테면 현금은 아껴 쓰면서 카드로 과소비하는 짓은 하지 않을 것이다. 머지않아 현금은 조만간 전부 사라질 것이고, 가까운 미래에 '진짜' 돈이란 오직 기계 속 화면에 찍힌 숫자일 뿐이다. 그러면 사람은 곧 숫자 0이 많이 찍힌 고액의 물건을 카드로 계산할 때 주저하게 될지 모른다. 마치 지금 우리가 현금을 건넬 때처럼 말이다.

MIND OVER MONEY

CHAPTER 03

물건이 비쌀수록
소소한 돈은
신경 쓰이지 않는다

사려는 물건이 비쌀수록 소소한 돈은 신경 쓰이지 않는다
마음의 계좌는 여러 개 가지는 것이 좋다
사람은 왜 돈에 관한 손실을 볼 때 강하게 반응하는가

모든 상황은 상대적이다

당신은 지금 해변에서 휴가를 보내고 있다. 해안 도로를 달리고 싶어서 자전거를 빌리기로 한다. 해변의 산책로를 따라 걸으며 자전거 대여점의 가격을 확인한다. 첫 번째 대여점에서는 하루 이용료가 25파운드이다. 그런데 다른 대여점 광고판을 보니 하루 이용료가 단돈 10파운드이다. 이 대여점에 가려면 10분 정도 걸어야 하지만, 이 정도 가격 차이라면 걸어서 자전거 상태는 어떤지 확인할 만하다. 그 대여점에서 자전거를 빌리면 15파운드를 아꼈다고 기뻐할 것이다. 아낀 돈으로 다음 날 자전거를 하루 더 빌리거나 해안가 절벽 위에 있는 레스토랑에서 근사한 점심을 먹을 수도 있을 것이다.

이제 휴가를 마치고 집으로 돌아와 새 차를 사려고 한다. 첫 번째 대리점에서 마음에 드는 차를 찾았고, 1만 10파운드로 견적을 받았다. 가격을 비교하기 위해 10분 정도 떨어진 다른 대리점에 갔다. 여기에서는 앞서 본 차와 꽤 비슷하게 보이는 차가 1만 25파운드라고 한다. **15파운드를 아끼기 위해 첫 번째 대리점으로 돌아가야 할까?** 대부분 사람은 아니라고 대답할 것이다. 사람은 고가의 거래를 할 때 수반하는 적은 금액의 차이를 하찮게 여긴다. 하지만 이 거래에서 아낄 수 있는 금액은 앞서 자전거를 대여할 때 아낀 금액과 같다. 자전거를 빌릴 때는 이 금액을 아낀 것에 기뻐했는데 지금은 고작 이 정도 차이라고 무시한다.

많은 연구를 보면 사람은 위와 같은 방식으로 계속 판단한다. 즉, 아낀 금액 자체의 구매력을 판단하는 것이 아니라, 전체 구매 비용에 비례하여 아낀 금액의 가치를 판단한다. 이를 상대적 사고relative thinking라고 부르며, 특히 비교적 부유한 사람에게서 흔히 나타난다.[1]

나는 남편과 함께 이사하는 동안 상대적 사고에 대해 많이 생각했다. 집을 팔고 사는 거래는 평생 하는 거래 중 가장 높은 금액의 거래이다. 게다가 런던의 집값은 비싸기로 유명하고, 수억 원에 달하는 거액을 들어야 했기 때문에 우리는 정말 신중하게 집을 비교했다. 하지만 결국 우리는 위와 똑같이 행동했다. 구매 제품의 금액이 커질수록, 수반하는 비용에 둔감해진다는 연구 내용 그대로 말이다. 집을 사는 데 그런 거액을 썼다면, 이사하는 데 드는 제반 비용을 아껴야 했지만, 우리는 사무변호사토지나 건물의 매각을 위한 서류 관련 업무나 법률 자문 등을 주로 하는 영국의 변호사가 저렴한 수수료를 청구했는지 확인하지도 않았다. 단순하게 지난번 이사할 때 의뢰한 사무변호사에게 다시 일을 맡겼다. 이사 업체를 선정할 때도 그냥 친구의 추천을 받았다. 집을 산 금액에 비하면 몇 백 파운드는 있으나 마나 하게 느껴졌다. 평상시 그 정도 금액을 쓸 때는 매우 신중하게 생각하면서도 말이다.

물론 모든 사람이 다 그런 것은 아니다. 인도 경제학자 센딜 멀레이너선Sendhil Mullainathan 교수는 무료 급식소에 온 가난한 사람에게 가전제품 가격을 50달러 할인 받을 수 있다면 45분 떨어진 곳까지 걸어갈 생각이 있는지 물었다.[2] 멀레이너선 교수는 심리학자 대니얼 카너먼 교수와 아모스 트버스키Amos Tversky박사의 유명한 연구에 대해 잘 알고 있었다. 두 교수의 연구에 따르면 사람은 이런 상황에서 구매하려는 제품의 원래 가격이 얼마인지에 따라 다른 결정을 내린다고 한다.[3] 멀레이너선 교수의 실험을 예로 들면 가전제품의 할인 전 가격이 100달러라면 50달러 할인은 제품을 반값으로 주는 것이기에 기꺼이 사러 나설 것이다. 하지만 가전제품이 1,000달러라면 고작 50달러를 아끼기 위해 그 먼 곳까지 가지는 않을 것이다. 하지만 연구를 통해 확인한 사실은 무료 급식소에 다닐 정도로 가난한 사람은 이런 계산을 할 여유가 없다. 제품 가격이 얼마든 50달러는 포기할 수 없는 금액이기에 제품의 할인 전 가격은 의사결정에 영향을 미치지 못한다.

그렇다면 **금전적으로 여유가 있는 사람은 어떻게 판단할까?** 금전적으로 여유가 있는 사람은 아낄 수 있는 금액만 고려하는 것이 아니라 그 돈을 아끼는 데 드는 시간의 가치도 생각한다. 시간은 때로 돈보다 더 소중하다. 나는 무료 급식소에 다니는 사람에 비해 우리가 금전적 여유는 있을지 몰라도, 흔히 말하는 '타임푸어늘 시간 부족에 시달리는 사람'라고 종종 생각한다.

하지만 사람의 계산은 늘 일관적이지 않다. 많은 사람이 최저가 항공권이나 열차표를 구하기 위해 몇 시간씩 인터넷을 뒤지지만, 들인 시간에 비해 아낄 수 있는 금액은 소액이다. 그래서 인터넷에서 할인 상품을 찾는 일은 사무실에서 하는 편이 합리적이다. 이 경우 돈을 아끼는 것은 본인이지만 낭비한 시간을 감수하는 것은 회사이기 때문이다. 하지만 프리랜서인 나는 집에서 일하는 시간이 훨씬 많아도 똑같이 행동한다. 지금까지 계산한 적은 없지만, 인터넷으로 할인 상품을 찾은 시간에 일을 했으면 지금보다 돈을 훨씬 많이 벌었을 것이다. 가격 할인의 유혹 앞에서는 저항할 수 없다. 연구를 통해 밝혀진 바와 같이 사람은 거액을 아낄 수 있어도 일단 진행 중인 거래를 확인하는 데 시간을 들이지 않는다.

영국에서는 나오는 전기세를 보고, 전기 공급업체를 바꿀 수 있다. 하지만 조사 결과 정기적으로 전기세를 확인하고 업체를 바꾸어 절약하는 사람은 1~10퍼센트에 불과했다.[4] 절약이 가능한 금액이 일 년에 수십만 원에 이를 수 있는데 말이다.

사람은 왜 어떨 때는 돈을 아끼려고 노력하면서 어떨 때는 그렇지 않은 것일까? 이는 필요성과 관련이 있다. 어딘가에 가려면 열차표가 꼭 필요하지만, 귀찮게 전기 공급업체를 꼭 바꿀 필요 없다. 하지만 또 다른 이유도 있다. 우리는 미래에 일어날 일에 노력을 기울이는 것을 싫어한다. 전기 공급업체를 바꾸는 것은 간단하나 이는 일회성 구매가 아니다. 특정일에 계량기도 확인해야 하고, 새로운 공급업체에 계량 명세도 알려주어야 하며, 요금의 자동이체는 잘 이루어지는지 확인해야 하는 등 귀찮은 일들이 생긴다. 이 모든 일을 처리하려면 약간의 수고를 들여야 하지만 노력에 대한 보상은 현재가 아닌 미래에 받기 때문이다.

같은 금액의 돈이라도 모든 사람에게 같은 가치를 지니지는 않는다. 화폐의 동일성은 화폐 교환체계를 뒷받침하고 모두가 당연하게 받아들이지만 심리학에서는 전혀 사실이 아니다. 사람은 각자 처한 상황에 따라 가진 돈에 다른 가치를 부여하며 이미 쓴 돈과 가진 돈은 서로 다르다고 생각한다.

마음속 계좌

몇 년 전, 나는 노벨상을 받은 심리학자이자 베스트셀러 저자인 대니얼 카너먼 교수를 인터뷰했다.[5] 인터뷰하는 동안 카너먼 교수는 자신이 제일 좋아하는 사고 실험thought experiment 하나를 설명했다. 이 실험은 행동경제학 분야에서 손꼽히는 실험이다. 실험에는 160달러를 주고 공연 티켓을 산 여성이 등장한다. 이 여성은 공연을 손꼽아 기다렸다. 드디어 공연 당일이 되어 극장 앞에 도착했는데, 가방 속을 전부 뒤지고, 주머니 속도 확인했지만 티켓을 찾을 수가 없었다. 잃어버린 티켓 가격을 생각하니 머리가 아프다. **티켓을 다시 사야 할까 아니면 포기하고 집으로 돌아가야 할까?**

1980년대에 카너먼 교수는 표본으로 뽑은 사람들에게 이 시나리오로 질문했다. 그 결과 열 명 중 아홉은 티켓을 잃었으니 관람을 포기하고 집에 간다고 응답했다.[6] 그러면 시나리오를 약간 바꾸면 어떻게 될까?

이번에 여성은 공연 티켓을 미리 예매하지 않았다. 대신 현장에서 티켓을 사려고 현금으로 160달러를 가져왔다. 그런데 도착해서 지갑을 열어 보니 어찌 된 일인지 가져온 돈이 없어졌다. **현금 대신 신용카드로 표를 살까?**

카너먼 교수가 변경한 시나리오로 질문하자 앞 질문 응답자의 반 이상이 신용카드로 다시 표를 구매하겠다고 답했다. 사실 티켓을 두 번 사는 돈은 같은 데도 왜 첫 번째 상황에서는 티켓을 다시 사지 않고 두 번째 상황에서는 사는지 다음을 보자.

행동이론 '넛지사람이 똑똑한 선택을 할 수 있도록 '넛지(부드러운 개입)'를 이용하여 행동을 유도한다는 이론'로 유명한 경제학자 리처드 탈러 교수에 따르면 사람은 각자 다른 '마음의 계좌mental accounts'를 가진다.[7] 그래서 우리는 가진 돈에 각각 다른 성격과 목적을 부여한다. '소비용 돈'은 저축과 다르며, 내기에서 딴 돈과 일해서 번 돈은 다르다. 마음의 계좌는 대체로 실제 은행 계좌만큼 체계적이지 않다. 사람은 마음의 계좌에 정확하고 의식적으로 입금하지 않으며, 잔액이 떨어질까 확인하지 않는다. 사실 대부분은 마음의 계좌를 거의 생각조차 하지 않지만 마음의 계좌는 소비 방식에 강한 영향을 준다.

탈러 교수는 첫 번째와 두 번째 상황에 서로 다르게 대답한 사람 마음을 이렇게 설명했다. 첫 번째 상황에서 공연 티켓은 유흥 오락비라는 마음의 계좌에서 나왔다. 그 계좌에서 티켓을 두 번 구매하는 것은 지나친 낭비처럼 느껴진다. 그렇지만 두 번째 상황에서 현금을 잃어버린 것은 다른 이야기이다. 이 돈은 마음의 계좌 중 '입출금 계좌'에서 나온 돈이다. 사람들은 입출금 계좌에는 쓸 수 있는 돈이 아직 남아 있기에 다시 구매하겠다고 대답했다.

1990년대에 처음으로 '마음의 계좌'라는 용어를 만들어 사용한 학자는 탈러 교수이지만 비슷한 내용을 다룬 다른 학자도 있었다. 1982년 일본의 연구팀은 '소비용 돈'으로 분류된 하나의 계좌 안에서도, 여성은 자신의 현금을 '심리적 지갑psychological moneybags'으로 나눈다는 것을 발견했다. 생필품, 작은 사치품, 문화교육비, 개인 재산, 비상금, 의복 및 화장품비, 외식비, 용돈 그리고 삶의 수준을 끌어올리는 데 드는 돈, 이렇게 아홉 가지였다.[8] 여성은 물건 가치를 판단할 때 사고 싶은 물건 전부와 비교하는 것이 아니라, 그 물건이 속한 심리적 지갑 안에 있는 다른 물건과 비교한다. 예를 들어 여행을 갔을 때 기차 안에서 파는 오렌지는 동네 슈퍼마켓에서 파는 오렌지보다 비싸지만 기쁜 마음으로 오렌지를 산다. 기차 안에서 오렌지를 사는 돈은 생필품을 구매할 때 사용하는 심리적 지갑이 아니라 '외식비'라는 지갑에서 나오는 돈이기 때문이다. 외식비는 특별하고, 가격이 비싼 음식을 구매할 때 쓰는 지갑이다. 그래서 오렌지 값에 대해 평소와 다른 판단을 내린 것이다.

생각해보면 직관적으로 알 수 있다. 당신은 집에 온 손님이 진 토닉을 찾을 때를 대비하여 진 과일주스나 토닉워터와 섞어 마시는 술 한 병쯤은 늘 상비할지도 모른다. 집에 진이 떨어지면 슈퍼마켓에 가서 한 병 더 사는 값은 식비에 포함될 것이고 비싸도 한 병에 20파운드 정도 할 것이다. 그렇지만 휴가를 갔을 때 전망 좋은 바에 앉아 마시는 진 토닉 단 한 잔에, 슈퍼마켓에서 파는 진 한 병 가격의 절반 정도 하는 비용을 지급해도 아깝지 않다. 이는 돈이 서로 다른 마음의 계좌에서 인출되기 때문이다.

지금쯤 마음의 계좌 때문에 돈을 더 헤프게 쓰는 것이 아닌가 하는 생각이 들 수 있다. 하지만 그렇지 않다. 우리는 가진 돈 전부를 고급품이나 '재미'를 위해서만 쓰지 않는다. 돈을 각 마음의 계좌에 신중하게 나누어 넣고, 금액이 클수록 재미용이 아닌 좀 더 진지한 목적의 계좌에 넣는다. 그리고 이 계좌의 돈을 쓸 때는 소비하는 금액이 커질수록 가격을 예리하게 주시한다.

우리는 마음속으로 기간을 나누어 돈을 배정하기도 한다. 오늘을 위한 돈, 내일을 위한 돈, 그리고 비상시를 위한 돈으로 나눈다. 마음의 계좌 덕분에 우리는 언제 무엇을 사야 하는지, 각기 다른 상황에서 어떤 소비가 합리적인지 빠르게 판단할 수 있다. 그 결과 우리는 소비에 대한 자제력도 발휘한다.[9]

일부 사람은 마음의 계좌를 실제로 반영하여 은행 계좌를 나누기도 한다. 때에 따라서 돈이 있는 여러 계좌 중 하나에서만 이용 수수료를 따로 부담하기도 한다. 예를 들어 애써 모아둔 비상금을 이달 신용카드 대금을 갚는 데 쓰고 싶지는 않은 것이다. 영국 은행에는 예금이자로 대출이자를 상환할 수 있는 저축상품이 있지만 2014년 기준 은행 고객의 98퍼센트는 여전히 예금 계좌와 대출 계좌의 분리를 선택했다.[10] 사람은 하나의 계좌에 모든 은행 거래가 기록되는 것을 좋아하지 않으며, 특히 대출이 있으면 더 원하지 않는다. 그렇게 되면 늘 빚에 허덕이는 기분을 느끼기 때문이다.

상품의 전체 가격 대비 할인이 주는 가치가 어느 정도인지를 판단하는 것도 마음의 계좌에서 나온다. 제품 구매에 사용하는 돈이 어느 마음의 계좌에서 나왔는지에 전적으로 달려있기 때문이다.

사실 마음속에서 돈을 여러 계좌로 나누는 것은 매우 중요하다. 그렇게 돈을 나누지 않는다면, 사람은 위험을 감수하거나 장기 투자를 하지 않고 경제 활동도 하지 않아서 이에 따르는 번영도 없을 것이다. 우리는 마음의 계좌를 통해 심각한 경제적 경고를 받고, 여기에서 벗어날 수 있다. 마음의 계좌가 없다면 우리는 피할 길 없이 금전 위기에 빠지고 말 것이다.

하지만 돈을 적절한 계좌로 나누는 일은 때로 어렵다. 약 15년 전에 우리 부부는 차를 처분하기로 마음먹었다. 런던에 살면서 차를 쓸 일이 점점 준 이유도 있었지만, 당시 살던 동네에서 주차 공간을 찾기가 너무 어려워서 될 수 있으면 차를 쓰지 않았다. 차를 쓰는 일이 너무 드물다 보니 나중에는 차를 어디에 주차해두었는지 기억도 못하는 상황까지 이르렀다.

차는 이제 돈만 많이 들고 더는 쓸모가 없었다. 정기적으로 운전할 사람에게 파는 것이 확실히 합리적인 선택이었다. 하지만 차를 팔면 전적으로 대중교통에 의존해야 했다. 런던은 대중교통이 잘 갖추어진 도시이지만, 밤늦게 귀가하거나 교외로 여행갈 때는 어떻게 해야 할지 걱정스러웠다.

남편은 자동차를 팔면 보험에 가입하지 않아도 되고, 도로세를 낼 필요도 없으며, 자동차 수리와 기름값 걱정도 없으니 아낀 돈으로 심야 택시를 타고, 주말여행을 갈 때 렌터카를 빌리자고 말했다.

남편의 주장은 논리적이고 이치에 맞았다. 그래서 차를 팔았지만 몇 년이 지난 지금도 나는 여전히 택시를 탈 때마다 마음속 일반 교통비 계좌에서 택시비를 지급하는 것이 아깝다고 느낀다. 기름값이나 자동차 정비에 사용하는 돈은 사치라는 생각이 들지 않는데, 택시를 타는 것은 너무 사치스럽게 느껴진다. 비용 측면에서는 자가용보다는 택시가 낫다. 하지만 비용이 훨씬 더 많이 든다 해도 자가용을 타는 쪽이 더 적절해 보인다. 이는 자동차를 일상생활에서 필수 불가결한 것으로 생각하는 분위기 속에서 자랐기 때문이다. 지금으로부터 백여 년 전에는 상황이 달랐다. 자가용은 사치품이었고, 택시가 상대적으로 아주 흔한 교통수단이었다. 미래에는 다시 그렇게 될 날이 올지 모른다. 어쩌면 일생 동안 차를 소유하지 않고, 집 앞으로 무인 택시를 부르는 날이 올 수도 있다.

마음속 계좌 해지

마음의 계좌는 평생 동안 고정된 것처럼 보이지만 사실 사람은 거래할 때마다 새로운 임시 계좌를 연다. 항공권을 사는 경우를 예로 들어보자. 비행기 탑승은 요즘 매우 흔한 일이라 더는 사치품 계좌에 들어가지 않을 것이다. 그래도 여전히 대부분 사람에게는 일반적 구매 항목에 속하는 경우는 아니므로 적당한 금액을 배정해 '어디로 가는 항공권' 계좌를 만든다. 그리고 배정한 금액을 넘지만 않으면 구매에 만족을 느낀다.

이 계좌는 비행기를 타고 목적지에 안전하게 도착하여 집이나 호텔에 도착할 때까지 마음속에서 해지되지 않는다. 만일 관제사 파업으로 비행기를 대신할 기차표를 사야 한다면, 기찻푯값은 이번 여행용으로 개설한 마음의 계좌 비용에 추가되며, 그 계좌에서 '손실'을 입었다고 생각한다. 이럴 때 대체로 사람은 추가 비용을 '비상용 계좌'에서 꺼내지 않는다. 여행을 위해 마음의 특별 계좌를 열었기 때문이다. 이 계좌에 예상치 못한 비용이 발생하면, 실제 비용이 얼마건 간에 돈을 쓰는 일이 심적으로 괴롭다.

당신 친구가 결혼식을 하게 되었다. 시간이 없어 참석할 수 없을 줄 알았는데 다행히 결혼식 직전에 휴가를 얻을 수 있게 되었다. 출발하기 직전 제일 비싼 가격으로 티켓을 샀다. 미리 티켓을 구매할 때보다 몇십만 원을 더 썼지만 이와 상관없이 만족스럽다. 친구 인생에서 매우 중요한 날에 참석할 수 있다는 사실만으로도 기쁜 것이다.

상황을 바꾸어 이미 구매한 저렴한 항공권이 있는데 관제사 파업으로 기차표를 새로 구매해야 한다고 하자. 두 상황에서 추가로 든 비용이 동일해도 장담하건대 반응은 매우 다를 것이다.

가격 대비 좋은 티켓을 샀다고 생각했는데, 추가로 예약 수수료를 내야 한다거나 좌석 선택을 하려면 별도로 비용이 든다는 것을 알게 될 때에도 괴롭다. 처음부터 모든 비용을 다 포함하여 가격을 높게 책정했다면 사람들은 크게 신경 쓰지 않을 것이다. 그랬다면 항공권으로 개설한 마음의 계좌에 전부 포함하기 때문이다. 하지만 일단 마음속에서 처음에 본 가격을 항공권 가격이라고 정하면, 그 후에 발생하는 어떤 추가 비용도 마음의 계좌 속에서는 손실로 느껴지고, 심지어 벌금을 낸다고 느낀다.

그래서 일부 저가 항공사들이 예약 단계의 끝에 가서야 온갖 추가 비용을 더하는 예약 방식은 승객들의 원성을 산다. 사람은 이렇게 마음속으로 계산한다. 그래서 바가지를 쓰는 듯한 기분에 민감하게 반응하며 돈을 지배하는 마음을 가다듬는다. 사람은 돈과 관련하여 손실을 볼 때 강하게 반응한다.

MIND OVER MONEY

CHAPTER 04

돈을 못 버는 것보다
잃는 게 더 싫다

우리는 돈을 잃지 않기 위해 벌 때보다 더 많이 노력한다

원숭이도 사람처럼 손실을 보고 싶지 않다

매주 같은 번호로 복권을 사지 말라

상속자나 금수저인 사람을 제외하고 사람은 대부분 돈을 '물려받지' 않는다. 대신 자신 앞에 놓인 기회와 노력으로 돈을 번다. 그래서 사람은 가진 돈을 계속 보유하고 싶어 한다. 흥미로운 점은 우리는 가진 돈을 너무 소중히 여긴 나머지 그 돈을 이용하면 더 많이 벌 수 있는데도 쓰지 않고 유지한다는 것이다.

대니얼 카너먼 교수가 만든 다음 실험을 보자.[1] 당신에게 1,000파운드가 생겼다. 그리고 다음 두 가지 선택권이 있다.

---

1. 동전 던지기를 한 결과에 따라, 이기면 이 돈의 두 배를 가지고, 지면 그대로 1,000파운드만 가진다.
2. 내기에 응하지 않으면 추가로 500파운드 더 가질 수 있다.

당신이라면 어느 쪽을 택하겠는가? 대부분은 1,500파운드를 가져가는 확실한 쪽을 택한다. 하지만 이 실험 내용을 살짝 바꿔보면 어떻게 될까?

이번에 당신에게 2,000파운드가 있고, 다음 선택권이 있다.

---

1. 동전 던지기를 한 결과에 따라, 이기면 2,000파운드를 가지고 지면 반을 잃게 된다. 즉 1,000파운드만 가진다.
2. 내기에 응하지 않으면 무조건 500파운드를 내놓아야 한다.

이런 상황에서 사람은 내기하는 쪽에 더 끌린다. 하지만 두 실험 모두 결과적으로 갖는 금액은 같다. 어느 경우든 1,500파운드만 가지는 것을 선택하거나 내기에 응해 이기면 2,000파운드, 지면 1,000파운드를 갖는다. 이 실험 내용을 잘 알면서도 나는 매번 읽을 때마다 두 번째 실험에서 동전 던지기를 하고 싶다는 생각이 든다. **두 가지 실험 내용이 왜 이처럼 다르게 느껴지는 것일까?**

이는 전부 내기를 설명하는 방식과 관련이 있다. 첫 번째 실험은 확실한 선택을 하면 이득을 얻는다고 설명한다. 이미 1,000파운드는 가졌고, 위험을 감수하지 않아도 가진 돈을 1,500파운드로 늘릴 수 있다. 반면에 두 번째 실험은 확실한 선택을 하면 손해를 본다고 설명한다. 우리는 이미 2,000파운드를 가졌는데, 4분의 1에 해당하는 금액을 다시 잃어야 하는 것이다.

두 가지 실험을 다르게 대하는 사고방식을 전문 용어로 손실 회피 성향이라고 한다. 우리가 일반적으로 지닌 손실 회피 성향은 행동경제학의 가장 중요한 발견 중 하나이며, 금전 문제로 의사결정을 할 때 많은 영향을 미친다. 사람은 누구나 돈 버는 것을 좋아하지만, 그보다 돈을 잃지 않기 위해 노력을 더 많이 기울인다. 우리는 돈을 벌 수 있다는 생각보다 아주 적은 금액이라도 돈을 잃는다는 생각에 더 지배된다. 손실 회피 성향 이론을 발전시킨 아모스 트버스키 박사와 대니얼 카너먼 교수가 증명한 것처럼 손실 회피 성향은 측정할 수 있다. 같은 금액의 경우 돈을 얻는 쪽에 끌리는 마음보다 잃는 쪽을 피하고자 하는 마음이 두 배 정도 강하다고 한다.

손실 회피 성향은 다음과 같은 배송 지연 상황에서도 나타난다. 예를 들어 새 소파를 주문할 때 대체로 배송이 완료되는 데 어느 정도 시간이 들 것으로 예상한다. 그런데 가구판매 업체에서 한 달이 걸린다고 하자. 당신은 "네, 알겠습니다."라고 대답할 것이다. 하지만 배송 완료 하루 전에 업체에서 배송이 2주 정도 지연된다고 하면 **우리는 어떻게 반응할까?** 판매업체가 처음부터 6주가 걸린다고 했으면 아마 큰 불만은 없었을 것이다. 하지만 지금과 같은 상황은 매우 화가 난다. 그래서 업체에 배송 지연에 대한 보상을 요구한다. 조사에 따르면 이런 경우 고객은 구매 시 4주의 '배송 일자 보장'이나 '신속 배송'을 선택하며, 지급한 배송비보다 금액을 더 많이 보상받기를 원한다.[2] 이는 사람이 예상치 않은 배송 지연을 완전한 손실로 느끼기 때문이다.

그런데 손실을 싫어하는 것은 사람뿐만이 아니다. 손실 회피 성향은 진화 생물학에 깊이 뿌리내리고 있다.

원숭이의 거래

푸에르토리코의 카요 산티아고섬the island of Cayo Santiago에는 붉은털 원숭이가 살고 있다. 예일대학교의 로리 산토스Laurie Santos 교수는 붉은털원숭이를 연구하기 위해 이 섬을 찾았다. 붉은털원숭이는 인간처럼 문제 해결 능력을 갖추고 있는데, 이 능력은 갈색꼬리감기원숭이에도 나타난다.

산토스 교수는 열대 섬에서 원숭이를 연구하면서 2008년 금융위기에 대해 곰곰이 생각했다. 잠시 의문을 참고 들어보자. 산토스 교수는 2008년 금융위기 때 주식시장에서 손실액이 점점 불어나는 데도 투자를 멈추지 않고 승산이 없는 도박을 펼친 투자자들을 떠올렸다. 또 전반적으로 집값이 떨어진 상황에서도 낮은 금액으로는 절대 집을 팔지 않은 집주인도 생각했다. 이 두 가지 예는 전형적 손실 회피 성향을 보여준다. 산토스 교수는 손실을 보는 두려움은 우리 마음속 아주 깊이 뿌리내리고 있다고 생각했다. 그렇다면 **진화론적으로 인간의 사촌쯤 되는 원숭이도 손실 회피 성향을 가진 것일까?**

이 질문의 답을 찾기 위해 산토스 교수는 예일대학교의 비교인지연구소Comparative Cognition Laboratory at Yale로 돌아갔다. 산토스 교수의 연구팀은 이 연구소에서 흰목꼬리감기원숭이를 키우고 있었다. 그리고 원숭이들에게 반짝이는 동그란 토큰을 먹이와 교환하도록 훈련시켰다.

오릭이라 불리는 원숭이는 연구팀이 원숭이 장터라고 부르는 장소로 향했다. 그곳에서 오릭은 토큰 한 주머니를 받았다. 그리고 유리 너머 연구 조교 두 명이 먹이를 들고 있었다. 먹이는 접시에 담긴 포도 조각이거나 마시멜로였다. 오릭은 토큰을 유리 벽 둥근 구멍에 넣으면 먹이를 얻을 수 있다는 것을 알고 있었다. 하지만 오릭은 그보다 더 영리했고 최고의 거래법을 익혔다. 유리 벽에 바로 토큰을 넣는 대신 '중개인'에게 가서 토큰을 더 적게 내고 과일 또는 먹이를 더 많이 얻는 것이다.

마치 사람처럼 오릭을 비롯한 흰목꼬리감기원숭이들은 자신의 '돈'을 다르게 '소비'하고 '평가'한다. 어떤 원숭이는 가진 토큰을 한 번에 전부 써 버리지만, 다른 원숭이는 토큰을 모은다. 또 어떤 원숭이는 다른 원숭이 토큰을 훔치기도 하는데, 과일을 훔칠 수 있는 상황에서도 토큰을 훔쳤다.

이제 흰목꼬리감기원숭이들은 장터가 돌아가는 원리와 '중개인'과의 거래 방식에 익숙해졌다. 어떤 신뢰가 생겨난 것이다. 그래서 연구팀은 약간의 속임수를 썼다. 첫 번째 중개인이 토큰 한 개로 교환할 수 있는 포도의 개수를 다양하게 했다. 원숭이들은 토큰 하나에 포도 두 알을 기대하고 있었다. 지금까지 중개인은 토큰 하나에 포도 두 개를 준 것이다. 초반에 원숭이들은 예상대로 포도 두 알을 받았지만 나중에는 딱 한 알만 받았다.

거래를 더 복잡하게 만들기 위해 두 번째 중개인은 토큰 하나당 포도 한 알로 바꿔주다가 나중에는 포도 한 알을 준 후에 추가로 한 알을 더 지급했다.

원숭이들은 카너먼 교수가 사람을 대상으로 실험한 것과 비슷한 실험에 참여하고 있었다. 당신이 눈치챈 것처럼 원숭이들이 어느 쪽 중개인에게 가든지 포도 한 알 또는 두 알을 받을 확률은 50대 50이다. 그럼에도 원숭이들은 명확하게 한쪽 중개인을 선호했다.

실험 시간 중 71퍼센트에 달하는 시간 동안 원숭이들은 두 번째 중개인을 택했다.[3] 두 번째 중개인이 마지막 순간에 추가로 지급하는 포도 한 알은 마치 이득처럼 느꼈지만 첫 번째 중개인이 나중에 포도알 개수를 줄이자 손실로 느꼈다. 원숭이는 사람과 똑같이 손실을 싫어하는 것이다.

로리 산토스 교수는 손실 회피에 대한 우리의 비이성적 편향이 거의

3,500만 년을 거슬러 올라가는 인류 진화 역사에 깊이 뿌리내리고 있는 증거라고 했다. 산토스 교수의 말처럼 손실 회피 성향은 우리 안에 깊게 자리 잡고 있어 극복하는 것은 매우 힘들다.

그런데 **손실 회피 성향은 왜 존재하며, 사라지지 않는 것일까?** 신경과학자 딘 부오노마노Dean Buonomano 교수에 따르면 인간의 손실 회피 성향은 식량 해결이 인류의 주된 고민이던 시기에 나타났다. 즉, 우리가 좀 더 흰목꼬리감기원숭이와 비슷하던 시절에 생겨났다는 이야기다. 부오노마노 교수의 가설은 매우 단순하다. 선사시대에 인류는 지금의 원숭이 같았고, 추가로 얻을 음식보다는 수중에 가진 음식을 더 소중히 여겼다. 음식을 보관할 방법이 없을 때는 특히 그랬다. 그런 상황에서 음식을 더 얻으면 단순히 반가운 일이었지만, 반대로 음식을 잃는 일은 재앙이나 마찬가지였다. 이는 굶주림으로 이어질 수 있었기 때문이다.[4]

부오노마노 교수의 이론이 손실 회피에 대해 진화론적으로 설명할 수 있을지 몰라도 현대 사회를 살아가는 우리가 여전히 같은 성향을 지닌 이유를 완전히 설명하지 못한다. 특히 오늘날 문제는 손실 회피 성향으로 참담한 경제적 선택을 내린다는 것이다. 앞서 말했듯이 주식 하락장에서 손실을 줄이길 거부한 투자자들을 생각해보라. 그런 경우 손실 회피 성향은 단순히 같은 결과의 두 선택지 중에 한쪽을 선택하는 수준의 문제가 아니다. 손실 회피 성향에 따른 선택이 최악의 결과를 가져온다.

복권을 사고 후회하지 않는 법

지금 당신은 학생이고 도서 상품권 15유로를 딸 수 있는 복권을 공짜로 받았다. 그리고 그 위에 쓰인 숫자를 보았다. 다른 복권으로 교환할 수 있는 기회도 있다. 복권을 교환하면 재학 중인 대학교 이름을 새긴 볼펜을 공짜로 받는다. **당신은 복권을 교환하겠는가?**

네덜란드 틸부르그대학교Tilburg University의 학생들에게 이를 제안했더니 참여자의 56퍼센트만이 복권을 교환했다. 어느 쪽 복권이나 도서 상품권을 탈 확률은 같고, 공짜 펜까지 얻을 수 있는데도 교환을 선택한 학생은 많지 않았다.[5]

교환의 대가로 주는 증정품이 너무 약소해서 그런 것이 아닐까 하는 생각이 든다. 학생들에게 좀 더 매력적인 증정품을 줄 수는 없었을까? 사실 학생의 결정에 증정품이 변수로 작용하지 않는다. 중요한 점은 학생들이 처음 받은 복권 숫자를 이미 보았다는 것이다. 그 말은 복권을 바꿨다가 원래 복권이 당첨될 경우 이미 본 숫자로 자신이 잘못된 결정을 내렸다는 사실을 알게 된다는 뜻이다. 그래서 학생들은 '후회 비용'을 낸 것이다. 나중에 도서 상품권을 놓쳤을 때의 실망스러움을 피하려고 공짜 펜을 포기했다.

복권 숫자를 보지 않은 학생들이 복권을 더 많이 교환한 사실은 이러한 성향을 뒷받침한다. 숫자를 보지 않은 학생들은 바꾼 복권이 당첨되지 않아도 후회할 가능성이 작다. 이 학생들이 아는 사실이라고는 처음에 가진 복권이 당첨될 수도 있다는 가능성뿐이기 때문이다.

복권을 사는 사람에게 조언을 하나 할까 한다. 복권을 살 때마다 다른 번호를 고르고, 과거에 고른 숫자는 기억하려 애쓰지 말라. 만일 매주 같은 번호로 복권을 사다가 어느 주에 복권을 사지 못했다면, 당신은 잠재적 고통을 예약한 셈이나 마찬가지이다. 모래밭에서 바늘 찾기와 같은 가능성이긴 하지만 혹여 '당신의 숫자'가 당첨되었을 경우에 느낄 고통 말이다. 이런 일이 벌어지는 것을 막기 위해서는 복권을 살 때 무작위로 숫자를 고르고, 그 숫자에 대한 기억을 잃는 것이 좋다. 단, 당신이 직장 동료와 함께 복권 연합팀을 이룬 경우는 예외로 한다. 동료들이 거액에 당첨되면 당신 귀에 들어올 수밖에 없다. 그러니 나만 빼고 동료들이 하룻밤 사이에 백만장자가 되는 꼴을 지켜볼 수 있다면 모를까 그렇지 않다면 후회하지 않도록 그 복권 연합팀에 가입하는 편이 좋다. 복권 연합팀에 속해 있다면 매주 같은 숫자로 복권을 사든 말든 중요하지 않다.

네덜란드의 일부 복권 운영 회사는 후회하고 싶지 않은 사람 마음을 이용하여 복권에 집마다 고유 우편번호가 자동으로 기입되도록 설계했다. 복권이란 것은 일단 사야 당첨이 되지만 이 복권의 경우 사람은 자신의 우편번호가 당첨되었을까 싶어 당첨 결과를 뒤적인다. 그래서 실제로 이 복권을 산 경우가 아니라면 복권의 당첨 결과를 찾아봐서는 안 된다. 연구 결과를 보면 무작위로 당첨 번호가 결정되는 일반 복권에 낙첨했을 때보다 우편번호 복권에 낙첨했을 때 사람은 크게 후회한다.[6]

최근 이사했을 때의 이야기이다. 이삿짐센터 직원이 우리 짐을 모두 싸서 창고용 부지에 옮겨두었다. 그 다음 주에 새집으로 짐을 옮길 예정이었다.

모든 물건이 지키는 사람 없이 텅 빈 공업지대에 놓여있다고 생각하니 다소 불안했다. 이삿짐센터에서는 도둑 맞았을 때에 대한 보상은 하지 않았다. 하지만 내가 원하면 보험에 가입할 수는 있었다.

나는 보험이 필요하다고 생각했지만, 발생 확률이 매우 낮은 일에 보험료가 너무 비싸다고 느꼈다. 나는 보험에 가입해야 할지, 위험을 감수해야 할지에 대해 합리적 결정을 내려야겠다고 다짐했다.

가난한 사람은 때로 단기로 내는 보험료가 부담스러워 장기로 발생할 수 있는 화재, 홍수, 도난과 같은 끔찍한 결과에 눈을 감는다. 하지만 나는 그 정도 보험료는 감당할 수 있었다.

그래서 보험에 가입했다. 내가 보험에 가입한 것은 보험료가 적어서도 신중하게 행동하기 위해서도 아니었다. 바로 후회가 두려웠기 때문이었다. 경제적 판단을 내린 것이 아니라 미래에 할지 모를 후회와 현재의 불안감 때문에 보험에 가입했다. 나에게도 후회를 회피하고 싶은 성향이 나타난 것이다.

운 좋게도 우리 집 컨테이너는 도둑맞지 않았고, 이삿짐센터가 내 대신 보험에 가입하는 것을 깜빡 잊은 탓에 보험료를 낼 필요가 없었다. 완벽한 결과였다. 지출도 없었고, 후회도 없었다.

소유의 힘

1990년에 아모스 트버스키 박사와 대니얼 카너먼 교수가 진행한 대표 연구를 살펴보자. 실험에 참여한 학생들은 구매자 또는 판매자의 역할을 맡았다. 판매자 역할을 맡은 학생에게는 머그잔을 하나씩 지급했고, 판매자는 머그잔을 가지거나 원하면 팔 수 있었다. 판매할 경우 머그잔을 얼마에 팔 것인지 최소 가격을 책정해야 했다.

구매자 역할을 맡은 학생에게는 머그잔을 보여주었고, 얼마까지 낼 용의가 있는지 최대 금액을 제시하도록 했다. 평균적으로 구매자는 최대 2.25달러 이내면 만족하겠다고 답했다. 하지만 판매자에게 이 금액은 전혀 만족스럽지 않았다. 판매자가 원한 금액은 거의 5달러로 두 배에 달했다.[7]

당신은 판매자와 구매자가 양보 없이 흥정을 벌이다가 마지막에는 서로 합의하여 거래를 성사한다고 생각할 것이다. 하지만 판매자는 가격에서 끝까지 물러서지 않았다.

이를 소유 효과라고 부른다. 간단히 설명하면 사람은 이미 가진 물건의 가치를 실제보다 더 높게 책정하는 것이다. 우리는 자신의 물건에 높은 가치를 매긴다. 심지어 아주 짧은 기간만 소유한 물건도 그렇다. 판매자 역할을 맡은 학생들은 머그잔을 실험 당일 아침에서야 처음 보았다. 머그잔을 산 것도 아니고, 자신이 원한 것을 고르지도 않았다. 그런데도 머그잔을 지키려는 마음이 매우 강해져 판매가를 높게 책정했다.

다음 상황을 생각해보자. 내가 당신 집에 들러 거실 소파 위에 놓인 쿠션을 보았다. 당신은 쿠션을 산 지 일주일 정도밖에 되지 않았다. 내가 구매한 가격보다 더 높게 가격을 제시하며 쿠션을 팔라고 해도 당신은 아마 거절할 것이다. 일단 귀찮다고 생각한다. 당신은 쿠션이 필요해서 산 것이고, 팔면 다시 사야 하기 때문이다. 그렇지만 이는 단순히 귀찮은 문제만은 아니다. 똑같은 쿠션을 한 번 더 사는 일이 그리 어렵지도 않으며 내 제안을 받아들이면 약간의 차익도 얻을 수 있다. 하지만 사람은 항상 돈이 목적이지는 않다. 손실 회피 성향으로 가진 물건에 집착한다. 이 경우도 마찬가지이다.

물론 판매를 위한 물건에는 소유로 인한 강한 집착이 나타나지 않는다. 상인들이 이윤을 얻는 것 못지않게 재고를 쌓아두려 하지 않는다. 그리고 이베이eBay 같은 웹사이트에서 확인할 수 있듯이 사람은 몇 년 동안 가진 물건이라도 판매할 때 망설이지 않는다. 그러나 이베이에서 판매자가 입찰 시작가를 너무 높게 설정하는 경우도 종종 있다. 이 판매자는 더는 필요하지 않아 물건을 내놓았지만 한때 자신이 소유한 물건이기에 다른 사람보다 가치를 더 높게 둔 것이다.

실수로 크리스마스 선물을 잘못 연 아이에게 원래 주인에게 돌려주라고 해도 거절하는 경우가 있다. 여기에도 소유 효과가 나타난다. 미국

뉴멕시코주에서 진행한 실험이 있다. 다섯 살, 여덟 살, 열 살 아이들에게 탱탱볼과 외계인 인형이 달린 열쇠고리 중 하나를 나눠주었다. 선물을 나눠주기 전 둘 중 어느 장난감이 좋은지 묻자 아이들은 대부분 탱탱볼을 더 좋아했다. 하지만 열쇠고리를 받은 아이들에게 탱탱볼과 바꿀 기회를 주자 40퍼센트가 바꾸지 않겠다고 답했다.

아이들에게 나눠준 두 가지 선물에 특이점이 있는지 확인하려고 선물을 바꿔가며 실험을 반복했다. 샤프펜슬과 형광펜으로 실험했을 때도, 계산기와 색연필 한 통으로 실험했을 때도 아이들은 똑같이 반응했다. 모든 연령대의 아이가 처음 받은 선물이 무엇인지에 상관없이 다른 선물로 바꾸기보다 그냥 가지고 싶어 하는 경우가 평균적으로 두 배가량 많았다.[8]

타던 차를 판매하고 새 차를 사려는 상황을 가정해보자. 지금 가진 차는 상태가 꽤 좋다. 계기판의 주행거리가 그리 많은 것도 아니다. 미국 중고차 시세의 바이블이라 할 수 있는 블루북Blue Book을 살펴보니 6,000달러는 받을 수 있을 듯하다. 자동차 대리점에 갔더니 지금 차는 6,500달러에 매입할 수 있고, 새 차 가격은 8,500달러라고 한다. 두 번째 대리점에서는 지금 차를 5,500달러에 매입한다고 했지만, 새 차 가격은 7,500달러였다. **두 대리점 중 어느 쪽과 거래하는 것이 더 만족스러울까?**

결과적으로 완전히 똑같은 거래이다. 어느 대리점과 거래하든지 차액에 해당하는 2,000달러만 지급하면 된다. 앞서 나온 여러 연구처럼 사람은 대부분 첫 번째 대리점과 거래하기를 원했다. 그렇다, 사람은 돈을 더 주고 새 차를 사더라도 지금 가진 차의 보상을 후하게 쳐주는 쪽을 선호했다.[9]

기업이 무료 체험품free trial을 제공할 때도 소유 효과가 작용한다. 예를 들어 6개월 무료 구독과 같이 정기 구독을 신청하면 보통 몇 년간 구독을 지속한다. 무료 체험판이 효과를 보는 이유는 사람이 무언가를 가지는 일에 익숙해지기 때문이다. 신문을 보기 시작한 구독자는 우편함에 든 신문을 당연시한다. 구독 취소로 더는 신문이 오지 않으면 자신에게 손실을 입혔다고 느낀다.

다시 한번 흰목꼬리감기원숭이 실험으로 돌아가자. 원숭이도 소유 효과의 영향을 받는다. 평소 원숭이는 과일만큼 귀리 비스킷을 좋아했다. 하지만 과일을 가진 흰목꼬리감기원숭이에게 귀리 비스킷으로 바꿀 기회를 주었더니 별로 내켜 하지 않았다. 그럼 **원숭이에게 교환의 대가로 귀리 비스킷을 더 많이 지급하면 유인**incentive**이 될까?** 하지만 소용없었다. 원숭이는 여전히 과일을 가지기를 원했다. 원숭이가 가진 과일을 귀리 비스킷과 교환하게 만드는 방법은 단 하나, 귀리 비스킷의 양을 아주 크게 늘리는 것뿐이었다.[10]

이미 가진 소유물에 매달리는 본능은 유인원만큼 사람에게도 강하게 나타난다. 하지만 돈은 소유물에 집착하는 마음에서 벗어나도록 해준다. 돈에 대한 집착이 강하면 돈을 더 벌 수 있을 때 소유물을 포기한다. 그러나 알다시피 돈이 목적이 아닌 사람은 의외로 많다. 이 사람들은 더 많은 돈을 벌 수 있을 때도 소유물을 절대 놓지 않는다.

가끔 돈이 경제 흐름에 제동을 걸어 제 역할을 다 하지 못할 때도 있지만 교환을 용이하게 하며 경제를 돌리는 것은 사실이다. 그 비결은 가격을 적절하게 설정하는 것이다. 다음 장에서 가격에 대해 알아보자.

MIND OVER MONEY

CHAPTER 05

그 가격이 맞아?

가격이 높다고 항상 제품의 질이 좋은 것은 아니다
우리 뇌가 와인 속물처럼 구는 이유
우리는 때로 필요 이상으로 돈을 많이 내기도 한다
우리는 왜 처음 본 숫자에 영향을 받는가

앞서 사람이 소유물 가치를 어떻게 과대평가하는지 알아보았다. 이번에는 물건을 구매할 때 합당한 가격이 얼마인지, 어떻게 계산하고 판단하는지 살펴보자.

구매량이 많든 적든 우리는 매일 가격을 판단한다. 당신은 합당한 가격을 판단하는 일이 간단하다고 생각할지 모른다. 그런데 사실 이 판단은 꽤 까다롭다. 사람이 가격에 쉽게 속아 넘어가기도, 때로는 마음이 농간을 부리기도 한다. 특히 가격이 고정되지 않은 상품에서는 돈을 지배하는 마음을 사용하기가 매우 어렵다.

가짜에 속는 이유

루디 쿠르니아완Rudy Kurniawan은 매달 와인을 사는 데 100만 달러 정도 썼으며 와인을 팔아 많은 이익을 남겼다. 2006년 총 와인 판매 금액은 3,600만 달러에 달했다. 쿠르니아완은 어느 날 갑자기 와인 업계에 나타나 세계에서 주요한 와인 거래상 중 하나로 발돋움했다. 쿠르니아완은 다양한 와인을 빠른 속도로 구별해냈고, 와인의 라벨이나 코르크 마개의 사소한 부분까지도 파악해내어 와인 전문가들의 신뢰를 얻었다. 블라인드 테이스팅_{어떤 와인인지 라벨을 가린 상태에서 와인을 시음하고 평가하는 것}에서는 와인 생산자와 생산 연도를 제대로 맞추었으며 심지어 가짜 와인도 찾아냈다.[1]

쿠르니아완은 와인 업계 친구를 초대하여 자주 파티를 열었다. 파티는 레스토랑에서 와인 시음으로 시작하여 근사한 식사로 끝이 났다.

그런데 항상 다 마신 와인병을 자신의 집으로 보내달라고 레스토랑에 요청했다. 쿠르니아완은 로스앤젤레스에 있는 자택 차고에 와인병 컬렉션을 만드는 중이며[2] 모은 와인병으로 와인 박물관을 짓겠다고 했다.[3]

쿠르니아완은 부르고뉴 지역의 어느 도멘_{프랑스 부르고뉴 지방에 있는 포도원}에서 생산한 1923년산 와인을 가지고 있었는데 정작 그 도멘은 1924년에 설립되었다. 그리고 저가의 레드 와인을 대량 구매한다는 소문이 돌 때쯤 쿠르니아완은 매우 희귀한 와인을 대량으로 경매에 출품했다.

쿠르니아완에 대한 의혹은 커졌다. 미국의 부유한 기업가 윌리엄 코크는 쿠르니아완에게 2백만 달러어치 와인을 샀다. 얼마 뒤 코크는 와인의 이상한 점을 발견했다. 쿠르니아완의 수법을 밝히기 위해 코크는 코르크 전문가, 유리 전문가, 와인 라벨 전문가, 심지어 접착제 전문가까지 고용했다.

쿠르니아완의 사기 행각에 대한 증거는 산더미처럼 나왔다. 미연방수사국이 쿠르니아완 집을 급습했는데, 안에서 와인을 대량으로 제조하고 있었다. 커다란 대야 하나에는 오래된 코르크 마개가 가득 담겨 있었고,

여러 서랍 속에서 봉랍과 풀, 스텐실, 와인 라벨 만드는 방법에 대한 설명서, 붉은 인장이 다량으로 발견되었다. 그리고 레이저 프린터를 이용하여 깔끔하게 만든 빈티지 와인특별히 잘된 해의 포도로 만든 와인은 그 연호를 라벨에 표시하며, 이 라벨이 붙은 와인의 라벨도 발견되었다. 싱크대 속에는 라벨을 제거하려고 물에 담근 와인병들이 있었다. 그 집에는 와인 오프너가 아니라 코르크 마개를 병에 집어넣는 도구가 있었다.[4]

쿠르니아완은 8년 동안 저렴한 부르고뉴 와인을 산 후 최고급 명품와인과 섞어 값비싼 빈티지 와인 맛이 나도록 와인을 제조했다. 이렇게만든 와인을 오래된 병에 담아 가짜 라벨을 붙이고 코르크 마개로 다시봉인한 것이다. **어떻게 이렇게 오랜 시간 동안 들키지 않을 수 있었을까?**

사회는 와인 제조가, 경매사, 와인 시음회 참여자 모두 이 사기극에 일조했다고 비난했다. 와인 업계에 있는 사람이라면 예민하고 감별력이 뛰어난 미각을 가지고 있을 터였다. 와인 전문가 중 몇몇은 쿠르니아완이시음회에 보인 와인은 분명 진품이며, 후에 와인을 판매할 때만 위조품를 내놓았을 것이라고 주장했다. 하지만 실제로 시음회에 나온 와인도가짜였다.

쿠르니아완은 정말 고전적 방법으로 속였다. 이는 사기꾼이 매우 좋아하는 수법으로 힘들이지 않아도 피해자 스스로 속아 넘어간다. 이 사건의 경우를 보자. 와인 전문가들은 시음하기 전부터 쿠르니아완이 내놓은 와인이 특정 생산 연도의 명품 와인이라고 들었다. 와인병 모습과라벨을 보니 그 말이 맞았다. 그래서 와인을 따서 시음할 때, 본인이 예상하는 맛을 음미한 것이다. 이는 확증 편향자신의 생각과 일치하는 정보는 받아들이고, 그렇지 않은 정보는 무시하는 현상에 빠졌기 때문이다. 와인 전문가들은 자신의 기대를 뒷받침하는 정보만을 찾았다. 고급 와인 경매장에서는 보통 고급 와인이 나올 터였다.

쿠르니아완은 여러 면에서 전문가들을 속였지만, 가격이야말로 사기극의 핵심 요소였다.

몇 년 전에 텔레비전으로 맥주 광고를 본 적이 있는데, 광고 문구가 '안심할 수 있도록 비싼 맥주'였다. 쿠르니아완의 와인도 같은 맥락이다. 와인 전문가들이 쿠르니아완의 와인을 믿은 이유는 가격이 매우 비쌌기 때문이다.

사건 후에 위조 와인 약 5백 병은 폐기했지만, 나머지 5천 병은 피해자들이 피해 금액을 보상받을 수 있도록 2015년 말 미연방 보안관실US Marshals Service에서 경매에 부쳤다. 보안관실은 경매에 나온 와인 중 위조품은 없느냐는 질문에 백 퍼센트 진품이라는 확신은 없지만 조사한 정보로 판단하건대 진품으로 추측한다고 답했다. 그래서 입찰자들이 구매에 조심했을 것이라고 생각하겠지만 1911년산 로마네 콩티Romanée Conti 세 병은 최고 낙찰가 4만 5,600달러에 팔렸다. 어쩌면 쿠르니아완과 관련된 와인이라서 가치를 부여했을 수도 있다. 아니면 진품이라는 확신이 없다 해도 그 정도 가격으로 할인된 와인이라면 사지 않을 수 없었을지도 모른다.

그동안 많은 심리 연구를 보면 상품에 대한 선입견을 갖는 데 가장 큰 영향을 주는 요인은 가격이다. 바로 사람이 돈의 노예가 되는 상황이다.

캘리포니아 공과대학의 힐케 플라스만Hilke Plassmann 교수가 진행한 실험에는 레드 와인을 좋아하지만 특별한 전문 지식이 없는 지원자 스무 명이 참여했다. 그리고 한 번에 한 명씩 뇌주사 장치 안에 반듯이 누워 입술 사이에 튜브를 끼웠다. 이 튜브를 통해 서로 다른 종류의 와인이 옆 방에서 흘러들어왔다.[5]

와인을 뱉을 수 없었으므로 참여자들은 삼키기 전에 정해진 시간 동안 각 와인의 맛을 음미하라는 안내를 받았다. 그러고 나면 물이 흘러들어와 입 안을 헹구고 다음 와인을 음미했다. 참여자들에게 주어진 과제는 간단했다. 마신 와인 중에 어떤 와인이 제일 좋았는지 알려주는 것이 전부였다.

실험 참여자들은 앞으로 마시게 될 와인이 총 다섯 종류이고 가격대가 5~90달러 사이라고 들었다. 그래서 참여자들은 일부 와인은 고급이고, 다른 일부 와인은 슈퍼마켓에서 흔히 볼 수 있는 저렴한 상품이라는 사실을 알게 되었다. 어느 와인이 비싼지 저렴한지는 미리 알려주지 않았다. 직접 맛보는 일 외에 참여자들이 가진 정보는 전체 와인의 가격과 포도의 품종뿐이었다. 그리고 연구팀은 뇌주사 장치 속에서 와인이 플라스틱 튜브를 통해 실험 참여자들 입 속으로 흘러들어가기 직전에야 와인이 고급인지 아닌지 알려주었다.

연구팀은 실험을 통해 확증 편향, 즉 사람은 참이라고 생각하는 사실을 뒷받침하는 정보만을 받아들이는지 확인하고 싶었다. 와인을 맛 본 사람들은 마시기 직전 값비싼 고급 와인이라고 들은 쪽이 더 맛있다고 일관되게 대답했다. 그러나 실제로 고급 와인이라고 생각하고 마신 와인 중 절반은 저가 와인이었다.

이 실험에서 확인한 사실이 하나 더 있다. 와인을 마신 사람의 뇌 활동을 살펴보니 비싸다고 들은 특정 와인을 그냥 맛있다고 말한 것이 아니었다. 그리고 더 고급이라고 생각한 와인에 대한 감상을 허위로 이야기해서 잘 아는 것처럼 보이려 한 것도 아니었다. 뇌주사 장치는 참여자들 뇌에서 내측 안와전두피질medial orbitofrontal cortex이 활성화하는 것을 보여주었다. 이 부위는 어떤 즐거운 일을 경험할 때 활성화한다. 말하자면 와인의 진짜 가격과 무관하게, 그리고 다른 상황에서도 그 와인을 좋아하는지와 무관하게 참여자들은 와인이 고급이라고 생각하면, 와인을 마신 순간 더 큰 즐거움을 느꼈다. 뇌가 와인 속물와인에 대한 지식을 잘난 체하며 떠벌리는 사람처럼 군 것이다.

이는 중요한 발견이다. 우리는 비싸다는 이야기를 들은 물건을 소비하면 진짜 즐거움을 느낀다. 제품의 실제 가격과 무관하게 말이다.

또한 실험 결과 사람은 대부분 비싼 와인과 그렇지 않은 와인을 구별하지 못했다. 6천 명의 블라인드 테이스팅 결과를 분석하니 비싼 와인을 선호한 사람은 오직 와인 전문가들뿐이었다. 보통 사람은 오히려 비싼 와인보다 일반 와인에 더 높은 점수를 매겼다.[6]

비싼 에너지 음료가 집중력을 더 높인다

와인 이야기는 이쯤 해두고 이제 에너지 음료에 대해 이야기해보자. 한 실험에서 두 그룹의 학생들에게 집중력을 높여준다는 광고 중인 에너지 음료를 사라고 시켰다. 그래서 학생들은 같은 성분이 든 같은 음료를 샀다. 차이는 가격뿐이었다. 한 그룹은 한 캔에 1.89달러를 주고 샀고, 다른 그룹은 학교에서 음료를 대량으로 구매해서 0.89달러에 샀다.

그리고 나서 학생들에게 음료를 마시고 애너그램 단어나 문장을 구성하는 글자를 재배열하여 새로운 단어나 어구를 만들어내는 글자놀이을 풀게 했더니 에너지 음료를 비싸게 구매한 그룹이 문제를 더 많이 풀었다.[7] **어떻게 이런 결과가 나왔을까?** 연구팀은 음료 가격이 더 비쌀수록 소비자는 음료의 효능이 진짜라고 믿는다는 결론을 내렸다. 광고처럼 곧 음료의 효능이 학생들에게 집중력 향상이었기 때문에 거의 2달러에 달하는 집중력을 샀다고 생각한 그룹이 애너그램 풀이에 더 열심히 한 것이다.

위와 비슷하게 같은 성분을 가진 진통제 중, 유명 브랜드의 비싼 진통제와 보다 싼 복제약 원래 약품의 특허 종료 후 타사가 다른 상품명으로 발매하는 성분이 같은 약 효능을 비교한 실험도 있다. 실험 결과 사람은 '안심할 수 있도록 비싼' 진통제를 먹었을 때 두통이 더 빨리 완화된다고 응답하는 경향이 있었다.

또 다른 연구에서는 정기적으로 아스피린을 복용하는 여성 800명 이상을 조사했다. 복용하는 아스피린은 브랜드 제품일 때도 있었고, 복제품일 때도 있었다. 그 결과 3분의 1가량이 통증이 완화된 것은 브랜드 약을 먹었기 때문이라고 생각했다.[8]

에너지 음료로 실험한 연구팀은 추가 실험으로 참여 학생들에게 다음 학기 동안 감기에 걸리면 그 사실을 기록해달라고 요청했다. 그리고 감기로 처방전 없이 구매한 약을 먹으면 어떤 약인지, 증상 완화에 효과가 얼마나 있었는지도 보고해달라고 했다. 이번에 학생들은 동일한 브랜드의 감기약을 샀지만 일부는 할인 기간에 샀다. 그랬더니 정가를 주고 약을 사 먹은 학생보다 할인 기간에 약을 산 학생이 감기에 약이 잘 듣지 않는다고 답했다.[9]

이 현상을 바라보는 두 가지 시각이 있다. 먼저 비싼 브랜드 약을 산 소비자가 바가지를 썼다고 생각하는 것이다. 더 정확히 말하면 소비자 스스로 바가지 쓰는 쪽을 택한다. 사실 브랜드 약과 복제약의 차이는 단지 가격뿐이다. 하지만 다른 한편으로 가격이 위약 효과 플라시보 효과. 약효가 전혀 없는 가짜 약을 진짜 약이라 말하고 환자에게 복용하게 한 결과, 환자의 병세가 실제로 호전하는 효과 비슷한 역할을 하는 것이다. 비싼 브랜드의 진통제를 먹으면 사람은 실제로 진통이 더 크게 경감된다고 느낀다. 정말 두통이 심하면 진통제가 어떻게 작용하는지, 얼마나 비싼지에 대해서는 관심이 없을 것이다. 한 두통약 광고 문구처럼 그저 '효과 빠른 두통약'만을 원할 뿐이다.

사람은 점심도 비싼 돈을 주고 먹으면 더 가치 있게 생각한다. 코넬대학교 연구팀이 뉴욕 북북에 있는 무제한 이탈리안 뷔페에서 실험했다. 우리 모두 느끼는 문제지만 뷔페에 가면 늘 생각한 것보다 많이 먹고, 접시 위에 어울리지도 않는 온갖 음식을 담는다. 그래도 뷔페는 가격 대비 훌륭하다고 느낀다. 그렇다면 **가격은 먹는 즐거움에 어떤 영향을 미칠까?**

실험 첫째 날, 한 그룹에게 4달러의 무제한 뷔페를 제공했다. 다음 날 다른 그룹에게 어제 두 배 가격의 뷔페를 제공했다. **어느 그룹이 뷔페를 더 즐겼을까?** 두 그룹은 거의 비슷한 양을 먹었지만 돈을 더 낸 그룹이 식사에 더 만족했다. 그리고 재미난 사실은 두 번째 그룹 사람은 음식을 적당히 만족스럽게 먹었다고 느낀 반면 첫 번째 그룹은 과식했다고 느꼈다.[10]

다시 말해, 4달러를 낸 그룹은 8달러를 낸 그룹과 거의 비슷한 양을 먹어도 상대적으로 식사를 덜 즐겼고 식사 후에는 잔뜩 먹어 불편하다고 느꼈다. 가격이 신체의 감각 인식을 바꿔버린 것이다.

그래서 어마어마한 가격을 자랑하는 레스토랑에서 나오는 음식 양이 그렇게 작아도 문제 되지 않는다. 고급 레스토랑은 고객 마음이 어떻게 움직이는지 알고 있다. 비싼 고급 레스토랑에서 생선 한 토막, 감자 하나에 그저 고명으로 샐러드 조금 담긴 음식 한 접시 가격이 25파운드나 해도 고객은 이 정도 양이 딱 좋다고 스스로 납득한다.

대놓고 돈을 원하지 말라

딱 20년 전 인도에 배낭여행을 갔을 때 일이다. 인도의 델리에 한 가게가 있었다. 이 가게는 어느 곳보다 사람이 많이 모여 있었다. 바로 인도 정부 특산품점이었다. 그 가게에는 모든 제품에 가격표가 붙어 있어서 인기가 많았다.

물론 실크 스카프나 상감 세공을 한 나무함은 밖에 있는 노점보다 더 비싼 가격을 내야 했다. 그래도 나를 포함한 대부분은 정해진 가격표로 구매 여부를 결정하는 데 하나의 정보만을 생각하면 되었기에 마음이 편했다.

정해진 가격표가 있는 경우와 달리, 흥정은 대부분 사람에게 어려운 일이고 감정을 소모시킨다. 일단 노점 주인에게 가격이 얼마인지 물어 보면서 시작한다. 그러면 돌아오는 대답은 "얼마 내실 건가요?"를 바꾼 말뿐이다. 적당한 가격을 제시하면 노점 주인은 그 가격에는 못 판다고 거절한다. 실랑이가 왔다 갔다 이어진다.

개인적으로 나에게 흥정은 항상 '이긴 적이 없는' 과정이었다. 흥정에 10분가량을 실랑이한 끝에 내가 적당하다고 생각한 가격보다 돈을 더 주고 거래하면 바가지를 쓴 기분에 마음이 상했다. 흥정한 물건 가격이 얼마 되지도 않는다는 사실은 중요하지 않았다.

흥정한 경험을 비추어 볼 때 '좋은 거래'에 대한 우리 사고방식이 얼마나 유동적인지 알 수 있다. 좋은 거래란 그저 최저가에 물건을 사는 것도, 가격에 합의하는 것도 아니다. 좋은 거래에는 규칙과 관례가 있고, 느낌과 감정이 있다.

어느 토요일 오후 샌프란시스코의 한 공원에서 여섯 살 여자아이 둘이 노점을 열어 집에서 만든 레모네이드를 팔고 있었다. 지나가던 사람들이 관심을 보이면 아이들은 레모네이드 가격은 1~3달러 사이로 원하는 대로 내면 된다고 말했다.

이 꼬마 사업가들은 실은 연기 중이었다. 이는 간판 문구에 따라 사람이 어떻게 반응하는지 확인하기 위한 심리 실험이었다.

세워둔 간판 문구는 "잠시 시간을 내세요. C와 D의 레모네이드를 즐겨요."라고 쓰여 있었다. 10분 후 간판의 문구는 "약간의 돈을 쓰세요. C와 D의 레모네이드를 즐겨요."로 바뀌었다. 그리고 마지막 문구는 단순하게 "C와 D의 레모네이드를 즐겨요."라고 적혀 있었다.[11]

사람은 대부분 그냥 지나갔지만 간판에 돈을 쓰라는 문구보다 시간을 내라는 문구가 나왔을 때 가게에 들린 사람은 두 배나 많았다. 그리고 레모네이드가 맛있다는 평과 함께 평균 2.5달러를 지급했다. 간판에서 돈을 쓰라는 문구가 나왔을 때 사람들은 평균 1.38달러밖에 내지 않았다. 돈도 시간도 언급하지 않은 문구를 내걸었을 때는 두 금액 사이의 중간 값을 냈다.

시간을 내라는 문구에 사람은 레모네이드를 사는 일이 금전 거래가 아니라 경험을 나누는 것으로 생각했고, 레모네이드를 자신에게 주는 선물로 느꼈다. 하지만 중요한 사실은 마지막 문구에서 찾을 수 있다.

단순하게 "C와 D의 레모네이드를 즐겨요."라고 쓰인 문구를 내놓았을 때도 두 소녀는 레모네이드를 꽤 많이 팔았다. 이 실험에서 진짜 흥미로운 사실은 시간이라는 단어를 사용했더니 사람들 구매를 촉진할 수 있었다는 것이 아니라 돈이라는 단어를 대놓고 쓰면 사람은 반감을 가진다는 것이다. 돈을 쓰라는 문구는 소녀들이 돈을 바란다는 느낌을 부각시켰고, 사람들은 이것을 좋게 보지 않은 것이 아닐까 싶다.

만일 레모네이드를 판 사람이 어른이었고, 장사가 목적이라는 것이 명백했다면 이야기는 또 달라졌을지 모른다.

결론은 감정을 약간 조종하여 레모네이드 판매를 사람간의 교류로 보이게끔 만들면 합당하다고 생각하는 가격이 바뀐다는 사실이다. 그리고 간판에 "C와 D의 레모네이드를 즐겨요. 수익금은 전액 빈곤 아동 돕기에 기부합니다."라는 문구가 적혔다면 사람들이 생각하는 가격은 당연히 달라졌을 것이다.

가격과 타협하면 안 되는 이유

사람이 돈에 대해 꼭 이성적으로 판단하지는 않는다. 우리 사고는 금액의 정도와 돈의 형태에 영향을 받는다. 돈이 가격 앞에서 우리 마음에 절묘하게 장난친다.

새 노트북을 사러 전자제품 상가에 갔다고 생각해보자. 가게에 들어서면 컴퓨터가 줄줄이 늘어서 있다. 선택할 수 있는 제품이 많아 보이지만 자세히 살펴보니 당신이 원하는 크기는 딱 세 대 뿐이다.

첫 번째 노트북은 흰색에다 클래식한 디자인으로 환하게 빛난다. 하지만 생각한 예산을 한참 벗어난다. 두 번째는 앞서 모델의 반액 정도로 가격이 제일 싼 노트북이지만 제품 사양을 보니 메모리가 작고, 프로세서도 빠르지 않다. 이제 세 번째 모델을 보자. 가격은 살짝 비싸지만 두 번째보다는 깔끔하게 보이고 메모리 용량도 크다. **세 모델 중에서 어느 것을 살까?**

당연히 세 번째 모델일 것이다. 이 노트북이 가장 합리적 선택이기 때문이다. 최고가도 아니지만 그렇다고 저가의 할인 상품도 아니다. 우리는 정말 마음이 내켜 이 모델을 택하는가? 연구 결과에 따르면 전혀 그렇지 않다고 한다. 요즘에는 가게에서도 매우 영리하게 제품을 진열한다. 고가 제품을 일반 제품들 옆에 배치하여 고객이 두 번째로 비싼 제품을 '중간 가격'대로 인식하도록 한다.

이 진열 방법은 타협 효과를 이용한 것이다.[12] 사람은 언제나 양극단을 피한 가운데가 합리적이라고 생각한다.

집을 구하러 다닐 때 있었던 일이다. 나는 두 집만 둘러보겠다고 이미 말한 상태였다. 하지만 부동산 중개인은 동네에 다른 매물 하나를 더 보라고 제안했다. 그 집은 나의 예산 범위를 훨씬 초과했지만 중개인은 "이 동네에 온 김에 같이 보면 좋을 거예요."라고 거듭 말했다. 내 예산의 한도를 알고 있었고, 내가 갑자기 그렇게 예산을 훨씬 초과하는 비싼 집을 사지 않을 것이란 것도 알고 있었다. 하지만 의도는 비싼 집을 팔려는 것이 아니었다. 중개업자는 타협 효과가 내 생각을 바꾸지 않을까 기대한 것이었다. 이미 둘러본 집 가격이 합리적이라고 생각하기를 바라면서 말이다.

타협 효과는 두루마리 휴지처럼 사소한 물건을 판매할 때도 이용된다. 슈퍼마켓에 가면 비싼 휴지가 진열되어 있다. 이는 많은 고객이 '올록볼록 비싼 휴지'를 사길 바래서가 아니다. 진짜 노리는 것은 고객이 지금까지처럼 계속해서 중간 가격대 휴지를 선호하고 초저가로 눈길을 돌리지 못하게 하는 것이다.

1980년대 한 실험을 살펴보자. 실험 참여자들은 카메라와 카세트 레코더의 사진과 가격이 실린 카탈로그를 받았다. 그리고 각 제품 종류별로 두 가지 모델 가운데 어느 쪽을 살 것인지 선택하도록 했다. 양자택일의 문제였기 때문에 실험 참여자들 의견은 대략 반반으로 나뉘었다. 반은 가격이 싼 제품을 골랐고, 나머지는 가격이 비싼 제품을 골랐다. 하지만 앞서 두 제품보다 가격이 더 높은 제품 모델을 하나씩 더 추가하여 선택지가 셋으로 늘어나자 이번에는 응답자의 3분의 2가 세 제품 중 중간 가격인 제품을 선택했다.[13]

타협 효과는 손실 회피 성향과 관련이 있다. 고급 제품은 성능은 좋지만 가격이 높고 저가 제품은 가격 경쟁력은 있지만 질이 떨어진다는 큰 단점이 있다. 중간 가격대 제품은 품질과 가격이 뛰어나지도 나쁘지도 않다. 사람은 물건을 잴 때 장점보다 단점에 주목한다. 그래서 장점을 통해 이득을 얻기보다 단점을 피해 예상되는 손해를 줄인다.

우리는 선택한 것에 대해 잘 후회하지 않는다. 물건에 심각한 문제만 없으면 보통 우리는 선택한 물건에 만족한다. 이는 일단 어떤 제품을 사면 비교할 만한 비슷한 물건을 구매하지 않기 때문이다. 한 번 생각해보라. 백화점에서 온갖 평면 텔레비전 중 하나를 고르느라 녹초가 되었다. 타협 효과에 따른 선택이긴 하지만 이제 거실에 텔레비전이 생겼고, 그 필요성도 충족되었다. 그러니 굳이 백화점에서 본 다른 텔레비전을 떠올리지 않는다. 소유 효과까지 나타나 당신은 누구보다 자신의 평면 텔레비전을 아낄 것이다.

행동과학자 크리스토퍼 시Christopher Hsee 교수와 자오 장Jiao Zhang 교수는 일반 평가성 이론General Evaluability Theory을 통해 사람은 어떤 물건이 하나밖에 없다고 생각하면 일반적으로 높은 평가를 내린다는 것을 발견했다.[14] 두 교수가 제시한 예를 살펴보자. 한 남자가 약혼녀에게 줄 약혼 반지를 찾고 있다. 보석 가게에 가서 알이 크고 비싼 반지를 보니 자신이 사려고 한 작은 다이아몬드 반지는 너무 존재감이 없었다. 그래서 남자는 사랑하는 약혼녀가 다이아몬드가 큰 반지를 더 좋아할 것이라고 생각한다. 하지만 약혼녀는 어떤 다이아몬드 반지를 사서 주어도 기뻐할 것이다. 약혼녀가 보는 것은 자기 손에 낀 다이아몬드 반지가 전부이기 때문이다.

나도 이런 상황을 겪은 적이 있다. 내가 원하는 가방 크기는 따로 있었지만 가게에 진열된 큰 가방을 보니 내가 사려는 가방이 너무 작게 느껴졌다. 나는 큰 가방을 사도 된다고 합리화했고, 돈도 더 많이 썼다. 하지만 집에 와서 보니 새로 산 가방이 어찌나 큰지 현관문을 겨우 통과할 정도였다.

무엇인가를 살 때는 내가 가졌을 때 어떤 모습일지 상상해야 한다. 당신에게 필요한 물건은 가게에서 가장 작고, 가장 싼 제품일지 모르지만 그것이 무슨 상관인가. 가게에 있는 비슷한 물건을 무시하려 애써야 한다. 특히 더 크고 빛나는 제품은 멀리해야 한다. 집을 나설 때부터 크고 비싼 제품을 살 생각이 없었다면, 가게에 진열된 제품에 휘둘려서는 안된다.

그래도 때로는 마음이 흔들릴 수 있다. 자신에게 선물을 줄 때는 말이다. 하지만 기억할 것은 충동으로 구매한 제품을 막상 집에 놓으면 가게에서 다른 제품과 비교했을 때처럼 반짝거리지는 않는다. 물론 사치스러운 제품을 산 후 합리화하며 기뻐할 수도 있지만 그보다 더 싼 제품을 샀더라도 똑같이 만족할 것이다.

괴로운 가격 결정

우리는 종종 가격에 놀아나기도 하지만, 어떤 제품 가격이 과하다는 확신이 들면 강하게 반발한다. 우리는 이로 인하여 실제 고통을 느낀다. 가격이 지나치게 비싸다고 느낄 때는 뇌의 일부인 뇌섬insula: 측두엽 옆 쪽 깊은 곳에 있는 삼각형 부분이라는 부분이 활성화한다는 연구 결과가 있다. 뇌섬은 우리가 육체적 고통을 예상할 때 움직이는 부위이다.

이 사실로 한 신경과학 연구팀에서 뇌 활동을 관찰하여 물건의 구매 여부를 예측할 수 있는지 실험했다. 실험 참여자들은 뇌주사 장치 안에 누웠다. 앞에 놓인 화면에는 여러 제품 사진이 나타났고, 그다음 화면에는 앞서 본 물건 가격이 나타났다. 참여자들은 총 40개 물건 중 사고 싶은 물건이 있는가라는 질문을 받았다. 그리고 뇌주사 장치 밖으로 나온 후 각 제품을 얼마나 원하는지 점수를 매겼고 가격을 얼마로 예상하는지 대답했다.

결과는 다음과 같았다. 가격을 공개했을 때 우측 뇌섬이 활성화한 경우 실험 참여자들은 물건을 사려하지 않았다. 뇌가 높은 가격을 보고 너무 비싸다고 생각한 것이다. 이 부위가 활성화하지 않으면 제품 가격이 적당하다고 생각했다.

또 다른 실험에서는 가격이 측좌핵nucleus accumbens을 활성화시켰다. 측좌핵은 뇌 보상회로의 일부로 섹스나 마약을 하거나 좋아하는 음식을 먹을 경우 측좌핵 속 다양한 신경세포neuron가 활성화한다. 또한 측좌핵은 금전적 이득이 예상될 때도 활성화한다. 이 현상은 때로 내측 전전두엽medial prefrontal cortex의 활성화에 이어 일어나는데, 내측 전전두엽은 이득과 손실에 관한 정보를 결합하는 일과 연관된 뇌 부위이다. 그래서 위 실험을 예로 들면 뇌가 "쾌락이 눈앞에 있어. 게다가 가격도 저렴해."라고 말하는 것이다. 뇌 속에서 이런 반응이 나타나면 사람은 물건을 살 가능성이 높다.[15]

신경과학자들은 뇌섬, 측좌핵, 내측 전전두엽의 활성화와 비활성화를 관찰하여, 실험 참여자의 물건 구매 여부에 대해 약 60퍼센트 정도 적중률을 보였다. 구매하거나 안 하거나, 확률상 반반의 문제이니 확률보다 조금 높긴 하지만 그리 획기적인 결과는 아니었다. 뇌를 촬영하지 않고 사람들에게 이 물건을 얼마나 원하고, 가격은 어떻게 생각하는지 질문해서 답을 얻었을 때도 적중률은 비슷했다.

내 생일 선물을 사러 간 남편이 자신의 가죽 재킷을 산 이유

가격 할인이 있으면, 물건 가격이 적당한지 그래서 그 물건에 돈을 써야 하는지 결정하기가 더 어렵다. 또한 할인을 어떤 방식으로 하느냐에 따라 생각은 크게 바뀐다.

슈퍼마켓은 두 개 값에 세 개를 주거나 하나를 사면 하나를 공짜로 주는 행사에 매우 열심이다. 물론 고객이 원래 계획보다 많이 사게 하려는 목적이다. 이런 할인을 하면 각 제품에 대한 이윤 폭은 줄더라도 총매출액은 늘어난다. 또한 할인이라는 표시는 고객이 해당 제품을 자세히 살펴보도록 한다. 그렇다면 다음 질문을 생각해보자. 우리는 세 개가 아니라 한 개만 사면서 **할인의 유혹에 빠지지 않았다고 기뻐할 수 있을까? 애초에 세 개를 사면 두 개를 준다는 할인이 아예 없었어도 물건을 샀을까?**[16]

할인에 대한 판단력을 흐리게 하는 또 다른 문제는 상대적 사고relative thinking이다. 5만 원짜리 화병을 1만 원 할인해주는 것보다 2만 원짜리 화병을 1만 원 할인해주는 경우가 훨씬 이득이다. 할인을 받는 금액은 1만 원으로 같지만 앞의 경우는 20퍼센트 할인이고 뒤의 경우는 50퍼센트 할인이기 때문이다. 그런데 할인이 의미가 있으려면 2만 원짜리 화병이 마음에 들어야 한다. 할인 광고를 보기 전부터 5만 원짜리 화병을 살 생각이었는데 오직 할인 때문에 2만 원짜리 화병을 샀다면 이는 잘못된 구매 결정이다.

몇 년 전 남편은 내 생일 선물을 사러 나갔다가 우연히 한 가게에서 남성용 가죽 재킷을 500파운드에 파는 것을 보았다. 아주 멋진 갈색 가죽 재킷으로 니콜 파리Nicole Farhi가 디자인한 옷이었다. 남편은 가죽 재킷을 사러 나간 길도 아니었고 필요하지도 않았을뿐더러 평소 옷에 그런 거금을 쓰는 사람이 아니었다. 게다가 남편은 생일 선물을 살 돈밖에 없었다.

하지만 정신을 차려보니 남편은 가게 안에 들어와 있었다. 가게 점원은 남편에게 특정 신문 한 부를 사서 가져오면 재킷 가격에서 100파운드를 할인해준다고 했다.

그래서 남편은 신문을 샀고, 재킷도 샀지만, 내 생일 선물은 사지 못했다. 나중에 내 선물을 사주긴 했지만 다소 수수한 선물이었다. 남편은 지금까지 15년 넘게 이 재킷을 입고 있다. 그래서 옷의 가치를 가격 나누기 입은 횟수를 더해 사람들이 재킷을 칭찬한 횟수를 따지면 정말 잘 산 것일지도 모른다.

그래도 남편은 그날 아주 훌륭한 '호구'이자 돈의 농간에 빠진 '희생자'였다. 하지만 그날 남편은 특정 상황에서 '할인 상품'이 어떻게 뇌 속에서 분별이라는 회로선을 끊어버리고 생각을 멈추게 하는지 잘 보여주었다.

마음속 준거가격

앞서 상대적 사고에 대해 알아보았다. 상대적 사고로 우리는 같은 금액으로 할인을 받을 수 있을 때도 원래 가격이 높은 제품보다 가격이 낮은 제품을 살 만하다고 느낀다. 이번에는 상대적 사고와 근본적으로 완전히 다른 개념인 준거적 사고referent thinking를 소개하고자 한다.[17]

준거적 사고는 우리가 가격을 평가하는 데 영향을 준다. 가격의 정당성을 판단할 때 물건 가격이 얼마인가 하는 예상을 마음속 기준으로 삼는다. 우리는 구매 경험이 풍부한 고객이다. 그래서 마음속 준거가격으로 어느 정도가 적당한 물건 가격일지 예상한다.

예를 들어 초콜릿 한 박스에 5파운드를 할인해준다고 한다. 할인의 가치에 대한 평가는 애초에 초콜릿 가격을 얼마로 예상하는지에 따라 달라진다. 초콜릿에 대한 마음속 준거가격이 10파운드라면 20파운드짜리 초콜릿 한 박스에 5파운드 할인되어도 적당한 가격이라고 생각하지 않는다. 준거적 사고의 영향 아래에서는 이 거래는 5파운드를 '손해' 본다고 느끼기 때문이다. 기억하고 있겠지만 손해 보는 것보다 우리가 싫어하는 일은 없다.

미국의 한 연구에서 실험 참여자들에게 50달러짜리 담요를 찾는 상황을 상상하도록 했다. 하지만 가게에 가보니 제일 싼 담요가 75달러였다. 그렇다면 자동차로 5분 정도 걸리는 **다른 가게에서 같은 담요를 60달러에 판다면 사람들은 담요를 사러 갈까?**[18] 앞서 사람들은 그 정도의 돈을 아끼려고 여러 가게를 돌아다니지 않는다고 이야기를 했었다. 고작 15달러를 아끼려고 차에 올라타 운전까지 할 필요는 없다.

하지만 이 실험에서 참여자 대부분은 사러 가겠다고 답했다. 예상과 다른 대답이 나온 이유는 바로 준거가격 때문이다. 실험에서 참여자들은 구체적으로 50달러짜리 담요를 찾아야 한다고 들었다. 하지만 가게에서 찾은 담요 가격은 준거가격보다 50퍼센트나 더 비쌌기에 참여자들은 지나치게 비싸다고 생각했다. 절대 가격이 얼마인지는 여기서 중요하지 않다. 중요한 점은 지불하려고 마음먹은 가격과 제품의 실제 가격 사이에 차이가 있다는 것이다.

그런데 **준거적 사고는 왜 가끔씩만 나타날까?** 전문가의 설명에 따르면 준거적 사고는 제품의 실제 가격과 마음속 예상 가격에 얼마나 차이가 있는지에 따라 나타난다고 한다. 차이가 크지 않으면 할인 상품을 사러 운전해서 갈 것인가라는 구매 의사결정에 상대적 사고가 나타난다. 하지만 생각한 것보다 비쌀 때는 다시 준거적 사고의 지배를 받는다. 일반적으로 두 가격 차이가 크고, 실제 가격이 예상한 것보다 훨씬 더 많이 비싸지 않는 이상 보통은 상대적 사고를 통해 의사결정을 내린다.

닻을 내리다: 잘못된 가격 결정

당신은 신용카드 대금을 상환할 때 한 번에 한 달 사용 금액을 완납할까? 아니면 이달에 낼 수 있는 금액만큼만 낼까, 최소 상환액만 낼까? 그도 아니면 이 방법들을 적당히 섞어서 이용할까?

당신이 미국에 살든 영국에 살든 절대 선택할 수 없는 방법은 한 푼도 내지 않는 것이다. 여기에는 이유가 있다. 개인 채무의 위험성을 방지하기 위해 당국이 신용카드 회사에게 매월 청구서에 최소 의무 상환액을 명시해야 한다고 강제하고 있기 때문이다.

사람은 강제로나마 자신의 빚을 마주하고, 매월 최소한이라도 일정 금액을 갚는다. 워릭대학교의 닐 스튜어트Neil Stewart 교수는 연구를 통해 카드대금 상환 방식이 의도치 않은 효과가 있다는 사실을 밝혔다.[19] 사람은 많지 않은 최소 상환액을 보았을 때 원래 갚으려던 금액보다 더 적게 상환한다. 그리고 다른 연구팀의 조사 결과에서는 사람은 높은 상환액이 제시되었을 때 원래 갚으려던 금액보다 더 많이 상환하는 경향이 있다고 한다.[20] 이는 잘 알려진 '닻내림 효과앵커링 효과, 정박 효과라고도 함. 어떤 사항에 대한 판단을 내릴 때 초기에 제시된 기준에 영향받아 판단을 내리는 현상' 때문이다. 이 효과는 다음과 같이 작용한다. 당신은 어떤 제품의 가격을 보았다. 그리고 '저 가격을 적정가 기준으로 삼는 게 어떨까? 내 판단에 따라 숫자를 조정하면 되지 않겠어?'라고 생각한다. 합리적으로 적정 가격에 접근하는 방식인 것처럼 들린다. 특히 제품 가격이 얼마인지 알지 못할 때는 더욱 그렇다. 문제는 처음에 본 가격이 생각하는 것보다 우리에게 훨씬 큰 영향을 준다는 데 있다. 숫자란 부풀려질 수도 있고 반대로 인위적으로 낮게 만들 수도 있다.

예를 들어 당신이 집을 사려 한다면 매매가격이 닻이 되므로 매물로 나온 집을 평가할 때 그에 비추어 생각하게 된다. 그렇기에 집을 팔려고 주택 감정평가를 받을 때는 부동산 중개인에게 절대 다른 곳에서 감정받은 가격을 말해서는 안 된다. 그 가격이 부동산 중개인의 뇌리에 강하게 남아 온전히 독립적으로 평가할 수 없다.

사람은 자주 돈과 관련된 실수를 저지른다. 닻내림 효과가 있을 때는 실수를 피하는 것이 그리 쉽지 않다. 닻 내림 효과는 매우 강력해서 사람은 닻내림 효과를 인지해도 행동을 바꾸지 못한다.[21]

집의 매매가격이나 신용카드 청구서처럼 당신이 보는 숫자도 시장 가격이라든지 최소한 어느 정도의 경제 논리와 관련이 있다. 그런데 닻내림 효과는 가격을 바라보는 우리 시각에 많은 영향을 준다.

가격과 무관하지만 재미있는 한 예를 보자. 한 연구에 따르면 사람들이 스튜디오 97이라는 식당과 스튜디오 19라는 식당에 갔을 때 스튜디오 97에서 식사비를 더 많이 지급했다. 이유는 단 하나 97이라는 큰 숫자가 먼저 닻내림 효과를 주었고 19라는 작은 숫자를 두 번째로 보았기 때문이다.[22]

닻내림 효과에 관한 또 다른 예로, 종이에 특정한 길이의 선을 그으라고 한 뒤 사람들에게 7월의 호놀룰루의 평균 기온이 얼마인지 추측하라고 했더니 긴 선을 그린 사람들이 추정한 평균 기온이 더 높았다.[23] 이처럼 닻의 효과는 믿을 수 없을 정도로 강력하다. 닻이 되는 최초의 숫자를 어떤 식으로 받아들이는지는 중요하지 않다. 본인이 만들어 낸 숫자일 수도 있고 전화번호, 운동선수의 등 번호, 룰렛에 있는 숫자 등 어떤 숫자이건 간에 닻이 결정되면 그 후에 추정하는 모든 숫자에 영향을 준다. 그래서 닻이 되는 숫자를 일단 떠올리면 로마의 줄리어스 시저의 몸무게부터 보드카의 어는점, 텔레비전이 발명된 해에 이르기까지 어떤 숫자를 추정하건 간에 영향이 미친다.[24] 추정하는 숫자가 닻으로 쓰인 숫자와 같은 단위가 아니어도 상관없다. 킬로그램으로 표시된 몸무게가 지급하려는 금액에 영향을 줄 수 있다. 머릿속에서 닻이 되는 숫자를 향해 생각이 편향되는 것을 막을 수 없다.

닻에 관한 대표 연구에서 사용한 질문들을 보자.

---

1. 간디는 사망 당시 약 140세 정도였을까?
   간디는 사망 당시 몇 세였을까?
2. 간디는 사망 당시 9세 이상이었을까?
   간디는 사망 당시 몇 세였을까?

첫 번째 질문이 말이 안 되는 것은 금방 알 수 있다. 누구도 140세까지 살 수 없다. 하지만 첫 번째 질문을 받은 사람이 다음 질문의 대답으로 내놓은 평균 나이는 67세였다. 또 사람들에게 두 번째 질문에서 간디가 9세가 넘어서 사망했는지 물어본 후 사망 당시 나이를 추정하라고 했더니 평균 50세로 내려갔다. 참고로 간디는 78세에 암살당했다.[25]

미국 서부 해안가의 산책로에 매대 두 개가 나란히 놓여 있다. 한 매대에서는 CD를 팔고 다른 매대에서는 스웨트 셔츠를 팔고 있다. 산책로에 나온 사람들은 그날 이 산책로에서 실험이 진행되고 있다는 사실을 전혀 몰랐다. 사실 연구원들이 우발적 가격 결정incidental pricing의 영향을 연구하기 위해 상인인 척 앉아 있었다.

CD에 관심을 보인 행인들에게 가격을 정할 수 있는 기회를 주었다. 그리고 말도 안 되는 낮은 가격이 아니라 실제로 낼 용의가 있는 금액을 제시하도록 했다. 제시한 가격이 적정하면 행인들은 CD를 가질 수 있었다.

그사이 옆 스웨트 셔츠 매대에서는 스웨트 셔츠 10달러라는 광고 문구를 내걸다가 얼마 지나서 80달러로 문구를 바꾸었다. CD를 사려는 사람에게 스웨트 셔츠 가격은 크게 의미가 없다. 그렇지만 스웨트 셔츠의 가격이 10달러라는 광고 문구가 걸렸을 때 CD 구매에 평균 7.29달러를 지급하려고 했고 80달러가 되자 9달러를 내려 했다.[26] 행인들에게 물어보니 단 한 명도 빠짐없이 CD가격을 결정하는 데 스웨트 셔츠 가격은 전혀 신경 쓰지 않았다고 답했다. 하지만 **어떻게 두 금액 차이를 설명할 수 있을까?**

가설이 아닌 실제 고객을 대상으로 실험을 진행했지만 그래도 상황은 다소 인위적이다. 그래서 해당 연구팀은 미국의 연례 클래식 자동차 1960년대 이전의 차 경매의 실제 거래 내역 5년치를 분석했다. 전 세계 클래식 자동차 수집가가 이 경매에 참여한다. 수집가들은 자신이 찾는 차에 대해 구체적 정보를 가지고 있고, 각 차량의 가격이 어느 정도인지 쉽게 알 수 있다. 그래서 입찰자들은 가격 정보로 무장하고 경매에 임한다.

그럼에도 연구팀은 고급 자동차가 팔린 바로 다음에 저렴한 차가 팔릴 때는 최종 판매 가격이 평소보다 높게 책정된다는 사실을 밝혔다.[27] 예를 들어 플리머스 바라쿠다의 차종은 메르세데스 뒤에 팔린 경우 판매 가격이 평균 판매가보다 무려 45퍼센트나 높았다.

독일의 한 연구에서는 가격의 닻이 사람 생각에 얼마나 영향을 주는

지 심각한 예를 보여준다. 판사 수업을 받기 시작한 어느 신참 변호사들에게 가게에서 물건을 훔치다 적발된 사건을 보여주었다. 그리고 나서 주사위 두 개를 던지도록 했다. 주사위는 숫자의 합이 3 또는 9가 나오도록 되어 있었다. 변호사들에게 물건을 훔친 여성에게 주사위를 던져서 나온 숫자의 개월 수만큼 징역을 내릴 것인지 물었고, 변호사들은 징역의 기간을 정확하게 적어내야 했다.

주사위의 합이 9가 나온 변호사들은 범인에게 평균 징역 8개월을 내렸다. 하지만 3이 나온 변호사들은 평균 징역 5개월을 내렸다.[28] 실험에 참여한 변호사들은 주사위의 숫자와 무관하게 판결을 내렸다고 주장했지만 사실 주사위 숫자에 영향을 받은 것이다.

닻내림 효과는 우리 마음속에서 항상 일어난다. 수많은 연구에서 닻내림 효과의 존재를 확인했다. 그리고 닻이 되는 숫자가 명백하게 돈과 관련된 경우, 마음속에서는 의식적으로 심사숙고하는 과정이 이루어진다. 이는 대니얼 카너먼 교수가 2형 사고type 2 thinking라 부르는 상태로 이때 사람은 의사결정을 천천히, 신중하게 내린다. 이에 반해 1형 사고type 1 thinking의 상태일 때는 좀 더 빠르고, 직감적으로 결정을 내린다.[29] 그렇다면 **우리를 잘못된 결정으로 이끄는 닻에 저항할 수 있을까?**

닻의 통제: 가격을 지배하는 법

닻을 통제하는 가장 확실한 방법은 닻을 내리는 사람이 바로 자신이라는 것을 확인하는 것이다. 판매자 입장에서는 닻이 되는 금액을 높여야 하고, 구매자 입장에서는 닻을 낮추어야 한다는 것을 기억해야 한다.

당신이 판매자라면 닻이 되는 가격을 높게 설정하여 아무리 못 받아도 나쁘지 않은 가격에 팔 확률이 높다. 우선 구매자가 처음 제시한 닻

가격에서부터 협상을 시작하므로 판매자가 유리하다. 또한 확증 편향으로 구매자는 판매자가 처음에 제시한 높은 가격을 지급할 이유를 찾는다. 반대로 가격을 낮게 설정하면 구매자는 판매 제품의 단점을 찾으려할 것이다.

하지만 예외적인 경우가 하나 있다. 바로 팔려는 물건의 가치가 어느 정도인지 구매자가 얼마를 지급할지 도무지 감을 잡을 수 없을 때이다. 이 경우에는 구매자가 먼저 금액을 제시하도록 하는 편이 낫다. 이런 상황에서 말도 안 되게 높은 금액부터 제시하면 구매자가 포기할 수도 있기 때문이다. 반면에 가격을 지나치게 낮게 잡으면 구매자는 당연히 거래에 응하겠지만 판매자는 손해를 자초하는 셈이다.

그런데 구매자가 먼저 제시한 가격이 어이가 없을 정도로 낮은 금액이라면 어떻게 해야 할까? **반대로 엄청나게 높은 금액을 제시해야 할까?**

이런 상황은 당신이 구매자 입장일 때도 일어날 수 있다. 물건을 사러 갔더니 가격이 불합리하게 높다는 생각이 든다. 그러면 **매우 낮은 금액을 부르는 것이 좋을까?**

심리학자 애덤 갤린스키Adam Galinsky 교수는 상대방이 닻이 되는 가격을 내놓기 전에 본인이 원래 생각한 가격을 고수해야 한다고 조언한다.[30] 상대편이 제시한 가격 주위를 맴도는 것은 처음에 나온 닻의 가격에 사로잡힌 것이다. 그보다는 지금까지 한 협상을 완전히 멈추고 새롭게 협상을 재구성하는 것이 낫다.

여기서 또 손실을 피하고 싶은 마음이 생긴다. 한 연구에서 학생들이 역할극을 진행했다. 역할극은 아파트를 살 때 최대한 유리하게 매매가격을 협상하는 내용이었다. 협상 결과는 참여 학생들이 매도자가 제시한 가격을 잠재적 이득 또는 손실로 생각했는지에 따라 크게 좌우되었다. 매매가격이 생각한 금액보다 낮은 경우, 매수인 역할을 맡은 학생들은 만족스럽게 협상에 임했다. 그러면서 학생들은 거래로 이득만 본다고 느꼈다. 반대로 매매가격이 생각보다 높은 경우에는 거래를 포기하려 했다. 학생들은 이 경우 무조건 손실을 입을 것이라고 생각했다.[31]

협상에 관한 연구를 통해 알 수 있듯이 물건을 사는 입장이라면 판매자에게 손해 보는 느낌을 주지 않아야 한다. 알다시피 사람은 누구나 손해 보는 것을 싫어한다. 그러므로 아파트를 매매할 때는 매매가격이 매도자가 희망하는 금액보다 더 높다는 인상을 주어야 한다. 이런 식으로 제안할 수 있다. 실제로 생각하는 금액보다 낮은 금액을 먼저 부른다. 그리고 이보다 돈을 더 낼 용의가 있으며, 일단 생각하는 금액은 이 정도라며 재빨리 실제 매매가격보다 낮은 금액을 제시한다. 이렇게 하면 당신이 처음 꺼낸 집의 가격과 비교하므로 매도인은 손해가 아니라 이득을 본다고 느낀다.

심리학자들은 토미 바하마 브랜드의 알로하 셔츠를 파는 한 경매를 관찰했다. 셔츠 판매자는 경매 시작가를 제시하지 않았다. 경매 시작가가 없자 사람들은 경매에 모여들었고 나중에 경쟁적으로 가격을 제시했다. 그러면서 더 많은 사람이 경매에 참여했다. 제일 처음 가격을 제시한 사람은 경매에 쏟아부은 많은 시간과 에너지를 생각해서 절대 물러나지 않았다. 결과적으로 판매자는 높은 가격에 셔츠를 팔았다. 이와 반대로 판매자가 입찰 시작가를 제시한 경우, 특히 그 금액이 다소 높았을 때는 상대적으로 관심을 적게 보였고 최종 판매된 가격도 낮았다.[32]

연구에 따르면 닻내림 효과가 강하게 작용하는 경우는 사람들이 낯선 상황에 놓였을 때, 믿을 만한 정보를 얻었을 때, 그리고 슬플 때이다. 특히 슬플 때 닻내림 효과가 강하게 작용하는 것은 인지과정에 더 주의를 기울이기 때문이다. 그래서 마음이 슬프면 안타깝게도 닻으로 제시된 높은 가격에 맞춰 사야 할 이유를 더 열심히 찾는다.

이와 비슷하게 몇몇 연구에서 성격이 닻내림 효과에 미치는 영향을 다루었다. 더 양심적이고 상대의 의견에 쉽게 동의하는 사람일수록 주변 상황을 더 신뢰한다. 그래서 부풀려진 가격에 속을 위험이 높다.[33] 그러니 당신이 남에게 친절하려 하면 돈을 많이 쓰게 된다.

MIND OVER MONEY

CHAPTER 06

뇌물이라 해도 좋고
인센티브라 해도 좋다

떠나려는 기차를 잡기 위해 뛰어가는 사람들

좋은 시험 성적을 전제로 자녀에게

용돈을 주는 방식이 늘 효과적인 것은 아니다

적은 돈으로도 마약과 담배를 끊는 데 도움을 줄 수 있다

직원들이 열심히 일하기를 바란다면 급여를 더 많이 지급하라. 영업 직원이 차를 더 많이 판매하기를 바란다면 수당을 더 많이 지급하라. 자녀가 구구단을 외우기를 바란다면 한 단씩 외울 때마다 용돈을 주겠다고 약속하라. 뇌물이라 해도 좋고, 약이라 해도 좋고, 인센티브라 불러도 좋다. 어쨌든 효과가 있다. 아니면 효과가 있다고 생각하는 것인지도 모른다.

영국 정부는 장기간 실업 상태인 사람의 구직을 돕는 기관에 취업 성사 결과에 따라 보상을 지급하겠다는 조건을 걸었다. 여러 다국적 기업에서는 고위 임원들이 이직하는 것을 막기 위해 막대한 상여금을 지급한다. 기저에는 회사 임원들이 주주를 위해 열심히 일하게 하려면 돈으로 동기를 부여해야 한다고 생각한다.[1]

의욕을 자극할 때 돈이 도움 되는 상황을 살펴보자. 그리고 돈이 아닌 다른 요인으로 의욕을 북돋우는 상황과 돈보다는 다른 대체 보상이 더 적합한 상황에 대해서도 이야기해보자.

막차 타러 뛰어가는 사람들

1953년 신경학자 로버트 슈바프Robert S. Schwab 박사는 맨손으로 철봉에 얼마나 오래 매달릴 수 있는지 실험했다. 철봉에서 내려오기 전까지 손목에 느껴지는 고통을 얼마나 참을 수 있을까? 남자들은 대개 평균 50초 정도 버텼다.[2] 슈바프 박사는 매달린 참여자에게 더 버티도록 격려하거나 최면을 걸었다. 그랬더니 기록이 75초로 늘어났다. 다음으로 참여자들에게 돈을 주었다. 먼저 5달러짜리 지폐를 보여주고 기존에 얻은 기록을 넘어서면 그 돈을 주겠다고 했다. 참여자들은 남은 힘을 짜내 무려 2분 가까이 매달렸다.

이 실험을 보면 금전 인센티브가 사람을 더 열심히 노력하도록 만드는 동기부여의 효과가 있다. 때로 현실에서도 돈은 비슷한 효과를 낸다. 과일 수확을 생각해보자. 수확을 도와준 고용인에게 돈을 지급한다. 대개는 임시로 고용한 사람들이고, 일당은 일한 시간이 아니라 수확한 과일이 담긴 바구니 개수에 따라 지급한다. 일리 있는 방식이다. 고용인들은 목전의 일에 집중하여 돈을 벌고, 일을 더 열심히 할수록 더 많은 보상을 기대할 수 있다. 전체적으로 보았을 때 기업형 과일 생산자와 수확 노동자는 성과급 기준의 품삯 지급 방식으로 이득을 얻는다. 게으른 노동자만 손해 보는 구조이다.

이처럼 돈은 본질적으로 성격이 일정하고 구체적인 과제를 수행할 때 좋은 동기부여 수단이 된다. 하지만 금전 인센티브 영향에 대한 많은 연구에서 밝혀진 사실에 따르면 성과급 방식은 어떤 수준 이상에서는 소용없다.[3] 이유는 매우 명백하다. 아주 단순한 일만 아니면 사람은 인센티브를 받을 수 있는 일만 더 열심히 하거나 성과를 많이 내려 애쓰고, 반대로 돈을 받지 않는 일에는 점점 노력을 기울이지 않으려 하기 때문이다.

슈바프 박사는 또 다른 실험을 위해 직장인의 행동을 관찰할 수 있는 보스턴 북역North Station으로 갔다. **돈은 어떻게 직장인에게 동기를 부여할까?** 슈바프 박사는 기차 시간에 늦은 사람을 집중적으로 살폈다.

이 사람들은 시간에 맞춰 오지는 않았지만 다음 열차를 기다리기보다 막 떠나려는 기차에 올라타려고 플랫폼을 질주했다. 어디서부터 달릴 준비를 하는 것일까? 막 출발하려는 열차를 타고 싶은 마음은 얼마나 강할까?

슈바프 박사는 플랫폼으로 나가, 열차 시각보다 늦게 도착하는 사람들이 지나치는 철로 푯말 개수를 기준으로 뛰는 거리를 계산했다. 초저녁 시간대에는 약 18미터 정도를 뛰다가 포기했다. 밤이 되자 다음 열차를 기다리기보다 집에 빨리 가고 싶은 마음이 점점 강해졌다. 그래서 떠나는 열차를 따라잡으려는 사람은 초저녁에 뛴 사람보다 거의 두 배 거리를 뛰었다. 하지만 막차가 들어오자 사람들이 열차에 타려는 결심은 눈에 띄게 강해졌다.

사람들은 누군가 자기를 보고 열차를 멈춰주기를 바라며 체면이고 품위고 떨쳐버린 채 소리 지르며 팔을 흔들었고, 플랫폼까지 약 64미터를 달려 내려갔다.[4] 그런데 **슈바프 박사는 이 관찰을 통해 무엇을 말하려는 것일까?**

이 질문의 답은 슈바프 박사가 초기에 내린 결론을 보면 충분히 알 수 있다. 열차 시간보다 늦게 온 사람은 막차가 들어오자 더욱 간절하게 타고 싶어 했다. 막차를 놓치면 돈이 들기 때문이다. 막차가 아닌 경우라면 열차를 놓쳐도 다음 열차를 기다리면 된다. 막차를 놓친 후에 선택할 수 있는 방법은 택시비를 내고 집에 가거나 비싼 돈을 내고 호텔에 묵는 것이다.

하지만 슈바프 박사도 이 과정에서 사람들이 달리는 이유가 돈 때문만은 아니라는 것을 알았다. 막차를 놓치면 남자들은 '아내에게 1박을 한 사실을 설명하는 어색함'을 마주해야 했다. 덧붙여 자기 침대에서 편안하게 자고 싶은 마음과 심야 택시를 타려고 줄을 서고 싶지 않다는 마음도 있었다. 하지만 돈을 더 들이고 싶지 않다는 단순한 이유보다는 더 복잡하고 흥미로운 이유가 있다.

일부는 가끔씩 시내에 늦게까지 머무르기를 선택한다. 막차를 놓쳐 택시비를 들이거나 호텔에서 묵어야 한다 해도 말이다. 이런 계획적인 지각생에게 추가 비용은 전혀 문제가 되지 않는다.

하지만 추가 비용을 예상하지 않은 사람은 전력으로 뛰었다. 꼭 추가 비용 때문만은 아니다. 기차를 놓쳐 좌절감을 느끼고 싶지 않았다. 어느 쪽이나 돈의 손실이 일어나지만 손실에 대한 심리적 영향은 추가 비용보다 좌절감에 훨씬 크다. 좌절감을 느낀 경우에는 본능적으로 푯값보다 훨씬 큰 금액으로 생각했다.

학업 성취도와 인센티브

슈바프 박사가 관찰한 직장인들이 막차를 타기 위해 질주한 것은 그저 돈 때문만은 아니었다. 돈이 주요한 동기부여의 수단이라는 생각은 우리 사회에 강한 영향을 미친다.

미국에서는 저조한 성적 문제를 돈으로 해결하자는 실험 때문에 논란이 크게 일어났다. 실험에는 거액이 들어갔다. 하버드의 경제학자 롤랜드 프라이어Roland Fryer가 진행한 이 프로젝트로 아이 3만 6,000명에게 총 940만 달러를 지급했다. 돈은 아이들에게 직접 지급되었다. 그래서 일부 학부모는 프로젝트 내용을 바꾸려고 압력을 행사하기도 했다. 프로젝트를 반대하는 많은 사람은 금전 인센티브가 배움, 그 자체 가치를 떨어뜨린다고 주장했다. 프로젝트에 대한 반대 운동은 폭풍처럼 거셌고, 프라이어가 방송에 나와 프로젝트에 대해 이야기할 때는 살해 위협을 받았다.[5] 이때 일어난 일련의 사건을 보면 돈, 특히 거금이 어떻게 사람 마음에 격한 감정을 불러일으키는지 잘 알 수 있다. 그래서 **결과는 어땠을까?**

프로젝트는 2007년 가을 뉴욕, 댈러스, 시카고에서 처음 시작했고, 워싱턴, 휴스턴으로 이어졌다. 각 도시에서 지급하는 인센티브는 약간씩 달랐다. 뉴욕에서 진행한 프로젝트에서는 4학년 학생은 시험을 잘 보았을 때 25달러를 받았고, 7학년 학생은 A학점을 받을 때마다 50달러를 받았다. 한 학년 동안 최대로 받을 수 있는 금액은 500달러였다. 이 중 절반은 은행 계좌에 묶여 고등학교를 졸업할 때까지 찾을 수 없었고 나머지 절반은 즉시 받아서 쓸 수 있었다. 시카고에서 진행한 방식도 이와 비슷했다. 하지만 워싱턴에서는 좋은 성적이 아니라 좋은 학습 태도, 성실하게 출석하고 시간 맞추어 숙제를 제출했을 때 돈을 지급했다.

일반적으로 거액의 인센티브는 동기부여에 효과가 있다. 그러나 결과적으로 다섯 개 도시에서 모두 성공을 거두지 못했다.[6]

뉴욕과 시카고에서는 금전 인센티브가 전반적으로 학생들의 성적에 거의 영향을 미치지 못했지만, 적어도 출석률은 향상되었다. 워싱턴에서는 일부 학생의 독해 시험 성적이 올랐고 다른 과목의 성적은 오르지 못했다. 휴스턴에서는 공부를 격려하며 인센티브를 지급한 특정 학교에서 수학 점수가 오르긴 했지만 도시 전체 수학 성적과 비교하면 큰 차이는 없었다. 하지만 댈러스에서는 프로젝트를 다른 도시와 다르게 진행했다. 결과는 달랐다.

댈러스의 학생들은 좋은 성적을 낼 때가 아니라 특정 과제를 수행했을 때 돈을 받았다. 과제는 책 읽기였다. 실험 대상도 7~8세의 아이였고, 책 한 권을 읽을 때마다 2달러를 주었다. 아이들은 정해진 도서 목록 중에서 스스로 책을 고를 수 있었고, 자신의 속도에 맞춰 읽었다. 그러고 나서 독해 시험을 치렀는데 성적이 아주 좋았다. 좋은 시험 성적을 보상해준 것은 아니었지만, 아이들이 얻은 성과였다.

여기서 두 가지 사항에 주목해보자. 첫째, 아이에게 독서의 대가로 돈을 주면서 내재적 동기의 힘을 앗아갔다. 아이들은 책을 사랑하는 마음을 빼앗겼고, 인센티브 지급이 끝나자 다시는 책을 보려 하지 않았다. 둘째, 실험 후 인센티브 지급이 끝난 다음 해에도 읽기 시험 성적은 여전히 좋았지만 성적 향상 정도는 전년 대비 절반에 그쳤다. 인센티브를 지급한 효과가 서서히 사라졌다.

가장 중요한 사실은 댈러스에서 진행한 실험의 경우 아이들은 노력만 하면 모두 할 수 있는 과제를 수행하는 대가로 돈을 받았다는 것이다. 댈러스와 휴스턴의 학생들이 받은 과제는 구체적이며 명확했고, 통제 범위 내에 있었다.

이와 달리 다른 도시에서 진행한 실험에서 인센티브는 노력이 아닌 성취에 대한 대가였다. 책만 읽으면 되는 것이 아니라 높은 점수를 받아야 인센티브를 받을 수 있었다. 물론 수업에 집중하고, 숙제를 하고, 시험 공부를 하면 시험을 잘 볼 가능성이 높다. 하지만 일부 학생은 갖은 노력을 기울여도 어떻게 높은 학점을 받을 수 있는지 몰랐고, 인센티브도 받을 수 없었다. 뉴욕에서 진행한 프로젝트에서 매 시험이 끝난 후 학생들에게 다음 시험을 잘 보려면 어떻게 해야 할지 물었지만 아이들은 제대로 대답하지 못했다.

프라이어 교수의 실험은 부분적 성공을 거두었지만, 프로젝트는 미국 전역에 널리 적용되지 않았다. 아마 학교 측에서 학업에 금전 인센티브를 도입하는 일이 여전히 도덕적으로 불편했을 것이다. 이런 반응은 공교롭게도 200여 년 전에서도 찾아 볼 수 있다. 1820년대 초반 뉴욕의 진보주의 교육회Society for Progressive Education에서 높은 성적을 얻은 학생에게 돈을 지급하려 했다. 하지만 10년 후 해당 계획은 폐지되었다. 사람은 이런 격려 방식이 학생들에게 '장사꾼 근성'을 심어주지 않을까 두려웠다.[7]

부유한 국가에서 지급한 인센티브가 학생들의 인생을 바꿀 정도의 큰 금액은 아니다. 하지만 가난한 나라에서는 금전 인센티브가 더 큰 영향을 줄 수 있다. 그래서 실험은 콜롬비아, 코스타리카, 자메이카, 케냐, 멕시코, 파키스탄 등 저소득 국가에서도 진행되었다.

멕시코의 프로그레사Progresa 프로그램은 자녀를 매일 학교에 보내는 가정에 가계 소득 절반에 달하는 돈을 지원했다. 그랬더니 출석률 향상에 효과를 거두었다. 특히 14~17세 학생들의 출석률이 64퍼센트에서 76퍼센트로 향상되었다.[8] 게다가 지원금을 받지 않는 어린 동생들의 출석률도 같이 좋아지는 연쇄반응도 일어났다.[9] 하지만 높은 출석률에도 학업 성취도의 향상은 실험 연도와 학생 연령에 따라 4~10퍼센트 증가에 그쳤다.[10]

출석률이 높다고 아이들이 학교에서 꼭 공부하는 것은 아니다. 하지만 2005년 콜롬비아 수도 보고타에서 진행한 실험은 대성공이었다.[11]

실험에서는 고등학교를 졸업하는 학생에게 300달러를 지급했는데, 콜롬비아에서 이 금액은 대학 등록금을 내기에 충분했다. 이 제도를 도입하기 전에는 고등학교를 졸업하는 청소년은 22퍼센트에 불과했다. 하지만 인센티브 지급을 시작하자 이 비율은 72퍼센트로 증가했다. **이 현상을 어떻게 설명할 수 있을까?**

많은 학생이 경제적 어려움으로 고등학교를 졸업하지 못했다. 그런데 졸업 인센티브 제도를 도입하자 학생들은 학교에서 공부하고 졸업 시험을 통과하여 인센티브를 받는 편이 경제적 측면에서 합리적이었다.

실험이 성공한 주요 이유는 콜롬비아의 개인 소득 대비 인센티브의 금액이 컸다는 데 있다. 2005년 보고타에서 300달러는 매우 큰 돈이었다.

세계 여러 나라의 실험을 비교해본 후 요크대학교의 로버트 슬라빈 Robert Slavin교수는 이스라엘처럼 부유한 국가에서 교육 인센티브 제도가 성공하려면 지급 대상을 극빈층으로 한정해야 한다는 결론을 내렸다. 반면에 저소득 국가에서 최고 효과를 얻으려면 인센티브 제도의 조건을 명확히 하는 동시에 학교에서 교수법을 향상하는 노력도 함께 기울여야 한다. 하지만 분명한 사실은 불이익을 주는 것보다 인센티브를 주는 편이 교육 수준 향상에 효과적이라는 것이다. 그리고 다른 과목보다 수학처럼 구체적인 과목에 돈을 지급하는 것이 좀 더 결과가 좋았다.[12] 인센티브 제도는 학업 성취도 향상만을 목적으로 하기에는 돈이 많이 들기에 인센티브보다 차라리 전반 교육시스템 향상에 돈을 투자하는 편이 더 낫다.

헌혈과 인센티브

어떤 상황에서는 금전 인센티브를 제안하기만 해도 사람은 불편해한다.

최근 수술 기법이 발달하면서 수혈하는 경우가 많아지고 세계적으로도 혈액에 대한 수요가 많다. 하지만 동시에 안전 문제로 헌혈 기준을 강화하고 있어 적합한 헌혈자를 찾는 일이 점점 어려워지고 있다.[13] 그렇다면 **병원에서는 어떻게 필요한 혈액을 구할까? 헌혈자에게 돈을 지급하여 정기적으로 헌혈하게 하면 될까?** 이는 실제 일부 국가에서 시행하는 방법이기도 하다.

그렇지만 이 방법에는 문제점이 있다. 세계보건기구는 헌혈의 대가로 금전을 지급하지 말라고 경고한다. 세계보건기구가 내세우는 이유는 두 가지이다.

첫째, 대가의 지급은 헌혈을 자선 행위에서 판매 행위로 바꾸는 일이며 이로 헌혈자의 수가 줄어들 수 있다. 사람은 돈을 버는 방식에 따라 자신의 정체성을 형성한다. 선생님이나 엔지니어를 직업으로 삼아 돈을 버는 일은 즐겁지만 피를 팔아서 돈을 벌고 싶지는 않다. 헌혈에 금전 대가를 받으면 명예로운 일이 돈만을 목적으로 하는 초라한 일로 바뀌고 만다.[14]

둘째, 헌혈에 보수를 지급하면 혈액의 안전성이 위태로워진다. 피를 팔러 오는 사람은 누구보다 돈이 필요해서 자포자기 상태로 찾아올 것이다. 문제는 이 부류에 속하는 사람은 통계적으로 주삿바늘 재사용처럼 위생상 좋지 않고, 혈액의 안전성에 위험을 끼치는 행동에 참여했을 확률이 높다. 물론 헌혈하러 온 모든 사람이 정맥 주사를 이용한 마약을 하지 않으며, 대다수 사람에게 해당 사항이 없다. 하지만 오염된 혈액을 수혈했을 때의 결과는 너무 치명적이다. 그래서 공공 보건 의료 기관은 극도로 신중할 수밖에 없다.

세계보건기구의 주장은 설득력이 있다. 하지만 헌혈에 대가를 지급한다고 해서 헌혈에 적합한 사람은 떠나가고 **적합하지 않은 사람만 헌혈한다는 확실한 증거는 어디 있을까?** 한 조사에 따르면 헌혈을 고려 중인 잠재적 헌혈자들, 특히 여성은 헌혈의 대가로 현금을 지급한다면 헌혈하지 않을 것이라고 답했다. 하지만 가정한 상황에는 응답자가 언제나 듣기 좋은 답만 내놓을 가능성이 있다.[15) **아무도 보는 사람이 없는 상황에서 도덕적 결정을 내려야 한다면 사람은 이와 다르게 행동할까?**

여러 나라에서 헌혈에 금전 지급을 금하고 있기에 실제 돈이 헌혈에 미치는 영향에 대한 자료는 많지 않다. 그나마 가장 비슷한 자료는 혈액을 제공한 대가로 돈이 아닌 다른 인센티브를 제공한 실험이다.

아르헨티나에서 진행한 실지 실험field trial에서는 헌혈 대가로 티셔츠와 1.35파운드의 슈퍼마켓 쿠폰을 지급했지만 헌혈하는 사람 수에는 큰 변화가 없었다. 하지만 쿠폰 금액이 4파운드에서 6.7파운드로 증가했을 때는 변화가 있었다.[16) 이 경우에 더 많은 사람이 헌혈했고, 제공한 혈액도 깨끗했다. 미국과 스위스에서 진행한 실험에서도 인센티브의 가치가 높아질수록 헌혈자의 수가 늘어났다.[17) 또한 실제로 혈액을 제공한 사람에게 보상을 지급하는 것이 아니라 헌혈소에서 지원서를 작성하는 사람에게 보상을 지급하는 방식을 이용하여 잠재적 혈액의 위험성 문제도 해결했다. 인센티브의 지급 시점을 바꿈으로써 혈액 안전성 측면에서 고위험군에 있는 사람이 돈을 받기 위해 거짓으로 정보를 제공하는 행동을 막을 수 있었다.

비록 제한적이긴 하나 위 실험들은 헌혈에 보수를 지급하면 부정적 영향이 클 것이라는 세계보건기구의 우려가 잘못되었음을 나타낸다. 정말 잘못된 생각인지 인센티브로 실제 현금을 이용한 실험 결과를 살펴보는 것이 좋다. 이와 관련한 스웨덴의 한 연구에서는 참여한 학생들에

게 현금이 아니라 복권을 주었다.[18]

헌혈과 보수의 관계를 규명하기 위한 연구 결과를 전반적으로 살펴보면 긴급으로 혈액이 부족한 상황에서는 보수 지급이 도움 된다. 저소득 또는 중위소득 국가는 혈액 보유량이 상대적으로 적고, 헌혈에 의존하는 경우가 많다. 빨리 혈액을 공급받으려면 보수를 지급하는 방법도 생각해볼 수 있다. 하지만 헌혈 대가로 지급하는 보수의 유효성은 실험 결과와는 다르다.

인센티브가 효과를 내는 일부 상황이 있지만 혈액을 공급하는 대가로 돈을 받는다는 생각은 우려를 낳는다. 돈보다 이타적인 마음으로 해야 할 행동들이 있다. 우리는 함께 살아가기 위해 서로 도움을 준다. **이런 숭고한 일에 누가 값을 매길 수 있을까?**

2001년 뉴욕에서 발생한 9.11 테러의 후폭풍 속에서 미국 전역의 많은 사람이 헌혈에 동참했다. 대다수는 헌혈한 적이 없는 사람이었지만 어떻게든 피해자들에게 도움을 주고 싶었다. 안타깝게도 이런 움직임은 오래 가지 못했다. 9.11 사태 때 헌혈한 사람 중 대부분은 다시 헌혈하지 않았다. 이는 응급 상황 이후에 나타나는 전형적 모습이다. 사건 당시에는 헌혈하는 사람이 급증했지만 헌혈자 60퍼센트는 그후 다시 헌혈하지 않았다.

사람은 흔히 전국 또는 국제적인 비극에 동요하고 '약간이라도 도움이 될 일'을 하기를 원한다. 그렇지만 사건이 더는 뉴스를 장식하지 않으면, 다른 사람과 힘을 합쳐 노력하고 있다는 느낌이 더는 들지 않아 노력을 멈춘다. 그래서 자선기금의 모금 담당자들은 매월 자동이체를 신청하는 후원자를 특히 중요하게 여긴다. 한 번의 후원도 좋은 일이지만, 이런 후원은 갑작스럽게 끊긴다. 이와 달리 '정기 후원'은 자선단체에 안정적 소득을 가져다주므로 장기적으로 활동이 가능하다.

9.11 사태 때 등장한 헌혈자들이 정기적으로 헌혈하도록 하기 위해 샌프란시스코의 퍼시픽 혈액 센터the Blood Centers of the Pacific에서 두 가지 시도를 했다. 먼저 뉴욕 테러 사건 이후에 처음 헌혈한 사람들을 무작위로 두 그룹으로 나누었다. 그리고 한 그룹에게 전화를 걸어 다음과 같은 메시지를 남겼다.

"안녕하세요, 퍼시픽 혈액 센터입니다. 비극적 9.11 사태 이후에 헌혈해 주신 것에 감사를 전하고자 연락 드렸습니다. 그리고 현재 저희 센터에서 간 이식 수술 중인 환자가 헌혈자님과 동일한 혈액형의 혈액팩 20개가 필요합니다. 괜찮으시면 센터로 방문하셔서 한 번 더 도움을 주실 수 있을까요?"

나머지 그룹에게도 기본적으로 같은 내용을 전달했다. 다만 헌혈을 한 번 더 해준다면 티셔츠를 준다고 전했다.

실험을 진행한 사람들은 티셔츠를 제공해도 결과에 아무런 차이가 없다는 사실에 놀랐다. 양쪽 그룹에서 비슷하게 약 20퍼센트는 다시 한번 헌혈을 약속했다.[19] 하지만 나는 이 결과를 보고 실험 진행자들이 놀랐다는 사실이 더 놀라웠다. 장기 이식 중인 환자가 필요로 하는 혈액형이 내 혈액형과 같다는 말을 들었는데 보상으로 티셔츠를 받는 것이 그리 큰 대수일까?

도덕적으로 이야기하자면 아주 거액을 대가로 주어도 이 상황에 큰 차이는 없어야 한다. 하지만 최소한 거액을 받으면 누군가는 인생을 바꿀 수 있다. 이와 달리 티셔츠는 헌혈 행위의 가치를 훼손시킬 뿐 전혀 인센티브라고 할 만한 것이 못 된다. 실험에 티셔츠를 꼭 사용하고 싶었다면 헌혈한 후에 '감사' 선물로 주는 편이 훨씬 낫다.

2008년 플로리다주에 사는 16세 제레미 토마스는 미성년자가 쇼핑센터에서 흡연했다는 이유로 법정에서 유죄 판결을 받았다. 판사는 토마스에게 세 가지 처벌 중 하나를 선택하게 했다. 세 가지 처벌은 53달러의 벌금, 7.5시간의 사회봉사활동 아니면 약 0.5리터의 헌혈이었다.[20] 어떤 처벌을 선택했는지에 대한 자료는 찾을 수 없지만, 시간과 비용적 측면을 고려하면 헌혈을 선택하는 것이 제일 부담이 덜했을 것이다. 하지만 범죄를 저지른 사람들, 예를 들어 교통사고를 내서 피해자를 사망에 이르게 한 사람들에게 처벌로 헌혈을 제안한 적이 있었지만 모두 헌혈을 선택하지 않았다.[21] 어떤 사람은 차라리 벌금을 내고 싶어 했다. 내가 알기로는 지금까지 이런 행동에 대한 연구는 없다. 하지만 범죄를 저지른 사람은 혈액을 제공하는 일이 도덕적으로 불편했을 것이다. 교통사고를 낸 사람에게 헌혈로 처벌을 내리는 것은 확실히 '눈에는 눈'이랄까 피를 희생하여 죗값을 치르라는 개념에 가깝다. 게다가 헌혈을 강제하는 느낌도 문제이다. 제레미 토마스나 다른 범죄자들이 꼭 헌혈해야한다고 들은 것은 아니었지만 자유롭게 헌혈 여부를 선택하는 상황도 아니었다. 제레미에게 헌혈해야 할 혈액량까지 벌금과 비슷하게 책정했다. 0.5리터의 혈액 가격은 53달러 정도였다. 좀 더 넓은 사회적 시각으로 볼 때 제레미가 저지른 일에 대한 처벌로 헌혈을 시킨다고 해서 일반 시민에게 자발적 헌혈 참여를 독려할 수는 없다. 결국 사람들은 사건 판결을 통해 0.5리터의 혈액의 현행 가격이 얼마인지, 헌혈이 얼마나 불쾌한 일이면 처벌로 사용할까 하고 생각할 것이다.

2004년 포르투갈 정부에서 실시한 헌혈 정책이 실패로 끝난 적이 있다. 포르투갈 정부는 1년에 2번 헌혈한 국민에게 국민건강보험료를 면제해주는 제도를 도입했다. 그랬더니 면제하는 기간 동안에는 헌혈자가 증가했지만, 혜택이 끝나자 헌혈자는 감소했다. 특히 건강보험료를 면제해주는 제도가 도입되고 난 후에 헌혈을 시작한 사람은 인센티브에 익숙해졌고, 인센티브가 사라지자 헌혈을 자주 하지 않았다.[22] 인센티브 제도를 처음부터 도입하지 않는 것이 차라리 낫다. 인센티브 제도를 도입했다가 철회한 결정은 확실히 실수였다.

여기서 손실 회피 성향을 볼 수 있다. 손실 회피 성향은 우리에게 큰 영향을 준다. 아무 대가 없는 일을 하는 것이 아깝다고 생각할지 모르지만 그보다 우리가 더 싫어하는 것은 이미 익숙해진 금전 이득을 잃는 것이다.

금전 인센티브로 중독에서 벗어날 수 있을까

국민의 건강 증진을 위해 세계 여러 나라에서 인센티브를 지급하는 제도를 다양하게 시도했다. 가장 오래된 프로그램은 멕시코의 프로그레사 프로그램인데 앞서 학업 성취도와 인센티브 문제를 다룰 때 언급했다. 이 프로그램은 1997년에 시작한 후에 이름이 '오포르투니다데스Oportunidades'로 바뀌었다가 지금은 '프로스페라Prospera'로 불린다. 이 프로그램은 저소득 가정에서 자녀를 매일 학교에 보내면 부모에게 현금이나 바우처를 지급했다. 그리고 돈을 받기 위해서는 아이에게 반드시 예방접종을 해야 했다. 이 제도가 효과를 거두자 다른 저소득 국가에서도 멕시코처럼 인센티브를 지급했지만 부분적 성공밖에 거둘 수 없었다.

소득 수준이 높은 국가에서도 국민 건강 증진을 위한 인센티브 프로그램에 흥미를 가졌고, 운동 습관이나 건강한 식습관을 심어주기 위해 금전 인센티브를 제공했다. 또한 흡연과 마약 복용의 중단을 목표로 인센티브를 지급하는 프로그램을 만들었다.

저소득 국가와 달리 선진국에서는 인센티브로 제공하는 금액이 수령자의 삶을 바꿔놓을 정도로 크지 않다. 하지만 인센티브로 흡연자나 마약 중독자를 프로그램으로 끌어들이는 효과는 있었다. 프로그램 참여자들이 개인 목표를 달성하는 과정에서 금전 인센티브는 긍정적인 구심점이자 유형의 보상 체계로 작용했다. 전체 프로그램에서 일부 역할일 뿐이었지만 금전 인센티브는 목표 달성에 중요한 요소였다.

담배를 끊기는 매우 어렵다. 연구에 따르면 상담을 받거나 니코틴 패치를 붙이는 것처럼 금연 효과가 입증된 방법으로도 정작 금연에 성공하는 사람은 100명 중 6명뿐이라고 한다.[23]

마리는 셋째를 임신 중이었다. 잘 알려진 사실처럼 흡연은 태아에 치명적이다. 과거 두 번 임신한 동안 마리는 하루에 스무 개비씩 담배를 피웠다. 그렇다면 **임산부 마리는 어떻게 몇 개월간이나 담배에 손대지 않을 수 있었을까?** 이는 금연의 대가로 돈을 받았기 때문이었다. 니코틴 검사는 약국에 딸린 작은 방에서 이루어졌다. 일산화탄소 검출기가 붙은 일회용 플라스틱 관을 입에 대고 부는 방식이었다. 마리가 임신한 내내 검사를 통과하면 선택한 가게에서 쓸 수 있는 150파운드의 바우처를 받을 수 있었다.[24] 마리는 바우처를 받으면 아기 옷을 사는 데 쓰겠다고 말했다. 하지만 마리가 이전 두 번 임신한 내내 담배를 한 갑도 사지 않았다면 이 금액보다 10배는 더 많은 약 2,500파운드를 아낄 수 있었다. **마리는 왜 자기 힘으로 아낄 수 있는 돈과 건강 증진 프로그램에서 제공하는 인센티브를 다르게 받아들인 것일까?**

문제는 돈만이 아니었다. 금연을 격려하는 건강 협회 직원과 정기적으로 연락을 취한 것이 도움 되었다. 또 주변 모든 사람이 마리가 금연하는 것을 아는 사실도 중요했다. 여러 번 입증된 바 있지만 친구나 가족에게 결심을 선언하면 성공할 확률이 높아진다. 특히 이번에는 마리의 아이들이 엄마가 나쁜 습관을 버릴 것인지에 관심이 많았다. 마리가 금연에 성공하면 담뱃값을 아낀 돈으로 선물을 사 주겠다고 약속했기 때문이었다.

그러나 또 다른 이유가 더 있었다. 마리가 바우처를 어떻게 받아들이는가 하는 것이었다. 마리에게 바우처는 아기 옷을 사는 수단, 그 이상의 의미가 있었다. 바우처는 금연 성공에 대한 유형의 보상이자, 노력을 확인해주는 외부 검증 장치였다. 그래서 바우처는 마리가 담배를 사지 않아서 모은 돈보다 더 중요했다.

또 다른 연구에서 마리와 같은 임산부에게 금연을 시도하는데 인센티브의 역할이 중요한지 물었더니 대부분은 중요하지 않다고 답했다. 하지만 금연 인센티브가 없었다면 애초에 금연을 시도하지 않았을 것이다. 그러니 금연에 동기를 부여하는 것은 인센티브가 주는 소비력이 아니라 인센티브, 그 자체를 성공 목표로 삼는다.[25]

돈은 중독에서 벗어나도록 돕는 데 특히 효과적이다. 뉴캐슬대학교의 연구팀이 금전 인센티브의 영향을 다룬 연구 중에서 찾을 수 있는 좋은 연구 결과를 모아 메타 분석분석의 분석. 연구 결과 통합을 목적으로 많은 수의 개별 연구 결과를 통계적 방법으로 분석을 실시했다. 분석에 포함한 인센티브 프로그램은 금연뿐 아니라 예방접종, 암 검진, 그리고 운동 프로그램도 있었다. 메타 분석 결과 3파운드 정도의 소액 인센티브라도 행동을 바꿀 확률이 50퍼센트 상승했다.[26]

전 세계 최고 연구를 골라 분석하는 코크란Cochrane리뷰에 따르면 임신 중 여성의 흡연을 멈추게 할 가장 효과적 방법은 금전 인센티브의 제공이라고 한다. 다른 방법으로 담배를 끊은 임산부는 6퍼센트에 불과했지만 금전 인센티브를 제공했을 때는 24퍼센트가 금연에 성공했다.[27] 하지만 출산하고 나서 결과는 달랐다. 한 연구에서 마리처럼 임신 중 금연 인센티브 제도를 활용한 여성들이 출산해서도 금연을 지속하는지 추적했다. 연구 목적은 출산 6개월 후에도 여전히 담배를 멀리하는지 확인하는 것이었다.

실망스럽게도 임신 기간에 금연한 여성들은 출산한 후 금전 지원을 중단하자 80퍼센트 이상이 흡연을 다시 시작했다. 그래도 여전히 5명 중 1명, 17퍼센트는 담배를 멀리했다. 이와 달리 임신 기간에 금전 인센티브를 제공하지 않은 금연 프로그램에 등록한 여성 중 출산 6개월 후에도 금연한 비율은 채 1퍼센트가 되지 않았다.[28]

따라서 금전 인센티브가 금연에 미치는 영향은 절반의 성공이라고 할 수 있다. 금전 인센티브를 이용해서 중독에서 벗어나도록 돕는 다른 프로그램을 더 살펴보자.

마약 중독에서 벗어나는 방법

광고 업계에서 일하는 톰은 코카인 중독자였다. 습관적으로 일주일에 수백만 원씩 쓰며 코카인을 구매했다. 연봉이 아무리 많아도 갚을 수 없을 정도의 빚이 계속 쌓여갔다. 톰은 몇 번이나 전문가에게 도움을 구하여 코카인을 그만두었지만 결국에는 다시 흡입했다.

그러다가 톰은 코카인을 그만둘 수 있도록 도와주는 한 프로그램에 참여하게 되었다. 이번에는 마약 중독을 끊기 위해 실용적이고 심리적 조언을 받고 일주일에 세 번 클리닉에 가서 소변 검사를 받아야 했다. 검사로 마약을 하지 않았다는 확인을 받으면 매번 2파운드를 받았고,

돈은 클리닉에서 대신 보관해주었다. 6개월이 지나면 톰은 돈을 받아 원하는 대로 쓸 수 있었다. 단, 앞으로 살아가는 데 도움이 될 물건을 사야 한다는 조건이 붙었다.

톰은 돈을 모아서 듣고 싶었던 강의 교재를 사기로 마음먹었다. 6개월 후, 마약을 끊는 데 성공했다. 6개월은 톰이 이전에 마약을 중단한 기간보다 훨씬 길었다.

톰은 코카인을 끊을 수 있었던 비결은 성공 보수라고 했다. 얼핏 이 주장에 쉽게 믿음이 간다. 다만 기억해야 할 사항은 톰은 일주일에 단돈 6파운드, 한 달에 24파운드씩 받았다는 것이다. 6개월간 받은 돈을 모두 합해도 144파운드로 그리 큰돈은 아니다. 하지만 코카인을 사지 않아서 아낀 돈은 수천만 원에 달했다. 논리적으로 생각하면 교재를 살 목표로 모은 적은 돈보다는 코카인을 사지 않고 아낀 돈이 마약을 끊기 위한 금전 인센티브로 작용해야 할 것 같다.

그럼에도 왜 마약 퇴치 프로그램에서 지급한 적은 돈이 더 동기부여 효과가 있었는지 이해하려면 돈이 상징하는 바가 사람마다 다르다는 것을 생각해야 한다. 마약을 끊고 받은 2파운드가 톰에게 소중한 이유는 그 돈을 받아서 형편이 더 나아지거나 어디에 쓸 수 있어서가 아니다. 이 특별한 돈은 마약에서 벗어나겠다는 자신과의 싸움에서 승리했음을 알리는 상징이다. 그리고 앞에서 다룬 마음의 계좌에 대해서도 생각해보자. 마리에게 담배를 사는 돈은 생필품 계좌에서 나오는 생활비였지만 금연 프로그램을 통해 받은 바우처는 특별한 선물이라는, 생필품과는 매우 다른 마음의 계좌로 입금된 것이다.

코카인에서 탈출한 비결이 돈이라고 한 톰을 보아도 사실 돈은 성공의 일부일 뿐이다. 예를 들어 지난 48시간 동안 코카인을 흡입하지 않은 사실을 누구보다 잘 알고 있었지만 톰은 소변 검사 결과지에서 음성 반응이 나오는 순간을 매우 기대했다고 말했다. 소변 검사지는 소액의 인센티브와 마찬가지로 또 하나의 외부 검증 역할을 했다. 톰은 또한 클리닉의 직원들에게 격려를 듣는 일이 즐거웠고, 클리닉에서 나눠준 사다리 차트에 음성 표시를 하는 과정도 즐겼다.[29]

톰은 마약을 끊을 수 있었던 비결이 금전 인센티브라고 말했지만 사실 돈은 보상의 일부에 지나지 않는다. 금액 크기를 생각하면 현실적으로 톰이 금전 인센티브만을 이유로 마약을 끊었다고 보기는 어렵다. 프로그램에서 톰이 느낀 만족감 중에 매주 여러 번 진행하는 소변 검사, 마약을 끊은 기간을 단계적으로 보여주는 사다리 차트 그리고 클리닉 직원들의 격려보다 돈이 차지하는 비중이 가장 낮을 것이다. 어쨌든 톰은 소액이나마 돈을 벌었다. 그리고 이 돈은 스스로 노력한 과정을 통해 얻은 것이다. 우리는 이렇게 번 돈을 가장 소중히 여긴다.

일부 사람은 불법 행위인 마약 중독을 퇴치하기 위해서 중독자에게 보상을 지급하는 것을 다소 불편하게 여긴다. 또한 비평가들은 중독자가 마약을 끊으면서 왜 돈을 버냐고 이의를 제기한다. 그럼에도 이 프로그램을 운영하는 이유는 효과가 있기 때문이다.

금전 인센티브로 성공적으로 마약을 끊은 사람은 많다. 연구 결과 30개를 메타 분석한 결과 이 프로그램의 유효성에 대한 실제 증거가 나타났다.[30] 사실 절반의 연구 결과에서는 효과가 작게 나타났지만 나머지 연구에서는 효과가 보통 또는 보다 크게 나타났다. 이는 다른 마약 퇴치 프로그램을 이용했을 때보다 금전 인센티브를 지급했을 때 훨씬 더 많은 사람이 마약에서 벗어났음을 의미한다. 수치로 보면 바우처를 지급하는 프로그램에 참여한 중독자는 바우처 없는 프로그램 참여자들보다 평균 3분의 2정도 더 마약에서 벗어나는 데 성공했다. 특히 보상을 즉각 제공하는 프로그램에서는 두 배의 효과를 보였다. 또 다른 연구 결과를 보면 금전 보상을 제공하는 프로그램은 특히 담배, 술, 대마초 등의 중독을 끊는 데 효과적이었다. 하지만 강한 성분이 든 마약에서는 효과가 덜했다. 전체적으로 지급 보수가 많을수록 프로그램의 성공률도 높았지만 톰처럼 경우에 따라 소액의 보상을 프로그램이 끝날 때 지급해도 강한 마약에서 벗어나는 데 도움을 주었다.

금전 보상 프로그램을 통해 특정 마약을 끊은 사람은 후에 다른 마약에 의존하지 않는 편이었다.

마약 중독 퇴치 프로그램에서 돈을 지급하면, 중독자가 그 돈을 다시 마약을 구입하는 데 사용할 가능성이 높다고 주장한다. 하지만 이 주장을 뒷받침하는 증거는 아직 없다.[31]

가짜 중독자

2014년 나는 런던의 한 기자 회견장을 찾았다. 그곳에서 임상의들이 헤로인 중독자에게 B형 간염 예방접종을 한 결과에 대한 의견을 나누고 있었다.

예방주사를 맞으러 온 헤로인 중독자에게 바우처를 지급했는데, 결과가 인상적이었다. 예방접종은 총 3회를 맞아야 했는데 바우처를 지급하지 않았을 때 3회 접종을 완료한 중독자는 9퍼센트 정도였다. 하지만 바우처를 지급하자 45퍼센트로 늘어났다.[32]

마약 퇴치 프로그램을 통해 돈을 얻을 수 있다면 어떤 식으로든 악용하지 않을까? 중독자가 아닌 사람이 중독자인 것처럼 행세하지 않을까?

프로그램 운영자도 혹시 모를 가능성에 매우 신중하게 대처했다. 바우처 프로그램을 이용하려면 반드시 진짜 마약 중독자인지 여부를 확인하는 검사를 받아야 했다. 하지만 검사가 너무 엄격하여 예상치 못한 결과를 낳았다. 중독자들이 며칠 동안 약을 투여하지 않아 가입 자격에 미달될까 걱정하여 다시 마약에 손대는 일이 생겼다. 이는 특정 프로그램이 예방을 목표하는 행위를 어떻게 부추기는지 보여주는 예이다.

한 연구에서 금전 인센티브를 주는 금연 프로그램이 속임수에 얼마나 취약한지 조사했다. 영국 체스터필드의 한 병원에서 임신한 후 처음 검진하러 온 임산부들에게 바우처를 제공하는 금연 프로그램에 참여할 기회를 주었다. **바우처를 받으려고 임산부들은 흡연한다고 거짓말했을까?**

다른 금연 프로그램처럼 체내 일산화탄소 농도를 측정했다. 일산화탄소가 특정 농도 이상 검출되면 몇 시간 내에 흡연했다는 뜻이다. 하지만 흡연자가 아닌 사람이 바우처를 받으려고 검사실에 들어가기 전에 몇 모금 흡연하여 체내 일산화탄소 농도를 높일 수 있다. 그래서 추가 검사가 필요했다.

추가로 소변 검사를 실시했다. 소변 내 코티닌 농도를 측정했다. 코티닌은 담배 속에 든 물질이므로 농도가 낮다면 흡연자라고 주장하는 임산부가 거짓말했을 가능성이 높다. 니코틴 패치를 사용하여 소변 내 코티닌 농도를 높이는 사람이 있을지도 모르기에 마지막으로 타액 검사로 담배와 관련된 물질 아나바신을 검출했다. 세밀하게 검사하기 위해 정교한 검사 장치도 사용했다.

그래서 **적발된 사람이 있었을까?** 단 한 명도 없었다. 여러 검사 결과 흡연자라고 주장한 임산부가 한 말은 모두 사실이었다. 흡연자가 아닌데 흡연한다고 속이려는 사람은 아무도 없었다.[33]

금전 인센티브 때문에 속임수를 쓰는 사람이 있을 것이라는 우려가 매우 크다. 또 하나 금전 인센티브가 사람의 내적 동기유발을 저해하고 외부 보상에 의존하게 만들어 인센티브 지급을 중단하는 순간 다시 예전 모습으로 돌아갈 것이라고 생각한다.

금전 인센티브를 이용한 프로그램에 대한 비판은 때로 공개적으로 이루어졌다. 이런 비판적 시각 때문에 이 주제를 연구하는 일부 학자는 건강한 생활을 추구하는 프로젝트보다 자신의 프로젝트가 더 뛰어난 결과를 내야 한다고 불만을 토로했다.[34]

운동 및 건강한 식습관을 통해 혈압을 낮추자는 프로젝트를 진행할 경우, 참여자들이 5년 뒤에도 혈압을 여전히 낮게 유지하고 있는지를 증명해야 할까라는 의문이 생긴다. 절대 그렇지 않을 것이다. 반면 금전 인센티브 프로그램을 통해 마약을 끊은 참여자들이 인센티브 지급을 중단한 지 한참 지난 뒤까지 여전히 마약을 멀리하고 있는지 확인할 것을 요구받는다.

금전 인센티브를 이용한 프로그램이라면 확실히 결과에 대한 기대가 높을지도 모른다. 실제로 프로그램 참여자들이 마약을 복용하지 않는지에 대한 관찰은 꼭 필요하며, 일부 연구에서는 장기적으로 마약 복용을 중단했다는 사실을 증명했다.[35] 예를 들어 마약 중독자 중 일부는 프로그램 종료 후 아무런 보상이 없는데도 마약 검사를 받으러 와도 되냐고 물었다.

하지만 흡연자나 마약 중독자가 금전 인센티브 프로그램을 통해 중독에서 벗어났다가 다시 빠질 확률도 상당히 높다. 금전 인센티브가 사라졌기 때문만은 아니다. 프로그램을 통해 얻은 사람들의 격려나 중독 방지 구조가 사라졌기 때문이기도 하다. 그래서 프로그램은 지속해서 운영하는 것이 매우 중요하다. 세계에서 가장 부유한 국가도 예산의 제약은 있다. 국민에게 건강한 생활 습관을 가지게 하려고 지급하는 돈이 무한정 나올 수는 없다. 하지만 중독을 벗어날 수 있도록 돕는 일에 돈이 긍정적 역할을 한다고 생각한다.

MIND OVER MONEY

CHAPTER 07

칭찬이 돈보다
더 낫다

돈을 받은 참여자들은 왜 쉬는 시간에 〈플레이보이〉를 읽었을까
동기부여에는 칭찬이 돈보다 더 낫다
친구의 호의에 돈으로 보답해서는 안 된다
축구팀은 왜 항상 승부차기에서 지는 것일까

우리는 앞서 특정 상황에서 돈을 잘 사용하면 강력한 동기부여 수단이 되는 것을 보았다. 물론 전혀 그렇지 않은 상황도 있다. 그럴 때 우리는 물질 지향적 분위기 속에서 마주하는 어려움이 무엇인지 알게 된다. 앞으로 살펴볼 내용처럼 돈은 잘못된 상황에서 사용할 경우 매우 치명적인 결과를 가져온다. 사람이 잘못된 행동을 하거나 올바르게 하는 일을 멈추는 것이다.

내재적 동기를 잃지 않는 법

1969년 미국 펜실베이니아주의 카네기멜론대학교는 매주 화요일과 금요일에 신문을 발행했다. 신문 발행에는 자발적으로 참여한 학생들이 기사를 쓰고, 머리기사를 정하기 위해 발행 요일별 두 편집부로 나누어 회의했다.

하지만 학생들이 모르고 있던 사실은 회의가 실은 심리 실험이라는 것이었다. 이런 실험에서 자주 나오는 방식이지만 한 편집부에게는 거짓 정보를 제공했다. 신문 편집장은 화요일 편집부에게 이번 학기 예산을 남기고 싶지 않으니 정해진 시간 안에 머리기사를 쓰면 하나당 50센트를 주겠다고 했다. 그리고 이 제안을 아무에게도 말해서는 안 되며 특히 금요일 편집부에게는 절대 말해서는 안 된다고 주의를 주었다.

이 실험으로 무엇을 알아보려는 것일까? 이번에는 금전 인센티브를 이용하여 참여자들을 더 열심히 일하게 하려는 것이 아니었다. 이 실험을 진행한 심리학자 에드워드 데시Edward Deci교수의 목표는 인센티브를 이용해서 화요일 편집부를 좀 더 신문에 관심을 갖도록 만드는 것이었다. 즉, 생산성을 향상하는 것이다. 이를 확인하는 방법으로 데시 교수는 학생들이 쓸만한 기사를 작성하는 속도를 측정하기로 했다.

실험 결과를 보면, 실험을 시작했을 때는 머리기사를 쓰는 데 양쪽 팀 모두 평균 22분을 소요했다. 하지만 시간이 지날수록 보수 없이 일하는 금요일 편집부가 머리기사를 생각해내는 속도가 빨라져 학기 말에는 평균 12분 정도 밖에 걸리지 않았다. 하지만 보수를 약속받은 화요일 편집부는 20분 정도 걸렸다. 실험 시작 때보다 겨우 2분 줄어들었다.

돈을 받지 않은 금요일 편집부는 매주 빠짐없이 회의에 참석했고 머리기사를 즐겁게 만든 반면에 화요일 편집부는 인센티브 지급을 중단하자 상당수가 중간에 그만두었다. 금전 인센티브가 업무의 생산성을 높이지 않았고 오히려 학생들에게서 신문 만드는 즐거움을 빼앗았다. 그래서 인센티브 지급을 중단하자 학생들은 더는 신문을 만들 수 없었다.

데시 교수는 또 다른 실험에서 이번에는 인원 수가 좀 더 많게 세 그룹으로 나눠 입체 큐브를 맞추도록 했다.[1] 큐브의 이름은 소마Soma로 3

개 또는 4개의 장미목 정육면체로 된 7개의 조각을 정교하게 짜맞추면 커다란 정육면체 또는 여러 도형을 만들 수 있다. 학생들은 제한 시간 안에 종이에 그려진 4개의 특정 배열을 맞추어야 했다.

첫 번째 실험에서 세 그룹에게 동일하게 큐브를 맞추도록 13분을 준 후, 실험 진행자가 "지금부터 쉬는 시간이며, 본인이 원하면 큐브를 맞추어도 된다."고 말하고 방에서 나왔다. 학생들에게는 소마 큐브가 있었고, 방 안 탁자 위에는 최신판 〈더뉴요커〉와 〈타임〉도 놓여 있었다. 그리고 그 옆에는 재떨이와 〈플레이보이〉가 놓여 있었다. 학생들은 눈치채지 못했지만 연구팀은 반투명 거울로 쉬는 시간에 학생들이 무엇을 하는지 관찰했다.

쉬는 시간에도 세 그룹 모두 소마 큐브를 맞추는 데 열중했다. 큐브 맞추기가 재미있기 때문이었다.

두 번째 실험 상황은 1그룹에게 큐브 하나를 맞출 때마다 1달러씩 주겠다고 했다. 2그룹에게 아무런 보상을 주지 않았고, 1그룹이 돈을 받는다는 사실도 알리지 않았다. 3그룹은 일단 기다렸다가 뒤에서 살펴보도록 하자.

이 실험의 목적은 금전 인센티브를 이용하면 학생들이 더 빨리 큐브를 맞추는지 알아보려는 것이 아니었다. 데시 교수가 관심을 둔 것은 다른 쪽이었다. 데시 교수는 내재적 동기에 돈이 어떤 영향을 미치는지 알고 싶었다. 내재적 동기란 주어진 과제 자체에 가지는 관심이나 즐거움을 유발하는 동기를 말한다.

그래서 실험 핵심은 진행자가 방을 나간 후 학생들이 한 행동이었다. 잡지를 읽든 아니면 자유롭게 다른 일을 할 수 있을 때, 실제로 어떤 행동을 하는지가 관건이었다. 그 결과 첫 번째 실험 때와 마찬가지로 돈을 받지 않는 학생은 소마 큐브를 가지고 놀고 싶어 했다. 이 학생들은 큐브를 맞추는 시간이 끝났어도 큐브의 답을 구하려 애쓰며 이 과정을 즐기고 있었다. 반면에 큐브를 맞추면 돈을 받는 그룹은 잡지를 보거나 방 안을 둘러보는 데 훨씬 시간을 더 많이 보냈다.

결론은 확실하다. 금전 인센티브를 받은 학생들은 큐브를 맞출 마음이 없어졌다. 학생들이 원래 어떤 내재적 동기를 가지고 있었든지 간에 이제 내재적 동기가 사라졌다.

데시 교수는 일부 학생은 돈을 받을 때 매우 당혹스러워 한다는 사실도 알았다. 학생들은 처음 약속대로 모두 현금을 받았지만 그 후 큐브를 맞추는 놀이가 전처럼 즐겁지 않은 듯했다. 돈을 받고 하는 일이 되자 재미가 없어진 것이다.

어떤 일을 해서 보상을 받으면 일이 주는 내재적 기쁨을 잃는 것일까? 꼭 그렇지는 않다. 3그룹이 있었다는 사실을 기억할 것이다. 3그룹에게는 큐브 맞추는 일에 대한 보상을 하지는 않았지만, 맞추고 나면 "정말 잘 했구나. 지금까지 맞춘 학생들보다 더 잘 맞췄어."라고 크게 칭찬해주었다.

쉬는 시간이 되었을 때 이 학생들은 어떤 행동을 보였을까? 당신이 생각한 대로 3그룹은 성취감에 계속해서 큐브를 맞추며 즐거워했다.

이후 세 그룹 모두에게 첫 번째 실험 때처럼 아무런 보상 없이 한 번 더 큐브를 맞추게 했더니 쉬는 시간에 한 행동이 두 번째 실험 때와 거의 비슷했다. 즉, 1그룹의 의욕 수준은 현저히 떨어졌으며 2그룹은 앞서 두 번째 실험 때와 비슷했고, 3그룹은 두 번째 실험 때 들은 칭찬 덕분에 여전히 기분 좋은 상태로 큐브를 맞추었다.

칭찬의 힘

데시 교수의 실험 결과를 보면 금전 보상은 오히려 사람의 의욕을 떨어뜨린다. 보상을 전혀 하지 않은 때보다 더 나을 것이 없었고, 칭찬해주는 것보다 오히려 효과가 적었다.

여기서 짚고 넘어가야 할 부분은 데시 교수의 초기 실험에 참여한 관찰 대상자의 수가 매우 적었고, 두 편집부 사이에서 관찰한 차이의 정도가 연구에 요하는 만큼 두드러지지 않았다는 것이다. 하지만 그 후로 40년의 세월이 흘러 연구가 백 건 이상 추가로 이루어졌고, 여전히 동일한 현상이 나타난다. 예를 들어 그림을 그리는 대가로 돈을 받은 아이들은 쉬는 시간을 알리는 종이 치는 순간 연필이나 크레용을 내려놓았지만, 돈을 받지 않은 아이들은 쉬는 시간에도 그림 그리기에 여념이 없었다.

그림을 칭찬받은 아이들은 칭찬을 받았다는 생각에 즐거워했고, '칭찬을 받아야만 하는 거라면 그림 그리기는 즐겁지 않은데.'라는 식으로 생각하지 않았다. 대신 더 즐겁게 그림을 그렸다.

칭찬은 진실한 마음으로 적절하게 이루어져야 한다. 예전에 BBC 방송국 상사에게 감사 이메일을 받은 적이 있다. 이메일에는 간단히 "이번 업무에 애써줘서 고맙네. 자네가 있어 정말 다행이야."라고 적혀 있었다. 화려한 칭찬 글이 아니라 짧은 두 문장이었다. 하지만 그 이메일이 전해준 감사의 마음은 몇 달 아니 몇 년이나 내 기억에 남았다. 상황이 어렵고 프로그램 만들기에 어려움을 겪을 때마다 나는 그 이메일 한 통을 떠올렸고, 내 노력을 알아준 상사를 기억했다. 그 이메일 보낸 사람은 내가 존경하는 사람이었고, 편지에 담긴 감사의 마음은 그저 상사의 좋은 평가가 아니라 선의였다.

연구에 따르면 칭찬할 때는 단어 선택이 중요하다. 자신감이 부족한 어린 자녀가 있다면, 아이가 그린 그림을 냉장고에 붙이고 지금까지 본 그림 중에 제일 잘 그린 그림이라고 칭찬해주고 싶을 것이다. 하지만 이는 잘못된 접근 방법이다. 작품이 '완벽하다'거나 '믿을 수 없을 정도로 잘 그렸다'는 칭찬을 하면 아이들은 칭찬이 '잘 그렸어'의 반대 의미로 받아들인다.[2]

어떤 연구에서 자존감이 낮은 아이들에게 "믿을 수 없을 정도로 아름다운 그림이야."라고 칭찬해주었더니 그저 "잘 그렸네." 정도의 칭찬을 받은 아이들에 비해 나중에 더 어려운 과제에 도전하기를 꺼려했다. 말 한마디가 이런 차이를 만든 것이다.[3] 심리학자 에디 브루멜만Eddie Brummelman 박사는 부모는 한 걸음 물러나 자녀에게 전하려는 메시지에 대해 생각해보아야 한다고 조언한다. 칭찬 때문에 아이들이 자기의 기준을 너무 높이 설정하여 나중에 이에 못 미치면 어쩌나 하고 걱정하지 않도록 말이다.

또한, 스탠퍼드대학교의 캐럴 드웩Carole Dweck 교수의 20년 간의 연구를 보면 아이에게 하는 칭찬은 결과물에 대한 칭찬보다는 과제를 수행하려는 노력이나 문제 해결 방식에 초점을 맞추는 것이 더 효과적이다. 아이에게 지속적으로 똑똑하다고 칭찬하면 실제로 똑똑한 아이라도 기대에 어긋나지 않기 위해 쉬운 문제만 풀고 싶어 한다.[4]

다시 데시 교수의 실험으로 가보자. 소마 큐브 실험에서 보인 학생들 행동에 대해 데시 교수는 사람은 자율성이 필요하며, 돈은 그런 자율성을 해친다고 설명했다. 돈이 개입하면 행동 그 자체에서 더는 가치를 느끼지 못하기 때문이다.

데시 교수의 결론을 뒷받침하는 또 다른 연구가 있다. 이스라엘에는 매년 여러 '기부의 날'이 있고 고등학교 학생들이 집마다 돌아다니며 기금을 모금한다. 기부의 날에 기울이는 언론의 관심 덕분에 각 가정에서는 모금 내용을 잘 알고 있어 모금하기는 쉽다. 그래서 기부금의 총액은 학생 각자의 노력에 달려 있다. 온종일 모금하는지 아니면 삼십 분만에 그만두는지에 따라 기부금이 달라지기 때문이다. 경제학자 유리 그니지 교수는 이를 주제로 여러 연구를 진행했다. 그니지 교수는 16세 학생 여러 명을 세 그룹으로 나누었다. 1그룹에게는 기부금이 얼마나 중요한지 알려주고 각 학생이 모금한 금액을 나중에 발표하겠다고 말했다. 2그룹에게는 기부금의 1퍼센트를 상여금으로 지급하겠다고 약속했다. 3그룹이 받을 상여금은 기부금의 10퍼센트였다. 2그룹과 3그룹의 학생들에게는 상여금은 다른 기부금에서 지급하므로 학생들이 모금하는 기부금의 총액에는 영향을 미치지 않는다고 분명히 해두었다.

상여금을 약속받은 학생들이 기부금과 자신이 받을 상여금을 위해 최대한 많이 모금하려고 긴 시간 동안 거리를 돌아다녔을까? 그렇지 않았다. 1그룹은 1퍼센트의 상여금을 약속받은 2그룹보다 35퍼센트 더 많이 모금했다. 10퍼센트의 상여금을 약속받은 3그룹의 경우 상여금이 약간의 동기부여가 되었지만 1그룹이 모금한 금액에는 미치지 못했다. 이 연구를 통해 모금자에게는 돈을 지급하는 것보다 선의에 기대야 한다는 사실을 알 수 있다. 하지만 꼭 돈을 지급하고 싶다면 금액이 적어서는 안 된다. 그니지 교수의 논문 〈금액을 충분히 지급하라. 그렇지 않으면 아예 지급하지 말라〉처럼 말이다.[5]

호의에 돈으로 보상하지 말라

앞에서 보상을 주제로 한 심리 연구가 학계에 논란을 불러일으켰다. 그 이유는 연구에서 밝혀진 사실이 행동주의 심리학객관적으로 관찰할 수 있는 인간이나 동물의 행동만을 연구 대상으로 삼음에서 다루는 근본적 연구 내용과 상반되기 때문이었다. 행동주의 심리학에서는 사람의 행동은 보상 체계를 통해 강화되어 더 큰 열의를 가지고 행동을 반복한다고 본다. 그래서 행동이 고착화되면 처음 보상은 필요가 없다. 마치 조련사가 동물을 처음 조련할 때 먹이와 클리커동물 조련에 사용하는 도구로 누르면 짤깍 소리가 남를 함께 사용하는 것처럼 말이다. 동물은 짤깍하는 소리만 들어도 조련사가 원하는 행동을 한다.

행동주의 심리학의 아버지 스키너 교수는 자신의 이론을 충실히 실행에 옮긴 심리학자이다. 스키너 교수는 실험실의 쥐처럼 어떤 일에 대한 보상을 주는 방식으로 사람도 훈련시킬 수 있다고 믿었다. 또한, 적합한 환경이 사람의 행동에 큰 영향을 미칠 수 있다고 보았다.

스키너 박사의 이론은 토큰 경제라는 생각으로 이어졌다. 토큰 경제에서는 보호시설에 있는 사람이 방을 정리하고 점심시간에 얌전히 앉아있거나 음식을 남기지 않으면 대가로 토큰을 받는다. 토큰을 충분히 모으면 보상을 받는다. 그래서 사람은 토큰을 받을 때 보여준 행동을 계속한다.

스키너 박사가 한 생각이 맞다면 보상용 토큰인 돈은 사람에게 동기를 부여하는 역할을 하고, 데시 교수가 주장하는 것과 반대로 사람의 의욕을 약화시키지 않는다. 그래서 돈이 동기부여를 할 수 있는가에 대한 서로 다른 주장의 답을 찾기 위해 메타 분석을 네 번 실시했다. 전 세계의 최고 연구에서 가져온 자료를 합하여 재분석했다.

네 번의 분석 중 세 번은 데시 교수의 주장과 근접한 결과를 도출했다. 즉, 돈을 지급하면 내재적 동기의 힘이 약화되는 경향을 보인다는 것이다. 주디 캐머런Judy Cameron 교수와 데이비드 피어스W. David Pierce 교수가 실시한 나머지 분석에서는 과제 수행에 대한 대가로 물질 보상이 따르면 내재적 동기의 힘이 줄지만 이런 연구 결과가 지나치게 사실을 부풀린다고 결론을 내렸다. 그리고 학계에서 선호하는 패러다임 안에서 진행한 실험이 아니면 지나치게 비판적이라고 토로했다.[6]

이 주제에 대한 논쟁은 합의에 이르지 못하고 의견 대립은 지속되었다. 1994년에서 2001년 사이에 여러 심리학 학술지를 통해 논쟁은 맹렬히 진행되었고 잇따라 반박에 반박을 거듭했다.

비평가들은 캐머런 교수와 피어스 교수 분석에는 재미있는 과제와 지겨운 과제를 수행한 연구가 함께 포함되었다고 지적했다. 과제 자체가 지겨우면 내재적 동기가 일어나지 않기에 결과에서 인센티브가 내재적 동기에 영향을 주지 못한 것은 당연하다고 했다. 따라서 메타 분석 결과가 왜곡되었다고 결론지었다.

최종 결론을 말하자면 특정 상황에서 금전 인센티브가 의욕을 저하시키는 것은 분명하다. 하지만 항상 그런 것은 아니다. 어떤 일이 끝난 후 일회성으로 제공하는 깜짝 선물은 의욕을 저하시키지 않는다. 하지만 돈을 받는 대신 어떤 과제를 수행하라고 하면 의욕은 저하된다. 이는 수행해야 할 과제에 따라서도 결과가 달라진다.

점심 식사를 한 후 식탁을 치우는 일과 그림을 그리며 오후 시간을 보내는 활동을 비교해보자. 식탁을 치우는 일은 결코 즐겁지 않다. 그래서 부모는 아이에게 칭찬 스티커나 용돈을 준다. 이 보상은 효과가 있다. 아이는 보상을 받기 위해 집안일을 하겠지만 보상 때문에 아이가 평생 식탁을 치우는 즐거움을 잃어버리는 것은 아니다. 애초에 그런 즐거움이란 없기 때문이다. 하지만 그림을 그리는 경우에는 보상이 단기적으로 효과를 낼 수는 있지만 그림을 그려야 보상을 받을 수 있다는 잘못된 메시지를 아이에게 전하는 셈이다. 그래서 내재적 동기를 손상시키고, 아이는 그림을 그리는 즐거움을 잃게 된다.

성인도 마찬가지이다. 큰 파티의 음식을 준비하는 경우를 예로 들어보자. 집에 초대한 사람 수가 너무 많아 당신은 친구에게 도움을 청했다. 어려운 부탁을 했기에 마음에서 우러난 감사 표현은 물론 해야 할 것이고, 적은 금액이라도 보수를 주는 것이 타당할 것이다. 하지만 다시 생각해보자.

여러 연구를 통해 밝혀진 것처럼 돈이 개입하는 순간 상호 관계의 성격이 바뀌고, 제공한 행위의 대가를 시장 가격에 기준해서 생각하게 된다.[7] 돈을 받은 친구는 이제 자신이 케이터링 업자와 비슷하다고 생각할 것이고, 당신에게 받은 보수와 전문 케이터링 업자가 받는 보수를 마음속으로 비교할 것이다. 또는 요리를 도우면서 부엌에서 보낸 시간을 자신이 일해서 버는 시간당 임금을 적용해서 계산할 것이다. 돈을 아예 받지 않았다면 호의로 즐겁게 도왔겠지만 보수를 받고 나니 왠지 만족스럽지 않다.

차라리 친구에게 책을 선물하거나 점심을 사는 것이 낫다. 비용은 오히려 적게 들지만 친구는 훨씬 고마워할 것이다. 당신이 연인에게 깜짝 선물을 할 때 10파운드짜리 지폐를 주지 않는 것처럼 말이다.

미국의 행동경제학자 댄 애리얼리 교수는 친구에게 부탁할 일이 있을 때는 친구 직업과 관련된 부탁은 삼가야 한다고 경고했다.[8] 예를 들어 배수관이 고장났을 때 배관공인 친구에게 부탁하는 것이 합리적일지도 모른다. 문제는 당신은 친구 호의에 기대 배수관을 무료로 고쳐 달라고 부탁하겠지만 친구는 그 일로 얼마를 받을 수 있는지 정확하게 알고 있다는 것이다. 그래서 당신 때문에 손해를 보는 듯한 느낌을 받는다.

두 가지 예에서 모두 인간관계가 금전 거래 관계로 바뀌면서 친구를 돕는다는 만족감은 사라진다. 업무 관계라면 금전 거래도 무방하다. 당신은 돈을 내고 서비스를 받는다. 그리고 당신과 전문적으로 서비스를 제공하는 상대방과 관계를 지속하지는 않는다.[9] 하지만 친구는 다르다. 우리는 친구와 관계를 지속하기를 원한다. 때로는 친구를 도와주고 도움을 받지만 호의를 주고 받는 관계에서 누가 도움을 더 주었는지 아니면 받았는지 계산하지 않는다. 우정이란 자연스레 서로 돕는 관계이기 때문이다. 우정 안에서 돈으로 무엇을 정하려는 순간, 즉 사용대차의 개념이 들어오는 순간에 관계가 잘못되었다고 느낀다.

캐머런 교수와 피어스 교수의 의견에 반대하는 비평가들 이야기로 돌아가 보자. 학계에서 의견 다툼은 자연스럽다. 그렇게 학문이 발전한다. 이 보상에 관한 연구 과정에 참여한 사람 모두 강경한 태도를 취했다. 우리 삶에 돈이 매우 중심 역할을 하기 때문에, 사람 행동이 돈과 관련해서 어떻게 달라지는가는 학자들에게 정말 중요하다. 그래서 돈이 가지는 동기부여의 힘이 어떠한지 한 단면을 알아냈다고 생각하는 학자들은 자신의 연구가 틀렸을지도 모른다는 상대방 비판을 순순히 받아들일 수 없다.

큰돈이 주는 큰 압박감

돈이 항상 동기를 부여해주는 것은 아니다. 사실 어떤 경우에는 적극적으로 의욕을 꺾어놓는다. 그런데 과제 수행에 대한 대가로 받는 돈이 그저 몇 파운드, 몇 달러가 아니라 누군가에게 일생일대 금액이라면 어떨까? 내재적 동기를 잃는다는 이야기에 신경 쓰지 말고, 시장 가격이 어떤지도 걱정하지 말고, 상호 관계란 원래 어떤 법이다 하는 이야기도 다 접어 두고, **보상금이 그야말로 엄청나다면 사람은 훨씬 더 노력해서 더 좋은 결과를 낼까?**

이 문제를 대학에 근무하는 평범한 심리학자가 연구하기란 쉽지 않다. 연구 지원금으로 소액을 지급하는 실험은 충분히 진행할 수 있지만, 연구 지원금이 거액의 상여금이나 복권 당첨금 정도로 많지 않다. 그래서 2002년 댄 애리얼리 교수는 인도 남부 타밀나두주의 시골 마을에서 연구를 시작했다.[10)]

마을 사람들에게 해야 할 게임을 정해주었다. 이는 기억력과 사고력, 창의성, 신체 능력 등 다양한 기량을 확인하기 위해서였다. 마을 사람들에게 사이먼이라는 게임기를 나눠주었다. 그렇게 불리는 이유는 이 게임기로 사이먼 세즈Simon says: 게임 진행자가 '사이먼 세즈'라는 말을 붙인 행동만 따라 하는 게임라는 게임을 하기 때문이다. 이 게임기는 비행접시 같은 모양에, 크기는 자동차 핸들만 하다. 윗면은 빨강, 노랑, 파랑, 녹색의 플라스틱 단추로 나누어져 있다. 이 단추에 무작위로 불이 들어오고, 색깔마다 서로 다른 높이의 소리가 난다. 참여자들에게 주어진 과제는 불이 들어온 색깔을 외운 후 단추를 외운 순서대로 누르는 것이었다. 쉬워 보이지만 사실 외워야 할 순서가 길어질수록 정확히 외우는 것은 어렵다. 이 게임으로 기억력과 함께 인내심도 시험했다.

또 다른 게임은 참여자들에게 볼베어링ball-bearing을 나눠주고 이를 뒤집지 않고 볼을 이리저리 굴려 아래 구멍 사이로 빠져 나오게 하는 것이었다.

게임마다 일정 수준에 도달한 사람에게는 다양한 금액의 상금을 지급했다. 어떤 상금은 소액이었지만, 다른 상금은 일생에 한 번뿐인 행운이라고 할 정도로 거액이었다. 가장 많은 상금은 인도 시골 마을에 사는 평범한 사람이 6개월 동안 생활할 수 있는 금액이었다.

이 연구에 참여한 사람은 가난했다. 총 참여자 중 텔레비전을 가진 사람이 절반이었고, 자전거를 가진 사람도 절반 정도였다. 차를 가진 사람은 아무도 없었다. 게임을 잘 해냈을 때 받게 될 상금이 거액이라는 것은 분명하다. 그래서 **참여자들이 상금을 타기 위해 게임을 열심히 했을까?**

그 결과 참여자들이 심한 압박을 느낀 것으로 드러났다. 특히 큰 상금이 걸린 게임을 했던 사람들이 말이다. 상금이 낮은 경우와 보통인 경우에는 모든 게임에서 참여자들이 얻은 점수 간에 큰 차이가 없었는데, 거액의 상금이 걸린 게임에서는 게임 종류를 막론하고 점수가 형편없었다. 스포츠 용어로 표현하자면 모두 초킹choking: 숨막힘이란 뜻. 스포츠 경기에서 지나친 긴장으로 선수가 제 기량을 발휘하지 못하는 상태에 빠진 것이다.

잉글랜드 축구팬이라면 초킹이 어떤 것인지 잘 알고 있을 것이다. 수십억 연봉을 자랑하는 잉글랜드 팀 최고의 선수들은 연습 중에는 페널티킥을 넣는데 아무 문제가 없다. 그런데 유럽축구선수권대회나 월드컵 결승전에 나가서 경기의 모든 것이 달린 페널티킥을 찰 때 자주 축구공을 골대 위로 풍선처럼 날려버리거나 골키퍼의 품속에 안착시킨다. 심지어 페널티킥을 차러 뛰어가다가 넘어지기도 한다. 선수는 자신이 무엇을 해야 하는지 정확히 알고 있지만 경기 당일에는 압박감 때문에 기량을 발휘하지 못한다.

노르웨이 스포츠과학대학Norwegian School of Sports Sciences의 게이르 요르데Geir Jordet교수는 초킹 현상을 심층적으로 연구했고, 수백 건에 달하는 승부차기 장면을 분석했다. 성공을 결정짓는 가장 큰 요소는 팀의 이전 승부차기 결과였다. 전 승부차기에서 이겼을 경우 골을 넣을 확률은 85퍼센트였고, 졌을 경우에는 성공 확률이 65퍼센트에 불과했다.[11] 경기 간에 팀의 전력에는 거의 차이가 없었고, 분석 결과를 보면 승부차기의 성패는 이전 게임에서 진 기억이 선수에게 얼마나 영향을 미치는가에 달려 있었다.

심리학자들은 선수들이 승부차기를 결정짓는 요인을 행운과 골키퍼의 움직임, 이 두 가지로 한정 지어 생각하는 것을 발견했다. 그래서 선수들은 승부차기 결과를 통제할 수 없다고 믿는다. 이런 생각을 극복하기 위해서 심리학자는 공을 차기 전에 미리 골키퍼에게 어디로 찰지 알려주라고 조언한다. 공의 진행 방향을 미리 귀띔 받은 골키퍼가 공격을 다 막아낼 것 같아도 공이 골대로 들어가는 것을 확인할 수 있다. 선수가 통제할 수 있는 부분은 분명히 있다. 이 사실을 떠올리는 것만으로도 실제 경기에서 도움받을 수 있다. 이처럼 압박감 때문에 축구 경기에서 공은 골대 너머로 날아가고, 타밀나두주의 시골 마을 사람들은 단순한 게임을 망쳐버렸다.

초킹 현상이 일어나는 이유에 대해서는 다양한 이론이 있다. 가장 확실한 이론을 보면 큰 압박감을 받거나 큰돈이 걸린 상황에서는 단순하게 생각하는 사고에서 신중하게 생각하는 사고로 전환된다고 한다. 즉, 주어진 과제에 대해 지나치게 생각을 많이 해서 단순한 일도 어렵게 만들고, 할 수 있는 일도 할 수 없게 된다.

이것은 마치 수년 간 운전한 사람도 운전을 배우는 사람에게 클러치와 기어가 어떻게 작동하는지 보여주려 애쓰다가 도로에서 가다 서다를 반복하는 경우와 비슷하다. 생각을 너무 많이 해서 더는 운전을 못하는 것이다.

비슷한 현상은 다른 실험에서도 나타났다. 이번 실험에서 참여자들은 롤업Roll-up이라는 게임을 했다. 롤업 게임은 소형 장치를 이용하는데, 금속 막대기 두 개 사이에 트랙이 있고 이를 따라 공을 굴려 특정 구멍으로 들어가게 하는 방식이다. 그런데 참여자들이 게임 결과에 따라 돈을 받자 점수가 나빠졌다.[12] 금전 보상에 대한 기대로 너무 애쓴 탓이다.

압박감이 높아지는 다른 이유는 다른 사람이 지켜보는 것을 알기 때문이다. 롤업 게임에서 참여자들은 경쟁자들이 지켜보고 있을 때 초킹 현상이 현저히 나타났다.

이것은 축구의 승부차기나 다른 운동 경기에서도 마찬가지이다. 테니스 경기 관전을 좋아한다면 윔블던 테니스 대회에서 일어난 초킹 현상을 본 적이 있을 것이다. 연습용 경기장에서 세계 최고 선수들은 마치 로봇처럼 일관성 있게 연이어 서브를 성공시킨다. 하지만 관중 1만 5,000명이 지켜보는 중앙 경기장에서 매치포인트 경기에서 승부를 결정하는 마지막 한 점를 따야 할 에이스 선수가 너무나 어이없게 더블 폴트테니스에서 주어진 서브를 두 번 연속 실패하여 점수를 잃는 것를 저질러 경기에 지고 만다. 우승해야 한다는 혹은 질 것 같다는 생각, 상금에 대한 생각, 관중의 기대가 모여 압박감에 짓눌린 것이다. 그런데 **큰 상금이 걸려 있을 때 선수는 왜 기대만큼 성과를 내지 못하는 것일까?**

케임브리지대학교에서 진행한 실험에서 참여자들은 미로 속에서 회색 점으로 된 인공 먹이를 쫓는 컴퓨터 게임을 했다. 한 그룹은 먹이를 잡을 때마다 50페니를 받았고, 다른 그룹은 5파운드를 받았다. 이 실험에서도 큰 상금을 받은 그룹 점수가 낮게 나왔다. 실험 전에 상금을 얼마큼 얻기를 원하는지 설문조사를 했더니 참여자 중 가장 돈을 원한 사람의 점수가 제일 낮았다.[13] 이 실험은 특이하게 실험 참여자들이 뇌주사 장치 안에 누워서 게임을 했다. 뇌를 촬영한 결과 거액의 상금을 기대할 때 중뇌의 복피개부ventral tegmental area가 활성화했다. 이곳은 보상 체계와 관련된 뇌 부위이다.

사람은 보상을 약속받으면, 뇌 속의 보상 경로가 자극을 받는다. 그러면 활성화한 뇌의 한 영역이 다른 영역을 압도한다. 압도된 뇌의 영역은 작업 기억을 담당하는 곳으로, 이 영역은 의식적으로 정보를 보유하는 일, 인지과정을 계획하고 순서 지어 수행하는 일을 한다. 마음속의 포스트잇과 같은 역할을 하는 것이다. 예를 다시 들면 인도 마을 사람들은 거액을 받을지도 모른다는 생각으로 가득 차 사이면 게임을 할 때 긴 순서를 외울 공간이 뇌에 남아 있지 않은 것이다.

하지만 큰 상금이나 챔피언 타이틀이 걸린 중요한 상황에서도 모든 사람이 초킹을 경험하는 것은 아니다.

2014년 캘리포니아 버클리대학교에서 에스터 아츠Esther Aarts 박사가 진행한 연구에서 참여자들이 수행한 과제 결과를 보자. 이 실험에서는 컴퓨터 과제를 성공적으로 수행하면 큰 상금을 받을 수 있었다. 일부 참여자는 위에서 살펴본 대로 초킹 현상에 빠졌지만, 냉정을 유지하고 과제에 성공하여 상금을 탄 참여자도 있었다. 결과 차이는 전부 신경전달물질인 도파민에서 비롯한다.[14]

아츠 박사의 연구팀은 양전자단층촬영기PET로 각 참여자의 기초 도파민 수준을 측정했다. 기초 도파민 수준이 높은 사람이 돈을 약속받으면 줄무늬체라 불리는 뇌 영역에서 약을 과다 복용한 것 같은 현상이 일어났다. 결과적으로 이런 현상이 일어나면 과제에 집중하는 능력이 떨어진다.

과제 자체는 상대적으로 단순했다. 컴퓨터 화면에는 왼쪽 또는 오른쪽이라고 쓰인 사각형이 나타났다. 실험 참여자들이 한 일은 화면에 나타난 단어대로 단추를 가능한 빨리 누르는 것뿐이었다. 과제를 좀 더 어렵게 만들기 위해 때로는 사각형과 화살표가 같이 나오기도 했다. 때로 화살표는 왼쪽 또는 오른쪽이라고 쓰인 사각형 문구와 반대 방향을 가리켰다. 화살표 방향을 무시하거나 신경 쓰면서 빠른 속도로 단추를 누르는 일을 쉽지 않았기에 고도의 집중력이 필요했다. 그런데 도파민이 많이 분비된 참여자는 주어진 과제를 수행할 집중력을 갖지 못했다. 이를 통해 압박을 느끼는 상황에서도 냉정을 지키는 사람과 초킹에 빠진 사람의 뇌 속에 어떤 차이가 있는지 알 수 있다.

돈은 다양한 이유로 의욕을 고취시키지만 성공 확률까지 높이는 것은 아니다. 지금부터 돈이 완전히 역효과를 가져오는 상황을 알아보자.

돈이 불러온 이기주의

스위스는 투표를 많이 하는 나라로 유명하다. 1993년 중부 스위스 사람들은 방사성 폐기물 처리장 유치와 관련한 규칙에 대해 투표했다. 투표하기 일주일 전, 연구팀은 돈이 사람의 의견에 영향을 주는지 확인하기 위해 설문조사를 했다.

우선 사는 지역에 방사성 폐기물을 단기간 보관하는 저장소 건설에 찬성할 것인지 질문했다. 조사에 응답한 시민의 34퍼센트는 이로 인해 지역 사람들이 죽음에 이르지 않을까 두렵다고 답했다. 하지만 절반 정도는 찬성한다고 답했다. 다음 질문에는 돈을 개입시켰다. **정부가 2,000~6,000 달러 사이의 보상금을 매년 지급하면 거주 지역의 방사성 폐**

기물 처리장 건설을 좀 더 기꺼이 받아들일까? 돈은 확실히 사람들 생각에 변화를 가져왔지만 예상과 다르게 나타났다. 이번에는 응답자의 25퍼센트만 폐기장 건설에 찬성했다.[15] 돈이 현저히 반작용을 가져온 것이다.

보상 수준이 충분하지 않아서일까? 앞서 본 것처럼 보상을 제시할 때는 금액이 충분히 많아야 한다. 하지만 더 높은 금액을 제시했을 때 단 한 명만 마음을 바꿨을 뿐이었다.

사람들은 왜 생각을 바꾸었을까? 정부가 돈을 지급하는 것이 폐기물이 위험하거나 무언가를 감춘다고 생각해서 일까? 연구팀이 그렇게 질문하자 아니라고 답했다. 그럼 도대체 무슨 이유일까? 연구팀은 돈을 지급하겠다는 제안이 사람들에게서 시민의 의무감을 '밀어냈다'고 결론을 내렸다.

돈이 개입하지 않았을 때 시민들은 처리장 유치를 받아들이려 했다. 시민들은 폐기물 처리장 건설이 모두에게 중요한 일이라는 것을 알고 있었다. 하지만 돈이 개입하자 시민들은 넓은 지역 사회 이익보다는 좁은 자기 이익만을 고려했다. 개인 이익을 단체 이익보다 우선시하게 된 것이다. 이처럼 상호 관계를 어떤 틀에서 바라보는지는 상당히 중요하다.

보수를 받은 이스라엘 학생들이 상대적으로 기부금을 적게 모은 것도 밀어내기 효과crowding out effect로 설명할 수 있다. 돈이 개입하면서 이타주의가 사라진 것이다. 학생들은 타인에게 도움을 주기 위해 모금하는 일이 아니라 돈을 벌기 위해 하는 일이 되자 노력을 적게 기울였다.

벌금에 대해 생각해보자. 사람은 때로 높은 의식을 가진 시민이 아니기에 누군가 제재해야 한다. 벌금은 '무임승차사리만을 추구하고자 하는 개인이 공공재 비용을 지급하지 않고 그 편익만을 가지려는 행동'를 막아준다. 모든 사람이 도로에 쓰레기를 던지거나 시가지에서 시속 80킬로미터로 달리면 벌금을 내야 한다. 대체로 사회의 벌금 시스템은 잘 유지된다. 하지만 계산적인 사람은 벌금을 악용하기도 한다.

런던의 한 가게 주인은 주차 위반 벌금을 즐겁게 납부한다. 매일 벌금을 내는 것도 아니며 때때로 주차 위반 벌금을 내는 것이 근처 지하 주차장에 주차 요금을 내는 것보다 더 싸다. 게다가 그 지하 주차장은 가게에서 멀리 떨어져 있다. 이 가게 주인은 주차 위반 벌금을 서비스를 이용하는 요금이라고 생각하며 즐겁게 낸다. 차의 앞 유리창에 끼워진 주차 위반 딱지를 보아도 짜증나지 않는다. 주차 위반 딱지는 그저 평범한 청구서일 뿐이다.

가게 주인은 자신의 차가 위험을 일으키거나 다른 차를 방해하는 것은 아니라고 확신한다. 안타깝게도 이기적으로 행동하는 사람은 이 가게 주인 뿐만은 아니다. 사람들이 주차 위반 딱지나 속도 위반 딱지가 정당하지 못하다고 얼마나 자주 불평하는지 생각해보라.

이스라엘 하이파의 어린이집에서도 같은 일이 일어났다. 행동경제학 분야에서는 이미 잘 알려진 예이다. 하이파에서 어린이집은 보통 오전 7시 30분부터 오후 4시까지 운영한다. 어린이집이 문을 닫는 시간은 통상적인 퇴근 시간보다 이르다. 그래서 어떤 날에는 아이 부모가 아무리 애써도 직장에서 나오지 못해 제 시간에 아이를 데리러 올 수 없다.

그렇다면 **어린이집은 이 문제를 어떻게 대처했을까?** 그렇다고 아이들을 거리로 내몰 수는 없었다. 그래서 교사들이 순번을 정해 각자 돌아가면서 마지막까지 남은 아이 부모가 올 때까지 기다렸다. 시간 외 근무를 좋아하는 사람은 아무도 없지만 교사들은 어쩔 수 없는 일로 받아들였다.

제 시간에 아이를 데려가지 않을 때 벌금을 물리면 어떨까? 1998년 두 명의 경제학자 유리 그니지 교수와 알도 러스티치니Aldo Rustichini 교수가 실험을 시작했다. 하이파의 어린이집 여섯 곳을 지정, 게시판에 안내문을 붙여 부모에게 다음 주부터 하원 시간에 10분 이상 늦을 경우 3달러에 해당하는 10셰켈이스라엘 통화을 벌금으로 내야 한다고 공지했다.

당시 물가 기준으로 벌금 금액은 시간당 베이비시터를 고용하는 것보다 훨씬 저렴했지만 부모들은 지금까지 무료로 누린 일에 대한 비용을 지급해야 했다. 벌금은 12주 동안 부과했고, 각 가정의 주간 어린이집 이용료에 포함하여 청구했다. 연구 목적으로 어린이집 여섯 곳에서 부모가 아이를 데리러 온 시간을 기록했다. 비교하기 위해 벌금을 부과하지 않는 어린이집 네 곳에서도 시간을 기록했다.

그 결과 벌금을 부과하는 어린이집에서 아이를 늦게 데리러 오는 부모가 차츰 늘어났다. 몇 주가 지나자 시간 외 근무 중인 교사는 이전보다 두 배나 많은 아이를 돌보아야 했다. 일부 어린이집에서는 일주일 동안 모든 부모가 한 번씩 늦게 아이를 데리러 왔고 일부 부모는 거의 매일 늦게 데리러 왔다.[16]

돈이 미친 영향은 분명하다. 부모의 시각을 왜곡시킨 것이다. 이는 의도한 바와 정확히 반대하는 방향이었다. 벌금을 부과하기 전에 부모는 4시 이후에 교사를 기다리게 하면 미안한 마음이 들었다. 그래서 교사가 호의로 기다려주는 시간에 함부로 늦고 싶지 않았다. 하지만 벌금이 개입하자 상황은 달라졌다. 유료 서비스로 전환되자 필요하면 이용할 수 있는 일이 된 것이다. 즉, 벌금만 내면 늦어도 괜찮다고 생각했다.

벌금은 12주 후에 사라졌지만 벌금의 영향력이 얼마나 큰지 알 수 있는 좋은 예이다. 부모는 여전히 제시간에 오지 않았다. 벌금이 사라졌어도 부모는 어린이집이 늦게까지 아이를 돌보는 일을 서로 맺은 계약의 일부라고 인식했다. 결론적으로 돈의 개입으로 인한 자발적 시스템의 왜곡을 막으려면 신중한 정책이 필요하다.

MIND OVER MONEY

CHAPTER 08

돈이 많은 사람에게
돈이 동기부여가 될까

친구들 앞에서 지갑을 비우지 말라
실패의 상징이 된 거액의 상여금
막대한 상여금이 어떤 역효과를 낳을까

우리는 거액이 가난한 사람의 의욕을 고취시키는 것을 보았다. 그런데 **이미 충분히 돈을 가진 사람에게 돈은 어떻게 동기를 부여할까?**

런던 세인트폴 대성당의 신부였던 자일스 프레이저Giles Fraser는 런던 금융인들에 관한 흥미로운 일화를 전했다. 프레이저는 금융계에서 일하는 듯한 젊은이들이 퇴근 후 펍에 모여 게임하는 것을 보았다. 게임에 참여한 한 사람이 '전부 다 보여줘.'라고 외치면 게임 중인 모든 사람은 그 순간 자기 지갑에 정확히 현금이 얼마 있는지 공개해야 한다. 그리고 가장 많이 가진 사람이 자기 돈을 다른 사람에게 나눠주어야 한다.[1]

이 게임으로 우리는 금융인이 돈을 어떻게 대하는지 알 수 있다. 먼저 이 금융인들은 돈다발을 잃는 것을 그냥 웃고 떠드는 게임으로 즐길 정도로 돈이 많다. 금융인보다 돈을 훨씬 적게 버는 우리 같은 사람은 지갑을 비워 친구에게 나눠주어야 한다는 이야기를 들으면 아마 움츠러들 것이다. 이 게임에는 자기 과시가 들어 있다. 노골적으로 말하자면 의도적으로 지폐를 팔랑거리는 것이다. "봐! 우리는 돈을 이만큼이나 가졌다고!"라고 말이다. 하지만 이 게임에는 또 다른 요소가 있는데, 이는 런던 금융가에 만연한 높은 연봉 문화 중심에 서 있다. 게임에 참여한 젊은 금융인들은 돈을 잃어도 괜찮을 정도로 여유를 가지고 있지만 실제로 돈을 잃는 것을 원치 않는다. 자신이 얼마나 돈을 많이 가지고 있건 간에 게임에 참여한 사람 중 다른 누군가는 반드시 자신보다 돈을 많이 가지고 있을 것이라고 마음속으로 계산한다.

이미 돈이 많지만 여전히 돈을 더 많이 원하는 중요한 이유가 여기에 있다. 다른 누군가가 자신보다 돈을 더 많이 가지고 있지 않은지 미심쩍어한다. 금융계의 특별한 문화 속에서 가진 돈이 자신의 상대적 지위를 나타내고, 오직 연봉과 상여금만이 사람을 평가하는 참고 자료이다. 한때 금융계에서 일한 내 친구는 아는 사람이 자신과 같은 일을 하면서 연봉 40만 파운드를 받는 것을 알게 되면 내 연봉이 30만 파운드인 것은 중요하지 않으며, 과소평가되는 기분을 느낀다고 했다. 이런 문화 속에서 돈은 이상하고 바람직하지 않는 방식으로 작용한다.

상여금 지급 효과에 대해 알아보자. 실적이 뛰어난 직원에게 주는 금융계만의 급여 지급 방식으로, 업계 용어로는 '보상패키지'라고 부른다.

런던 금융가의 상여금 시스템은 이해하기 힘들다. 직원들은 상여금을 언제 받는지 모른다. 그저 자신이 얼마나 받게 될 것인지 알려줄 상사의 전화를 초조하게 기다린다. 보통 사람 기준에서 금융계의 상여금은 상당하다. 하지만 그렇다고 해서 모든 금융인이 상여금을 받은 날에 샴페인을 터트리지 않는다.

거의 20년 전 크리스마스를 며칠 앞둔 날이었다. 내 친구가 대형 투자

은행에서 일하는 남자친구를 만나러 갔다. 남자친구는 상사와 상여금에 대한 이야기를 나누고 돌아온 참이었다. 남자친구는 내 친구를 보자마자 눈물을 터뜨렸는데, 그해 결정된 자신의 상여금이 1만 8,000파운드밖에 안 되기 때문이었다.

그 금액은 내 친구가 일 년 내내 온종일 일해서 버는 돈보다 많았다. 남자친구가 속상한 것은 돈 그 자체가 아니었다. 금융계에서 1만 8,000 파운드의 상여금은 '실패'를 상징하기 때문이었다. 남자친구는 다른 동료가 자신의 두 배, 세 배, 네 배를 받은 것으로 짐작했다. 상여금으로 '상사의 인정'을 매겼다.

상여금에 대한 윤리성 문제는 차치하고 상여금이 주는 효과는 무엇일까? 쥐꼬리만한 상여금 1만 8,000파운드를 받은 데 반해 동료들은 A급의 상여금을 받아야 마땅했을까? 상여금을 받은 대가로 내년에는 더 열심히 일할까?

당신은 내가 이 질문의 답이 될 만한 연구를 보여줄 것이라고 생각하겠지만 금융계의 상여금 문제를 다룬 연구를 하나도 찾을 수 없었다. 하지만 다른 연구를 이용해서 상여금의 유효성에 대해 추측할 수 있다. 앞서 소개한 연구 결과를 금융계에 적용해서 상여금의 유효성에 대한 잠정적 결론을 도출할 수 있는지 살펴보자.

먼저 금융계에서 하는 일 대부분, 특히 상당한 상여금을 받는 사람들이 하는 일은 철봉 매달리기나 과일 따기와 전혀 공통점이 없다. 금융인이 근무하는 시간은 정말 길지만 그렇게 오래 일하는 것이 높은 수익률로 이어지는 지는 분명치 않다.

금융계에도 다양한 직군이 있다. 일부 직군은 영업과 비슷해서 판매 실적에 따라 급여가 정해지거나 수수료를 받는다. 이 방식은 합당하다.

이는 개인이 들인 노력 정도를 측정할 수 있기 때문이다. 하지만 다른 여러 직군에서는 팀 체제로 함께 일하기 때문에 성공과 실패에 있어 개인의 기여 정도를 구분하기도, 수치화하기도 어렵다. 게다가 성공이나 실패에는 여러 원인이 복잡하게 얽히고설켜 있다. 이런 상황에는 기본급을 설정하면 충분하다.

한 회사가 어느 해에 실적이 아주 좋아서 모든 직원에게 기본급에 비례하여 상여금을 지급했다. 이는 사원주주회사 존 루이스 영국의 유명 백화점에서 시행하는 방식으로 유명하다. 이 회사는 최고경영자부터 계산대의 직원에게 모두가 각자 방식으로 사업의 성공에 기여했음을 인정하는 상여금 제도로 투명하고 공정하게 상여금을 나눈다. 그러나 실적이 나쁜 해에는 아무도 상여금을 받지 못한다.

금융계에서 설명하기 힘든 관행 중 하나는 은행이 상당한 적자를 봤을 때도 높은 연봉을 받는 직원들은 여전히 막대한 상여금까지 받는 일이다. 브리스틀대학교의 연구팀은 이런 관행은 은행뿐 아니라 다른 금융회사에서도 나타난다고 한다. 주식 수익률이 유난히 높은 해에는 상여금과 급여가 상승한다. 하지만 낮은 해에도 상여금과 급여는 떨어지지 않는다.[2]

이런 관행에 대중은 분노한다. 그리고 앞서 금전 인센티브가 어떻게 작용하는지 보았듯이 거액의 상여금 지급은 합당하지 않다. 스키너 교수와 행동주의자도 보상은 나쁜 행동이 아니라 좋은 행동을 강화하기 위해 쓰이는 수단이어야 한다고 했다.

잘못된 금융계의 관행을 바로잡기 위해 제안하는 해결책은 대형 은행의 최고경영자들에게 지급하는 보상을 현금이 아닌 주식으로 대체하는 것이다. 하지만 이 제안에는 문제점이 있다. 여러 연구 결과에서 밝혀진 것처럼 우리는 미래에 생길 돈을 현재 가진 돈만큼 높게 평가하지 않는다. 그래서 상여금으로 현금 대신 주식을 받으면 수령자는 이를 손실로 느낄 수 있다.[3] 하지만 일단 최고경영자가 주식을 가지면 소유 효과로 주식 가치를 떨어뜨리지 않으려 최선을 다할 것이다.

앞서 우리는 해야 할 과제 자체가 본질적으로 지겹거나 반복하는 일일 때 금전 보상이 특히 효과적이며, 보상 없이는 사람에게 일을 시키기가 어렵다는 것을 살펴보았다. **이를 금융계의 상여금에도 적용할 수 있을까?**

금융계는 전 세계에서 똑똑한 대학 졸업생들이 몰리는 곳이다. 단순히 높은 급여 때문에 이 직업을 선택하지 않는다. 이들은 복잡한 금융 상품을 설계하는 일에서 매력을 느낀다. 이 업무에는 상당히 지적인 자극이 있다. 그리고 이런 지적인 자극을 좋아하는 사람들이 있다.

주식 분야에서는 거래가 성사될 때 느끼는 전율이 매력이다. 출판계에서 일하는 내 친구는 가장 기분이 좋은 순간은 '거래를 성사'시킬 때라고 했다. 새로운 거래를 맺을 때마다 많은 돈이 따라오기도 하지만 그보다 직업에서 중요하게 여기는 부분은 큰 거래를 추진해서 성사시킬 때의 흥분감이었다. 이와 비슷한 이유로 금융인들이 직업을 선택하고 일한다.

금융계에 종사하는 사람에게 추가로 상여금을 지급하는 일은 잘못되었다. 여러 학자의 연구에서 살펴본 것처럼 일에 재미를 느끼는 금융인에게 격려하는 차원에서 돈을 지급하면 내재적 동기가 약화될 것이다. 이보다 더 나쁜 점은 업무 자체에는 아무런 흥미도 없으면서 오직 돈 때문에 사람들이 금융계로 몰리는 것이다. 즉, 사람들에게 비본질적 동기가 부여된다.[4] 돈이 전부인 사람은 상여금이 없어지거나 줄어들면 손해

본다는 생각에 열심히 일하고 싶지 않다. 애초부터 상여금이 없었으면 모를까.

이것이 바로 상여금 문화를 옹호하는 사람이 펼치는 주장이다. 참으로 이기적인 합리화이다. 금융계는 처음부터 급여에 상여금 같은 것은 포함하지 말았어야 했다.

금융계의 상여금 문화는 이제 너무나 확실하게 자리 잡아 거액의 상여금조차 동기부여가 되지 않는다. 부모가 아이의 그림에 과도하게 칭찬하면 칭찬의 효과가 줄어들거나 역효과가 난다. 금융인도 지속적으로 상여금을 받고, '지금까지 중 최고'의 상여금만을 계속 기대한다면 상여금은 좋은 성과를 가져오는 동기의 역할을 전혀 할 수 없다.

상여금을 개인 급여에 포함하여, 뛰어난 성과를 달성했을 때 깜짝 선물로 주는 것이 낫다. 하지만 이 경우에도 과신 편향over-confidence bias 의 문제가 생길 수 있다. 사람은 대부분 자신이 평균 이상의 운전자라고 생각하지만 통계적으로는 그렇지 않다. 이와 마찬가지로 직원은 프로젝트 성공에 자신이 기여한 부분을 과대평가하는 경향이 있다.[5] 금융인도 자신은 좋은 성과를 낼 것으로 생각하고 성과기반 급여 체계에 끌린다. 그래서 다른 사람이 자신의 기여도를 상대적으로 낮게 평가해서 상여금이 기대 수준에 못 미치면 실망감을 감출 수 없다. 캘리포니아대학교의 이언 라킨Ian Larkin교수의 논문을 보면 사람은 회사 동료와 상여금을 비교하고, 심할 경우 서로 일을 방해하기도 한다. 상여금이 협동심을 높이는 일은 거의 없다.

상여금을 고정적으로 지급하는 체계는 상여금 가치를 앗아간다. 정말 '잘했을 때'만 상여금을 지급해야 한다. 하지만 지금 금융계에서 상여금은 '보상'의 일부가 되었다. 스위스에서 방사성 폐기물 처리장을 짓는 대신 시민들에게 보상을 해주려 한 것처럼 이 단어가 주는 메시지는 참 끔찍하다.

"너는 이 형편없는 업계에서 일하고 있지. 우리도 알아. 그러니까 여기 산더미 같은 돈으로 보상해주는 거야."

여기서 우리는 거액의 상여금에 대해 의문이 생긴다. 소액이 사람들에게 동기를 부여하지 못하지만 거액일 경우에는 때로 동기부여가 된다. 그렇다면 정말 다른 인생을 만들 정도로 크다면 그 효과가 어떠한지 살펴보아야 할 것이다.

상여금 1만 8,000파운드를 받고 내 친구의 남자친구는 비참한 기분을 느꼈지만 높은 상금을 걸고 사이먼 게임을 한 타밀나두주의 마을 사람에게는 인생을 바꿀 수 있는 금액이었을 것이다. 하지만 내 친구의 남자친구에게는 받는 급여에 약간의 금액을 더한 정도거나 필요도 없는 휴가를 갈 수 있는 금액이었을 것이다.

금융인에게 상여금은 종종 이 정도의 의미일 뿐이다. 그리고 업무는 대체로 월드컵 결승전의 승부차기와는 다르기 때문에 초킹 현상이 문제되지 않는다. 하지만 몇 년간 금융계에서는 몇 조의 적자가 났고, 금융기관들이 파산하여 전체 시스템이 흔들리는 모습을 보았다. 이런 형편없는 성과를 보면 거액의 상여금으로 일부 금융인에게 도파민이 과다 분비된 것은 아닐까 하는 의문이 든다.

마지막으로 **밀어내기**crowding out **효과는 어떨까? 금융계가 너무 돈 위주로 돌아가서 금융인들이 자신이 하는 일을 왜 하는지 잊어버린 것일까?** 어느 정도는 맞는 말이다. 금융 서비스를 제공하는 일이 헌혈과 같아야 한다는 뜻이 아니다. 또 은행 시스템을 영국왕립인명구조협회Royal National Lifeboat Institution나 산악 구조대처럼 자원 봉사자들이 운영해야 한다는 이야기도 아니다. 금융인이 급여를 받지 않는다면 금융이라는 산업이 존재하지 않을 것이다. 하지만 요즘 금융계는 돈으로 돈 벌기에만 너무 집착해서 금융의 본래 역할을 망각했다.

금융계에 대한 유명한 비판이 있다. 2009년 어데어 터너Adair Turner 전 영국금융감독청Financial Services Authority 청장은 금융계의 업무 중 많은 부분이 '사회적으로 쓸모없다'고 했다.[6]

2008년 금융 위기 이래로 금융계는 엄청난 생색을 내면서 금융 개혁을 이루고 있다. 만일 금융 개혁의 결과로 은행 및 금융계가 사회적으로 가치 있는 유용한 서비스를 경제에 제공하면 금융인에 대한 대중의 평판도 좋아질 것이다.

MIND OVER MONEY

CHAPTER 09

가지면 가질수록
더 갖고 싶은 돈

돈을 많이 가진 사람이 돈을 더 많이 원하는 이유
돈은 언제나 충분하지 않다
돈이 많으면 더 행복할까

프랑스 프로방스 지역 생트로페 근처에는 라가르드프레네La Garde
Freinet 마을이 있다. 이 마을에는 높은 담으로 둘러싸인 웅장한 집이 하
나 있다.

집주인 마이크는 70대이지만 록스타처럼 옷을 입는다. 마이크는 항상
집에 초대한 손님에게 후하게 대접하고, 생트로페의 클럽에 가면 친구
들에게 아낌없이 샴페인을 산다. 마이크에게 돈은 즐기라고 있는 것이
다. 그래서 구두쇠인 부자를 보면 한탄을 금치 못한다.

"돈은 나에게 정말 중요합니다. 사람들은 내가 돈 이야기만 한다고
하죠."

돈은 마이크 인생의 동반자였다. 마이크가 독립해서 세상에 기댈 사
람은 자기 자신뿐이라는 것을 깨달은 이래로 말이다.

1950년 마이크가 영국 체셔에서 학교를 졸업했을 때, 부모는 마이크
가 안정된 직업을 갖기를 원했다. 하지만 마이크는 1951년 겨울에 소화

기 판매를 시작했다. 이 농장 저 농장에서 영업하면서 농부를 설득하는 방법을 배웠다. 성공한 사업가가 되는 중이었다.

마이크가 맨체스터에 머물던 밤, 소화기를 팔아 번 돈으로 카지노에 갔다. 그곳에서 우연히 컨버터블 모리스 마이너영국 자동차 회사 모리스에서 1948년에 제작한 차를 상품으로 타게 되었다. 다음 날 당시 19세였던 마이크는 자동차에 옷가지를 싣고 길을 떠났다. 그리고 다시는 부모를 만나지 못했다.

런던에 도착해서 마이크는 영업을 시작했다. 이번에는 초기의 자동 응답기를 판매했다. 판매는 호조였지만 명성을 얻고 싶은 마음에 연기 학교에 등록했다. 후에 레퍼토리한 연극단이 몇 개의 연극을 교대로 공연하는 방식 연극단에 입단 제의를 받았지만 그때 마이크는 이미 돈에 관심이 많아진 때였다.

이후로 마이크는 돈 버는 일에 매진했고 충분히 많은 돈을 모았다. 마이크는 확실히 성공했다. 은퇴할 나이가 지났고 매우 편안한 여생을 사는 데 무리가 전혀 없을 정도로 돈을 가졌다. 하지만 마이크는 여전히 돈 버는 일을 멈추지 않으며, 부동산 관련 투자를 계획 중이다. **마이크는 아직도 돈을 더 벌고 싶다. 왜 그럴까?**

지나치게 아끼는 사람과 씀씀이가 헤픈 사람

생활하기 위해 필요한 물품을 구하려면 돈이 필요하다. 모두 동의할 것이다. 그런데 당신이 필수품이라고 생각하는 어떤 물건이 나에게는 사치품일 수 있다. 절약해야 할 때 꼭 필요하다고 생각하는 물건은 사람에 따라 크게 다르다.

물론 시간이 지나면서 상황도 바뀐다. 30년 전에는 주머니에 넣어 다니는 정교한 컴퓨터는 거의 상상도 못했지만 후에 대단한 사치품이 되어 부유한 사람이나 가지고 다녔다. 하지만 현재 스마트폰은 전 세계의 필수품이다.

텔레비전도 마찬가지이다. 과거에는 부유한 사람만이 텔레비전을 가졌다. 하지만 오늘날에는 텔레비전이 없다고 해서 가난한 것은 아니다. 외식도 그렇다. 내가 어릴 때는 레스토랑에 갈 일이 거의 없었다. 외식은 아주 특별한 날에만 하는 행사였다. 요즘에 외식은 그리 대단치 않은 일이 되었다.

세월이 흐르면서 사회가 바뀌어도 사람은 여전히 돈에 대해 각자 다른 견해를 가진다.

부유하거나 가난하다는 것은 무슨 기준일까? 돈을 얼마나 가져야 충분할까? 모두 돈에 대해 왜 각자 다른 시각을 가지는 것일까? 어떤 사람은 돈을 벌어도 벌어도 왜 계속 더 벌고 싶은 것일까?

수십 년 동안 여러 심리학자는 돈에 대한 사람의 관점을 나누기 위해 유형 분류 체계를 발전시켜 왔다.[1] 1970년대에 미국의 두 심리학자 허브 골드버그Herb Goldberg 교수와 로버트 루이스Robert Lewis 박사는 돈을 대하는 사람의 관점을 열두 가지 유형으로 분류했다. 참고로 이 분류는 사람 성격에 관한 양적 연구처럼 수백 명에게 얻은 자료를 분석한 결과가 아니라 두 심리학자의 관찰을 바탕으로 만들어졌다. 당신이 열두 개 중 어느 유형에 속하는지 생각해보자.[2]

1. 자유 구매자형freedom buyer: 자신의 자율성이 제한되는 일을 해야 할 때 화를 내며, 돈은 무엇을 하라는 지시를 듣지 않기 위해 지급하는 수단으로 생각한다. 누구에게 신세진다고 생각하기 싫어서 음식이나 술을 항상 산다.

2. 자유 투사형freedom fighter: 사람이 돈에 구속되는 것을 싫어한다. 그리고 돈이 좀 더 공평하게 분배되기를 원한다. 부유한 집안 출신이라면 죄책감을 느낄 수도 있다. 돈이란 존재가 아예 없기를 바라며, '혁명 운동가', '사회를 걱정하는 진보주의자', '부적응자', '허무주의자'이다.

3. 강박적 저축가형compulsive saver: 저축을 위해 저축한다. 급여를 받을 때마다 일정 부분을 따로 저축한다. 휴가를 진심으로 즐기지 못한다. 특히 무급 휴가인 경우에 더 그렇다. 무급 휴가 기간에는 평소보다 돈을 더 쓰는데 한 푼도 벌지 못하기 때문이다.

4. 자기 부정형self-denier: 자신을 위해 돈을 쓸 때 죄책감을 느낀다. 월세를 아끼려고 형편보다 집값이 싼 동네에 살며, 슈퍼마켓 할인 판매에는 일등으로 도착한다. 돈이 여분으로 생기면 자신이 아닌 다른 사람을 위해 쓴다. 미래에 대해 비관적이고, 필요 없으면 돈을 한 푼도 쓰지 않는다.

5. 강박적 할인 사냥가형compulsive bargain-hunter: 할인을 받지 않고 물건을 사는 것을 좋아하지 않는다. 할인 쿠폰을 찾기 위해 몇 시간을 소비하거나 최저가를 찾아낸다.

6. 열광적 수집가형fanatical collector: 돈을 수집하는 것은 아니지만 돈 외에 어떤 것이든 수집한다. 일단 수집하고 나면 수집품을 포기하려 하지 않는다. 경쟁심이 매우 강하다.

7. 사랑 구매자형love buyer: 존경이나 관심을 받기 위해 그리고 사람이 자신을 좋아하게 만들려고 돈을 쓴다. 자선단체에 거액을 기부하기도 한다. 자녀의 사랑을 돈으

로 사려고 하는 탓에 아이 버릇을 나쁘게 할 수 있다.

8. 사랑 판매자형love seller: 사람에게 친절하고, 다른 사람이 듣기 좋은 말을 한다. 사실 이 유형의 사람은 사랑을 판다. 직장에서 잘리지 않기 위해 상사에게 아첨하고, 자신보다 부유한 사람에 한해서 함께 어울린다. 친구에게 어려운 상황이 닥치면 가장 먼저 버릴 사람이다.

9. 사랑 독점자형love stealer: 부하 직원을 위하는 척 하지만 사실은 급여를 낮게 유지하려는 목적으로 다정하게 구는 상사. 관객을 사랑하는 척 하지만 속으로 경멸하는 연기자. 심지어 특별한 물건을 보면 슬쩍 할지도 모른다.

10. 조종가형manipulator: 권력을 얻기 위해 돈을 쓴다. 그리고 돈을 더 많이 벌기 위해 사람을 착취한다. 때로는 사기를 치지만 죄책감을 느끼지 않는다.

11. 제국 건설가형empire builder: 뒤따르는 사람은 약하다고 생각하기에 리더가 되려 한다. 자신의 결정에 의문을 제기하는 사람을 좋아하지 않으며 독립성을 매우 중요하게 여긴다. 투지가 넘치고 할 수 있다면 돈을 빠르게 버는 길을 찾으려 한다.

12. 대부형godfather: 아이에게 착한 사람이 되라고 돈을 준다. 자신이 원하는 일을 하는 사람에게만 친절하다. 레스토랑에서 항의를 전문으로 하는 진상 고객이다. 다른 사람의 충성심을 사기 위해 돈을 쓰는 것을 좋아한다.

마이크가 계속 돈을 버는 이유는 안정감을 느끼고 싶기 때문이다. 아마 강박적 저축가형에 속하거나, 돈도 잘 쓰니 자유 구매자형에도 속할 것이다. 나는 할인 자랑가형bargain boaster에 속한다. 싸게 산 옷을 사람들이 칭찬해주면 너무 기쁘다. 아니면 돈을 벌 수 있는 능력과 쓰는 정도의 차이를 생각하면 돈을 쓰는 척 하는 사람money dummy일 수도 있다. 이 유형은 최근 유형 분류 체계에 나온다.[3]

유형 분류 체계의 문제점은 돈을 대하는 사람의 관점을 한 가지 유형에만 넣는 것이다. 그래서 사람의 성격과 돈을 대하는 관점이 어떻게 연관되는지 살펴보는 것이 더 낫다.

심리학에는 개인 성격을 구성하는 소위 5가지 성격 특성Big Five Traits이 있다. 그중 성실성에서 높은 점수를 기록한 사람은 저축할 가능성이 높다. 다른 네 가지 특성은 개방성과 신경성, 친화성, 외향성이다.[4] 추가로 심리학에는 통제위치라고 부르는 개념이 있는데, 자신의 주변 세계에 대한 통제 감각을 의미한다. 기업가는 내적 통제위치를 가졌을 확률이 높으며 자신을 둘러싼 환경을 스스로 바꿀 수 있다고 믿는다. 반면 빚에 쫓기는 사람은 외적 통제위치를 가지기 쉬우며, 주변 상황을 통제하기 어렵다고 느낀다.

특정 통제위치와 그에 영향을 미치는 요소 간의 관계를 구분해서 생각하기는 어렵다. 예를 들어, 가난도 외적 통제위치와 밀접한 연관이 있다. 즉, 가난한 사람일수록 자신에게 일어나는 일을 통제할 수 없다고 느낀다. 또한 가난한 사람은 빚을 지고 있을 가능성이 높다. 그렇다면 **성격상 외적 통제위치를 가진 사람이 빚을 지어 가난한 것일까, 아니면 가난하기 때문에 빚을 질 확률이 높아 외적 통제위치가 성격으로 드러나는 것일까?**

연구에 따르면 외향적인 사람일수록 돈에 관해 더 개방적이고, 편안함을 느끼며, 별로 걱정하지 않는다. 이런 사람은 낭비벽이 있지만 자신은 돈을 잘 통제한다고 생각한다. 스웨덴에서 진행한 연구를 보면 감성 지능자신이나 타인의 감정을 인지하는 능력이 높은 사람일수록 돈을 지향하지 않으며, 돈을 힘이나 지위의 표시라고 생각하지 않는다.

감성지능이 높은 사람들에게 일련의 얼굴 사진을 보여주면 사진 속 인물의 감정을 잘 읽어 낸다. 이런 사람은 실패나 도전을 마주해도 어려운 상황에 잘 대처한다.[5]

사람이 돈을 굉장히 좋아할수록 사회 환경에 잘 맞지 않는다. 그래서 돈에 의지하는 것일까? 아니면 다른 사람이 이해하지 못해서 일까? 그것도 아니면 돈에 대한 관심으로 사람에게서 멀어지는 것일까? 이처럼 특정 시점에서 일어난 일을 연구한 결과만 보아서는 어느 쪽이 먼저인지 알기 어렵다.

그래서 마이크처럼 특정 인물이 어떤 행동을 보일지 예측하지 못한다. 마이크는 돈을 좋아하지만 확실히 사람들과 잘 지낸다. 또한 그간 실패나 도전을 맞닥뜨렸을 때 잘 대처해 왔다. 돈을 힘이나 지위의 표시라고 생각하는 것은 아니지만 돈을 지향한다. 돈을 대하는 여러 관점이 마이크, 한 사람 안에 공존한다.

수천 명을 관찰한 결과, 돈에 대한 사람의 태도는 광범위하다. 예를 들어 교육 수준이 높은 사람일수록 대체로 돈에 덜 집착한다. 그런데 이는 당연한 소리이다. 교육 수준이 높은 사람은 돈을 충분히 벌 수 있는 능력이 있다고 느끼기 때문이다. 또한 연구 결과를 보면 젊은 사람일수록 보통 소비에 조심성이 없다. 반면에 나이가 든 사람은 대체로 예산을 잘 세운다.[6] 예외로 저축에 열심인 학생도 있고, 연금을 받아서 사는 사람 중에 엄청나게 쓰기만 하는 사람도 있다.

이 분야를 연구하는 어떤 학자도 돈을 대하는 사람의 태도를 전부 설명할 수 있는 이론을 내놓지 못했다. 그래서 사람이 어떻게 매일 보는 돈에 대해 여러 관점을 갖는지 설명하기 어렵다. 그나마 유니버시티 칼리지 런던의 아드리안 펀햄 교수가 진행한 연구가 가장 종합적이다. 펀햄 교수는 돈에 대한 신념 및 행동 지표Money Beliefs and Behavior Scale와 열여섯 가지 돈에 관한 태도 척도 지표Money Attitudes Scale를 만들었다. 이에 따르면 우리가 돈의 어떤 면을 더 가치 있게 여기는지 알 수 있다. 힘의 수단, 안정성의 수단, 사랑의 수단 혹은 자유의 수단처럼 말이다. 펀햄 교수가 개발한 지표가 BBC 방송에서 진행한 빅머니테스트Big Money Test라는 설문조사에 포함되어 십만 명에게 응답을 받았다.[7]

젊은 사람은 은행 계좌가 마이너스가 되거나 융자가 거부되는 상황이 많은 데 반해 나이가 든 사람은 파산의 영향을 많이 받았다. 또 돈은 힘이라고 생각하는 사람일수록 차량 구매 대금을 납부하지 못해 차량 회수를 당할 위험이 높았다. 반면 돈이 안정감을 준다고 생각하는 사람은 경제적 어려움에 빠질 가능성이 적었다. 남성은 돈을 보고 안정감과 자유를 연상하는 반면 여성은 돈을 쓰면서 걱정이 많았고 쇼핑으로 감정을 조절했다. 전체 조사 결과 여성이 돈에 훨씬 더 후하다고 나타났다.

전체적으로 돈을 대하는 태도는 수입에 좌우되지 않는다. 안정성, 자유, 사랑, 힘 중에서 돈을 어느 쪽으로 받아들이는지에 대한 답은 응답자가 부유한지, 가난한지 여부와 전혀 상관없었다. 돈을 대하는 태도는 타고난 것이라는 결론을 내릴 수 있다. 돈에 관한 관점은 경제 상황에 휘둘리기보다는 경제 상황 속에 놓이기도 전에 가진 것이다.

또한, 시간 제약을 받는 면도 있다. 펀햄 교수가 확인한 바에 따르면 과거보다는 미래를 생각할 때 돈에 대한 관점의 변화가 다양하게 나타났다. 나이가 든 사람은 예산을 잘 세우지만 미래에 대한 돈 걱정을 더 많이 했다. 부유한 사람도 마찬가지였다. 그리고 여전히 소득이 낮은 사람일수록 경제 문제로 인한 걱정이 더 많았다.

돈에 대해 비슷한 관점을 가진 부부라면 운이 좋다. 캔자스주립대학교의 연구팀이 부부 4,500쌍을 7년에 걸쳐 장기 추적했다. 그 결과 이혼의 가장 큰 예측변수는 자녀, 가사분담, 섹스가 아니라 바로 돈에 관한 다툼이었다.[8]

돈으로 인한 다툼은 본질적으로 다른 갈등 문제와 다르다. 우선 가사분담 문제나 섹스 문제, 시댁 또는 처가 문제로 싸울 때보다 돈 문제로 인한 싸움이 훨씬 격하다. 아마 부부 관계에서 돈이 권한, 실망, 심지어 불신까지 많은 요소를 나타내기 때문이다. 하지만 각 가정별 소득 차이가 부부 관계에 미치는 영향은 미미했다. 돈이 없다고 해서 꼭 다툼이 잦은 것은 아니었다. 어떤 소득 수준에도, 저축 금액이 많아도 부부는 돈 문제로 다투었다.

이 분야를 연구하는 학자들은 이성 관계에서 돈이 분열을 초래하는 이유는 남성과 여성이 돈에 대해 다른 관점을 가졌기 때문이라고 한다. 빅머니테스트에서 본 것처럼 이 주장에는 근거가 있다. 예를 들어 여성은 남성보다 더 자주 쇼핑으로 기분 전환을 한다. 하지만 당신도 기억하다시피 내 생일 선물을 사러 나가서 가죽 재킷에 500파운드나 되는 돈을 쓴 사람은 내가 아니고 남편이었다. 연구에 따르면 대체로 남성이 여성보다 낭비벽이 있다고 한다.[9]

또 다른 연구 결과를 보면 남성은 스스로 돈을 다루는 데 능숙하다고 느끼며, 돈에 대한 위험을 더 많이 감수한다. 한편, 여성은 남성에 비해 돈을 가진 친구를 부러워하는 면이 조금 더 강하고, 돈이 위신과 힘의 표시이자 수단이라고 느낀다.[10]

성별 차이에 대한 연구 결과는 이외에도 많다. 하지만 일부 연구는 십 년 또는 그보다 훨씬 전에 이루어져 연구 결과에 얼마나 무게를 두어야 하는지 정하기 어렵다. 성별에 따른 차이가 일반 성격에 따른 차이보다 더 뚜렷하지는 않다.

돈으로 인한 다툼을 돈의 특징으로 설명할 수 있을까? 우리는 끊임없이 돈과 함께해야 하기에 돈 문제를 잊어버리기는 어렵다. 그리고 부부건, 모녀건, 남매건 간에 두 명이 모이면 돈 문제에 대한 합의를 이루지 못한다. 돈을 대하는 태도에 대해 한 가지를 말하면, 사람은 각자 자신만의 관점을 가지고 있고, 자신이 옳다고 생각하기 때문에 돈 문제로 분쟁이 일어나기 쉽다. 또 그 분쟁은 해결하기 몹시 어렵다.

돈에 대한 관점의 차이가 외부와 단절된 상태에서 나타나는 것은 아니다. 복권 당첨, 부자와 결혼, 또는 실직과 같은 극적 변화가 있으면 필연적으로 돈을 대하는 태도도 바뀐다. 돈에 대한 관점은 지능과 달리 세월의 흐름에 따라 변한다.[11]

이제 돈에 대한 가장 중요한 질문을 던져야 할 차례이다. **돈이 과연 사람을 행복하게 해줄까?**

복권에 당첨되면 행복할까

1995년 일레인은 두 아이와 함께 텔레비전을 보고 있었다. 그런데 텔레비전 화면에서 자신의 복권 숫자 6개가 떴다. 일레인은 그날 복권 1등에 당첨되었다.

복권 당첨으로 인생이 변했다. 당첨금 일부로 남편과 사업을 시작했다. 처음에는 리조트를 운영했고 나중에는 레스토랑을 경영했다. 이제 더는 노후 자금과 자녀의 대학 등록금을 어디서 구해야 할지 걱정하지 않아도 된다. 그래서 **일레인은 행복했을까?**

일레인은 어렸을 때 비가 오면 발을 젖지 않게 하려고 장화에 비닐봉지를 씌워 신어야 할 정도로 가난했다. 이제 일레인은 돈을 걱정할 필요가 없다는 사실에 기뻤다. 하지만 일레인은 "좀 더 크게 보면 돈은 그리 중요하지 않다."고 말했다.

일레인이 복권에 당첨된 후에 엄마와 오빠가 사망했다. 둘 중 한 명을 1년이라도 더 살릴 수 있었다면 당첨금 전부를 기꺼이 포기했을 것이라고 했다. 엄마와 함께 할 수만 있다면 장화에 비닐봉지를 씌워 신은 시절로도 기꺼이 돌아가고 싶었다.[12]

일레인이 가족을 잃은 불운은 복권 당첨과는 무관하다. 하지만 복권 당첨이 원인이 되어 고통이 시작된 경우도 있다.

1998년 미국 펜실베이니아주의 윌리엄 버드 포스트 3세William Bud Post는 복권 당첨금 1,600만 달러를 받았다. 하지만 5년 뒤에 〈워싱턴포스트〉와의 인터뷰에서 포스트는 복권 당첨은 '악몽'같은 일이었다고 했다.[13] 복권 당첨 후 당첨금의 3분의 1을 이전 집주인에게 주어야 한다는 판결을 받았고, 7번의 결혼과 6번의 이혼을 거쳤으며 채권추심업자에게 엽총을 발사한 혐의로 감옥에 가야 했다. 또 개인 파산을 선언했으며 친형은 포스트를 죽이려고 살인청부업자를 고용했다. 포스트는 가난했을 때가 더 행복하며, 자신은 '죽음의 복권'에 당첨되었다고 했다. 포스트는 거액을 가지기 전 인생이 확실히 더 편했다.

2006년 미국 플로리다주의 에이브러햄 셰익스피어Abraham Shakespeare는 복권 3,100만 달러에 당첨되었다. 셰익스피어의 복권이야말로 죽음의 복권이었다. 직장 동료는 셰익스피어가 자신의 지갑에서 복권을 훔쳤다고 주장하며 당첨금 절반을 나누어야 한다고 소송을 걸었다. 셰익스피어는 재판에서 승소했지만 사람들이 돈을 달라는 통에 진절머리가 났다.[14] 그때 셰익스피어는 도리스 무어Dorice 'Dee Dee' Moore를 만났다. 무어는 사람들이 셰익스피어를 어떻게 이용하는지에 대한 책을 쓰고 싶다고 했다. 둘은 좋은 친구가 되었고 마침내 셰익스피어는 재산 관리권을 전부 무어에게 맡겼다. 하지만 셰익스피어의 돈을 노린 것은 바로 무어였다. 2010년에 콘크리트 판 아래에서 두 군데 총상을 입은 셰익스피어가 죽은 채 발견되었다. 살해 혐의로 기소된 무어는 종신형을 선고받아 현재 복역 중이다.

어떤 경우에는 복권에 당첨되면 공개 검증을 받기도 한다. 복권에 당첨된 사람이 다 착한 사람은 아니기 때문이다. 영국에서 전국 복권National Lottery이 시행되고 초창기에 당첨된 사람이 강간 미수로 복역 중인 수감자로 드러나 국민이 격분하기도 했다.[15]

하지만 이 사람들처럼 불행해지거나 자격이 없는 사람이 당첨되는 일은 예외적인 경우이다. 어마어마한 확률에 도전해서 몇 백억을 따는 사람은 대부분 선량하고 평범한 사람이다. 생각보다 복권 당첨금을 '쓰고, 쓰고, 또 써서' 낭비한 당첨자는 별로 없다. 대부분은 당첨금의 상당 부분을 저축하며, 돈을 쓸 때는 신중하게 소비한다는 것에 자부심을 느낀다. 연구 결과에 따르면 스웨덴의 복권 당첨자들은 돈을 신중하게 다루었고 당첨금 때문에 자신이 변하지 않았다는 것을 증명하려 애썼다.[16]

그래서 **사람은 복권 당첨으로 행복했을까?** 복권 당첨이 행복에 미치는 영향에 대한 대표 연구는 1978년으로 거슬러 올라간다. 연구팀은 복권 당첨자 22명과 신체가 마비된 사람 29명, 그리고 평범한 사람 22명을 인터뷰했다. 복권 당첨자는 좀 더 안정감이나 여가를 즐길 시간이 있었지만, 당첨 후 1년 안에 다른 사람과 비교했을 때 평균 행복감에 큰 차이가 나타나지 않았다. 하지만 아침을 먹거나 텔레비전을 보는 것과 같은 일상의 기쁨은 약간 덜 느꼈다. 이는 큰돈을 땄다는 흥분감보다 일상의 기쁨은 약한 감정이기 때문이다. 복권 당첨자는 곧 자신의 부에 익숙해져 돈으로 더는 행복하지 못했다.

그리고 의외로 신체가 마비된 사람은 평범한 사람보다 조금 덜 행복했을 뿐 아주 큰 차이는 없었다. 마비된 사람의 행복 지표는 대체적으로 중간 이상이었다.[17]

이 연구의 경우 관찰 대상자 수가 적고 시간의 흐름에 따른 추적을 하지 않았다는 사실을 감안해야 한다. 하지만 후에 다른 연구에서도 결과는 비슷했다. 누구나 좋은 일, 나쁜 일을 겪는다. 이에 행복 수준은 변동을 거듭하지만 우리가 예상하는 것만큼 많이 변하지 않는다. 쾌락 적응hedonic adaptation이라는 과정을 통해 우리는 좋건, 나쁘건, 별 차이가 없건 간에 새로운 상황에 익숙해진다. 심지어 가진 돈을 전부 잃더라도 시간이 지나면 상황에 적응한다. 하지만 좋은 일에 비해 안 좋은 일에 더 천천히 적응한다.[18]

막대한 복권 당첨금을 포기할 사람은 거의 없다. 그렇지만 이런 금전 행운이 있는 사람은 복권에 당첨되지 않은 사람과 장기적으로 비교했을 때 훨씬 더 행복하지 않다.

갑작스럽게 부자가 된 사람이 일상의 소소한 즐거움을 잘 느끼지 못한다. 이 사실은 벨기에에서 진행한 실험에서 확인할 수 있다. 실험에 참여한 학생들은 초콜릿을 한 조각씩 받았다. 그리고 연구팀은 학생들이 초콜릿을 먹는 데 걸리는 시간을 측정했다. 학생들이 초콜릿을 음미하는 시간은 평균적으로 45초 정도 걸렸다. 하지만 초콜릿을 먹기 전에 돈 사진을 보여주었더니 먹는 시간이 32초로 당겨졌다.[19] 연구팀은 학생들이 돈 생각을 하자 초콜릿 한 조각 같은 작은 기쁨에 무뎌졌다고 결론을 내렸다.

같은 연구팀에서 실험 참여자들에게 여러 시나리오를 주었다. 예를 들어 아름다운 폭포에 갔다고 생각해보라는 식으로 말이다. 그리고 상상이 끝나면 그 상황에 어떻게 반응할 것인지 선택지 중에 고르도록 했다. 답은 실험 참여자 마음대로 많이 고를 수도, 적게 고를 수도 있었다. 연구팀의 관심은 음미savoring의 심리와 연관된 사항들이었다. 선택지에는 어떤 일을 즐기는 다양한 방법이 포함되었다. 방법에는 다른 사람에게 이야기하기, 경험하는 동안 의도적으로 그 순간에 더 머무르기, 다른 사람에게 행복하다는 사실을 보여주기, 앞으로 일어날 일을 기대하기와 과거의 일을 추억하기 등이 있었다.

그 결과 상상으로 즐거운 일을 경험하면서 느끼는 즐거움의 정도는 가진 돈에 달려 있었다. 소득이 높고 저축을 많이 하는 사람은 적은 사람보다 경험을 통한 즐거움을 덜 느꼈다.

이 현상은 경험 확장 가설experience-stretching hypothesis이라고 한다. 이에 따르면 미슐랭 별점을 받은 레스토랑에 가서 식사를 한 번 하고 나면 참치 샌드위치를 먹는 일이 예전만큼 즐겁지 않다.

벨기에 연구팀은 여기서 한발 나아가 이번에는 참여자들에게 돈 사진을 먼저 보여준 후 폭포나 다른 즐거운 곳에 갔을 때 어떤 반응을 할 것인지 다시 물었다. 참여자들은 소득과 상관없이 부자와 같은 대답을 내놓았다. 이는 돈을 가지거나 생각하는 것만으로도 기쁨이 감소한다는 증거이다. 아니면 돈을 가지거나 생각하는 일이 더 즐거운 경험이기에 삶의 소소한 기쁨이 줄어든 것일지도 모른다.

한 연구에서 벼락부자가 되었다면 직업으로 차츰 부유해진 사람과 같은 행동을 해야 장기적으로 기쁘다고 한다. 실제로는 이렇게 직업적 발전을 통해 천천히 부자가 된 사람이 훨씬 많다. 갑자기 부를 얻게 된다면 가진 돈으로 살 수 있는 최고의 물건을 바로 사지 말고 지금 가진 것보다 약간 더 좋은 물건부터 사야 한다. 그러면 돈에서 오는 기쁨을 장기간에 걸쳐 느낄 수 있다.[20] 그리고 대체로 사람은 한 번에 복권 75달러에 당첨될 때보다 25달러에 당첨되고 50달러에 당첨될 때 더 기쁘다.[21]

행복의 역설

돈이 있는 사람은 행복하지 않는 것일까? 지금까지는 갑자기 부자가 된 사람을 대상으로 한 이야기였다. 그렇다면 **몇 년 심지어 몇십 년에 걸쳐 부를 축적하고 잘 살게 된 사람이 느끼는 행복은 어떨까?**

확실히 가난이 사람을 불행하게 만든다. 가난이 주는 고통을 해소하면 삶의 만족도는 높아진다. 케냐의 한 실험에서 가난한 사람을 무작위로 뽑아 약 400달러와 1,500달러를 주었다. 이 돈을 얻자 케냐 사람들의 행복의 정도와 삶의 만족도는 상승했고 스트레스와 우울감은 줄어들었다. 하지만 돈이 사람의 생리physiology에 영향을 미쳐 신체적, 정신적 웰빙을 이루는 것은 금액이 큰 쪽이었다. 실험 기간 동안 여러 시점에서 스트레스 호르몬 코르티솔의 분비 정도를 측정했는데, 1,500달러를 받았을 때만 코르티솔의 분비가 줄어들었다.[22]

케냐의 실험 결과를 볼 때 매우 가난한 사람은 거액을 얻으면 행복을 느낀다. 이는 우리의 상식과 일맥상통한다. 돈이 있으면 인생의 걱정이 사라지고, 즐거운 경험도 할 수 있으며, 훨씬 편안하고 더 건강하게 산다.

미국의 경제학자 리처드 이스털린Richard Easterline 교수의 이름을 딴

이스털린의 역설은 수년간 학계를 지배했다. 이스털린의 역설이란, 한 국가 내에서는 대체로 부유한 사람이 가난한 사람보다 행복한 데 비해 국가 간 비교해보면 부유한 국가가 가난한 국가보다 전반적으로 행복하지는 않다는 이론이다. 이에 대한 논거는 소득이 증가하면 사람들이 행복해지지만 어느 정도의 선이 있다는 것이다. 특정 소득 수준 이상에서는 소득이 높아져도 더 행복해지지 않는다. 일종의 행복 포화 상태에 도달한 것이다. 필요한 물건은 다 가지고 있고 어느 정도 즐길 수도 있다. 추가 수입이 있다면 좋기는 하겠지만 개인 행복과 삶의 만족도에 큰 차이를 가져오지 않는다.

당신이 지금 부유하다면 이런 인생의 흐름이 나타났을 것이다. 예전에는 여행을 가면 배낭여행객을 위한 호스텔에서 지냈다. 그러다가 비앤 비Bed and Breakfast: 아침 식사가 나오는 민박를 거쳐 지금은 호텔에 묵는다. 또는 중고품 가게에서 옷을 사다가 시내의 옷 가게를 거쳐 지금은 브랜드 옷을 입는다. 처음에는 한 단계 비싼 물건을 살 때 넘치는 기쁨을 맛보았을 것이다. 하지만 시간이 흐르면 좋은 물건에도 익숙해져 더는 기쁘지 않다. 다시 말해, 어느 시점에 이르러 감정의 변화가 사라져 돈이 더는 행복을 주지 못한다.

부유하지 못한 사람에게는 기쁜 소식일까? 그렇지는 않다. 2013년 미시간대학교의 베치 스티븐슨Betsy Stevenson교수와 저스틴 울퍼스Justin Wolfers교수는 과거의 연구보다 더 긴 시간 동안 더 많은 표본을 분석하여 연구한 결과를 발표했다. 두 교수는 사람은 부유해질수록 더 행복해진다고 결론을 내렸다.[23]

2007년에 실시한 갤럽 세계 여론조사Gallup World Poll에서도 연간 수입 50만 달러 이상인 응답자 전원이 매우 행복하다고 답한 데 비해 연

간 수입 1만 달러 이하인 응답자 중 행복하다고 답한 비율은 고작 35퍼센트에 불과했다.[24]

그런데 갤럽 세계 여론조사에서 연간 수입 50만 달러 이상을 버는 응답자는 8명에 불과했다. 그래서 여전히 일정 소득 수준이 되면 소득이 행복에 미치는 영향이 감소한다는 주장을 완전히 배제할 수 없다. 많은 전문가도 여전히 보수 체감의 법칙이 적용된다고 생각한다. 부유해질수록 소득 증가는 행복도 상승에 영향을 미치지 않는다는 것이다. 이 논란은 앞으로 계속될 것이다.

좋은 물질주의와 나쁜 물질주의

연구 결과가 어떻든 사람은 보통 소득이 늘어나면 행복해진다고 생각한다. 돈이 있다면 할 수 있는 많은 일을 생각해보라. 그래서 사람은 행복과 수입 사이에 강한 관계가 있다고 생각한다.

캐나다 브리티시컬럼비아대학교의 심리학자들은 미국인 400명을 대상으로 연구를 진행했다. 그리고 부와 행복의 상관 관계를 직관적으로 어떻게 생각하는지 물어보았다. 그랬더니 참여자들은 연간 수입 9만 달러 이상인 사람이 느끼는 행복의 정도는 꽤 정확하게 맞추었지만 연간 수입 5만 5,000달러 이하인 사람이 느끼는 행복의 정도는 과소평가했다. 심지어 참여자 중 3분의 1의 연간 수입은 이보다 적었는데도 말이다.[25] 참여자들은 부유한 사람과 가난한 사람이 느끼는 행복의 정도 차이를 지나치게 크게 생각했다.

연구팀은 참여자들에게 본인이 느끼는 행복 수준을 평가해달라고 요청했다. 그 결과 참여자 간의 행복 차이에 수입이 미치는 영향은 25퍼센트에 불과했다. 그러고 나서 열 가지 소득 수준을 보여주고 소득에 따라 자신이 느낄 행복의 정도를 상상해 보도록 했다. 여기에서 나온 추정 수치와 실제 각 소득을 버는 사람에게서 수집한 행복도를 비교했다. 그 랬더니 참여자들은 수입이 적은 사람은 행복하지 않을 것이라고 생각했다.

이 결과는 손실 회피 성향의 예가 될 수 있다. 참여자들은 소득이 현재 수준보다 낮아졌을 때 벌어질 일을 두려워했고 이미 익숙한 것을 포기하면 얼마나 고통스러울지 생각했다. 소득 감소로 인해 사는 집을 처분하고 친구나 가족을 떠나 이사해야 한다면 행복의 정도는 줄어들 것이다. 이 결과는 우리에게 중요한 사실을 알려준다. 만일 행복과 돈의 관계를 과대평가한다면 우리는 잘못된 목표를 이루려 할 수 있다. 돈을 더 벌려는 노력을 멈추고, '돈을 벌어도 어차피 더 행복해지지는 않을 거야.'라고 생각할지 모른다. 대신 지금 가진 소득으로 현재를 즐기고 기쁨을 누리자는 쪽으로 방향 전환을 한다.

일반적으로 사람은 이렇게 생각을 바꾸지 않는다. 지난 30~40년간 부자가 되고 싶은 열망은 더 강해졌다. 최소한 선진국에서는 그렇다. '경제적으로 매우 부유해지는 것'이 '매우 중요하거나 필수적'이라고 믿는 미국 학생은 1970년보다 1998년에 두 배가 되었고, 응답한 학생의 74 퍼센트가 그렇다고 대답했다.[26]

우리가 살펴본 내용은 물질주의에 대한 연구 결과와 일치하지 않는다. 물질주의는 물질에 대한 열망을 가지고 돈을 무엇보다 우선으로 생각한다. 물질주의에 대한 연구 결과에 따르면 물질주의에 높은 점수를 매긴 사람일수록 덜 행복한 것으로 나타났다. 하지만 다른 연구에서는 물질주의와 행복의 관계가 그렇게 간단하지 않다. 오랫동안 사람은 물질주의는 개인의 성격적 특성이기에 물질주의를 추구하는 사람은 변하지 않는다고 생각했다.

예를 들어 벨크 물질주의 등급표the Belk Materialism Scale에서 높은 등급을 기록한 사람은 소유욕이 강하고, 남을 부러워하며, 인색하다고 한다. 하지만 이 등급표는 사람이 돈이나 물건을 소유하고 싶어 하는 이유를 고려하지 않는다. 마이크의 경우로 돌아가면 마이크가 돈을 모은 이유는 안정감과 자유에 대한 열망 때문이었다. 다시는 돈이 없는 절망적인 상황으로 돌아가지 않겠다는 결심이 있었기에 성공할 수 있었다.

최근에 나온 물질주의에 관한 연구에서는 개인의 상황적 특성도 고려한다. **마이크가 애초에 가난하지 않았다면, 돈을 벌어야겠다는 마음을 강하게 먹었을까?**

물질주의라는 단어는 부정적으로 들린다. 사람은 대부분 자신이 물질주의를 추구하는 것을 인정하고 싶지 않으며, 소비지상주의 사회를 걱정한다. 어떤 면에서 소비가 현대의 경제를 굴러가게 하는 부분이 있음에도, 소비지상주의 때문에 필요도 없는 물건을 사며 지구 환경을 나쁘게 한다고 생각한다. 하지만 물질주의가 다 나쁜 것은 아니다.

심리학자 미하이 칙센트미하이 교수는 몰입flow이라는 개념을 내놓은 것으로 유명하다. 교수가 말하는 몰입이란 그림 그리기나 정원 가꾸기처럼 어떤 일을 하는 데 완전히 빠져 시간이 가는 것도 모르는 상태를 말한다.[27] 칙센트미하이 교수는 물질주의를 두 유형으로 나누었다.

먼저 '도움이 되는 물질주의instrumental materialism'는 좋은 물질주의로 개인의 가치와 목표를 성취하기 위해 돈을 사용하는 것이다. 이에 반해 '치명적인 물질주의terminal materialism'는 나쁜 물질주의로 자신의 사회 지위를 향상하고 타인의 부러움을 사기 위해 돈을 쓰는 것이다.

미국과 싱가포르에서 진행한 연구에서는 물질주의를 추구하는 사람이 대체로 덜 행복하고, 삶의 만족도가 떨어지며, 더 불안해하는 것으로 나타났다. 하지만 이런 현상은 사람이 돈을 원하는 이유가 무엇인지에 따라 달라질 수 있다. 한 연구는 기업가와 경영학을 공부하는 학생을 대상으로 실험을 진행했는데, 돈을 벌고 싶어 하는 사람들이라고 추측했기 때문이었다. 실험 결과 자신의 지위나 다른 사람을 휘두르는 힘을 얻기 위해 돈을 벌려는 사람은 덜 행복했다. 하지만 안정감이나 가족 부양을 위해 돈을 벌려는 사람에게는 아무런 영향이 없었다.[28]

영국 서식스대학교의 심리학자 헬가 디트마르Helga Dittmar박사는 아이슬란드와 영국에서 비슷한 집단을 표본으로 돈을 대하는 관점을 비교하고, 부자가 되려는 여섯 가지 동기를 연구했다. 연구 결과 돈을 벌려는 주된 이유가 자기 회의감self-doubt을 극복하기 위한 경우에는 양쪽 국가에서 모두 가진 부의 정도와 무관하게 행복의 정도가 낮았다. 성공의 표시를 위해 돈을 원한 경우에는 양쪽 국가 동일하게 행복의 정도가 높았다. 자긍심을 가지고 싶어서 돈을 원하는 경우, 아이슬란드 사람은 행복했지만 영국 사람은 그렇지 않았다.[29]

이 현상에 대해 디트마르 박사는 다소 혼란스럽다고 했다. 가난한 사람이 행복해지기 위해 돈이 필요하다고 답하면 행복하지 않은 사람일 가능성이 높다. 가난한 사람은 당연히 원하는 만큼 돈을 가지고 있지 않기 때문이다. 하지만 두 국가의 고소득 집단에서 행복해지기 위해 돈을 원한다고 대답한 응답자들은 이미 행복한 상태였다. 앞에서 본 것처럼 소득이 많아져도 전보다 더 행복해지는 정도는 미미하다. 그러나 이 응답자들은 자신이 무슨 일을 하고 있는지 알고 있었다. 자신은 지금 행복하다. 여기에 돈도 일부 기여했다. 그렇다면 **그런 돈이 더 있는 것이 좋지 않을까?**

우리는 물질주의와 외로움 사이에서 괴로워한다. 네덜란드 틸부르그 대학교의 릭 피터르스Rik Pieters 교수가 2,500명을 추적 연구를 한 결과 물질주의를 추구하는 사람이 더 외롭다는 사실을 확인했지만, 그 반대 경우도 나타났다. 예를 들어 이혼을 겪은 후처럼 외로움이 늘어날 때 종 종 물질주의를 추구하는 경향이 나타났다.[30] 이는 이혼으로 가진 것을 서로 나누다 보니 전보다 경제적으로 어려워진 상황 때문에 돈에 더 연연하게 된 것이다. 하지만 이혼 외의 다른 경우에도 사람은 외로움을 보상받고 싶어서 물질에 매달렸다.

이런 상황이 꼭 나쁜 것은 아니다. 문제는 추구하는 물질주의의 본질에 달렸다. 연구팀은 세월이 흐르면서 여러 시기에 참여자들에게 설문지를 주었다. 그래서 응답자에게 일어난 사건 순서를 관찰하여 각 응답자가 외로움과 물질주의 중 어느 쪽을 먼저 추구하는지 알 수 있었다. 물질주의를 추구하는 경향은 젊을 때나 나이가 들었을 때 높아졌고, 48세가 되는 시점에서 물질주의를 추구하는 경향이 가장 낮아졌다.

때로 물질주의를 추구하는 것이 좋을 때도 있다. 응답자들이 물질의 소유나 소비, 그 자체를 순수하게 기뻐하는 사람이면 설문지 항목 "나는 사치품이 많이 있는 것을 좋아한다." 또는 "나는 실용적이지 않은 물건을 좋아한다."에 그렇다고 표시했다. 그리고 이 경우에는 외로움이 감소하는 사람도 있었다.

하지만 보통 외로움과 물질주의 사이의 악순환을 벗어나지 못했다. 독신일 때 물질 소유에 대해 더 많이 생각했다. 물질을 마치 마약처럼 자신을 더 행복하게 해준다고 느꼈다. 설문지에서 "더 많은 물건을 가질 경제적 여유가 있으면 더 행복해질 것 같다."라는 항목에 독신인 응답자는 그렇다고 표시했다. 연구에 따르면 행복해지려고 새 친구를 사귀는 일은 도움이 될 수 있지만 물건을 사는 일은 외로움 극복에 도움이 되지 않는다.

그렇지만 돈으로 행복을 살 수 없는 것은 아니다. 마찬가지로 상황에 따라 다른 문제이다. 마이크는 의심할 바 없이 갈망하던 안정감과 자유를 가진 지금이 예전보다 더 행복하다. 돈을 벌겠다는 목표를 세웠고 해냈다. 하지만 돈을 더 적게 버는 다른 직업을 가진 삶도 만족했을 것이다. 어느 쪽이 더 행복한지 우리는 결코 알 수 없다. 마이크보다 훨씬 재산이 적어도 행복한 사람이 있다. 돈을 더 많이 가지면 더 행복할 수 있지만, 꼭 그렇다고 장담할 수 없다.

CHAPTER 10

가난한 사람을
혐오하는 사람들

가난한 사람이 동정을 받지 못하는 이유
가난이 지능IQ을 낮추는 이유
가난으로 왜 좋지 못한 경제적 결정을 내리는가

MIND
OVER
MONEY

당신은 상류 생활을 즐기는 마이크와 복권에 당첨되어 하룻밤 새 부자가 된 사람이 부러울 것이다. 심리 실험과 뇌 촬영 결과, 부러움은 흔한 반응이다. 이와 달리 충격적 결과는 사람은 가난한 사람을 혐오한다는 사실이다. 사람은 가난한 사람을 이해하거나 동정하는 것이 아니라 혐오한다. 사람이 가난한 이를 혐오하는 면을 드러내면 가난한 사람은 여러모로 불공정하고 불리한 위치에 서게 된다. 어떤 때는 가난한 사람에게 대놓고 불리하고, 어떤 때는 상황이 매우 이상하게 흘러간다. 가난한 사람에게는 전부 불공평한 일뿐이다.

가난한 사람을 향한 경멸

우리는 왜 때로 다른 사람에게 적대적일까? 편견에 대한 대표 연구를 보면 가장 큰 요인은 차이라고 한다. 즉, 자신과 다르다고 생각하는 사람을 싫어하고 신뢰하지 않는다. 그리고 서로 다른 집단이 있는 경우, 사람은 자신이 속한 집단과 상대 집단 사이에서 차이점을 찾으려 한다. 같은 집단 속에 속한 사람 사이에 두드러지는 특징은 동일성이다. 고정관념 내용 모델stereotype content model이라는 심리학 이론은 한 단계 더 나아간다. 우리는 타인을 어떤 감정으로 대할지 결정할 때, 판단 과정 두 단계를 거친다. 첫째, 상대방이 적인지 친구인지 자문한다. 상대방이 따뜻한 사람인지 아닌지를 고려하는 것이다. 둘째, 상대방 능력에 대해 판단한다. 타인에 대한 감정은 이 두 가지 판단이 균형을 이룰 때 생겨난다. 예를 들어 나이들고, 약한 사람을 보면 능력이 있다는 생각은 안 들지만, 우리에게 위협이 되는 존재는 아니다. 그래서 우리는 이 사람에게 강한 연민을 느낀다.

돈에 관해 이야기해보자. 많은 사람이 부자는 능력은 있지만 따뜻한 사람은 아니라고 생각한다. 그래서 부자를 향한 일반적 감정은 부러움이다. 가난한 사람을 향한 감정도 있다. 가난한 사람을 볼 때 능력이 없고 따뜻한 사람도 아니라고 판단하면 결과적으로 혐오감을 느낀다. 사실 혐오는 매우 강한 감정이라서 가난한 사람을 보고 혐오스럽다고 느끼는 사람을 우리는 인간 이하라고 생각한다.

당신은 가난한 사람을 보아도 혐오스럽다고 생각하지 않을 것이다. 나도 그렇게 생각하지 않는다. 단지 충격적인 연구 결과를 알려주는 것뿐이다.

더 설득력 있는 증거는 2006년 신경과학자 라사나 해리스Lasana Harris 박사와 수잔 피스크Susan Fiske교수가 프린스턴대학교에서 실시한 뇌 촬영 자료 속에서 찾을 수 있다.[1] 실험에서 참여자를 뇌주사 장치에 눕히고 각각 다른 사회 집단에 속한 사람의 컬러사진을 보여주었다. 사진 속 한 사람은 멋진 정장을 차려입은 직장인으로 확실히 부유해 보였고 반면에 다른 사람은 완전히 극빈층에 속한 모습이었다.

노숙자의 사진을 보여주자 참여자의 3분의 2는 즉각 혐오감이 들었다고 인정했다. 반응 자체만으로도 흥미롭고 충격적이다. 하지만 해리스 박사와 피스크 교수가 주목한 것은 뇌의 활동이었다.

뇌 촬영 결과, 부유한 사람을 보자 참여자의 내측 전두엽medial prefrontal cortex이 활성화했다. 이는 기존의 연구 내용에 부합하는 것으로, 내측 전두엽은 움직이지 않는 사물이 아니라 자신과 같은 사람을 볼 때마다 활성화하는 곳이다. 쉽게 말하자면 뇌의 회색질이 "여기 같은 종種이 있다."는 메시지를 띄우고 눈앞에 있는 인류human-being와 사이좋게 지내야 한다는 신호를 보내는 것이다.

하지만 노숙자를 보여주자 참여자의 내측 전두엽이 활성화하지 않았다. 참여자는 엉망진창인 머리에, 형태를 알 수 없는 코트를 입고, 완전히 망가진 부츠를 신은 이 노숙자를 인간human-being이라고 인식하지 않았다. 대신 혐오감과 관련된 뇌 부위가 활성화했다. 연약한 사람의 인간성이 말살된 것이다.

이 연구 결과를 보자 나는 홀로코스트를 다룬 여러 끔찍한 작품이 떠올랐다. **많은 독일인이 어떻게 유대인을 그토록 잔인하고 비인간적으로 다룰 수 있었을까?**

혐오는 몹시 강렬한 감정이라서 사람은 고의적으로 이 감정을 이용하기도 한다. 작가 프리모 레비는 홀로코스트 시절 강제 수용소까지 기차를 타고 간 긴 여정을 묘사했다. 나치 군인은 작가를 비롯한 유대인에게 돈과 귀중품을 가져오라는 말만 하고 긴 여행 동안 화장실용으로 쓸 만한 물건을 가져오라는 말은 하지 않았다. 그래서 오스트리아의 기차역 플랫폼 위에 풀려났을 때 유대인들은 어쩔 수 없이 열차를 기다리는 다른 승객들 앞에서 대변을 보아야만 했다. 나치가 유대인을 즉각 혐오스럽고 인간도 아닌 것처럼 보이도록 만든 것이다. 유대인을 잔인하게 대하는 것을 받아들이도록 감정을 조작한 것이다.[2]

가난한 사람을 보는 우리 생각으로 돌아가 보자. 유대인을 향한 생각만큼은 아니지만 그래도 여전히 충격적이고 비정하다.

영국에서 있었던 국민 태도 조사 결과를 보면 우선 사람은 가난은 본인 탓이라고 생각한다. 빈곤 퇴치를 목표로 하는 유명한 자선 단체인 조지프 라운트리 재단Joseph Rowntree Fowndation에서 설문조사를 실시했다. 이에 따르면 경제 불황에 많은 사람이 언제 가난해질지 모르는 상황이었음에도 응답자 69퍼센트가 "사실상 누구라도 진심으로 원하면 성공할 수 있는 충분한 기회가 있다. 가난은 개인 문제이고 얼마나 성공을 향한 의욕을 가지고 있느냐가 중요하다."는 사실에 동의했다.[3] 한편, 또다른 권위 있는 연구에서는 "어떤 사람이 가난한 이유는 게으르거나 의지력이 부족하기 때문이다."라는 의견에 찬성한 응답자 비율이 1994년 15퍼센트에서 2010년 23퍼센트로 증가했다. 반면에 "사회 시스템이 부당하다."는 답은 29퍼센트에서 21퍼센트로 감소했다.[4] 사람은 대부분 사회 시스템의 부당성은 언제나 있는 일이라고 생각한다. 응답자 3분의 1이상이 가난은 '필연적인' 것이라고 답했다. 조사 결과에서 가난한 사람에 대한 동정심은 별로 느끼지 않는 것으로 나타났다.

조지프 라운트리 재단의 연구팀이 영국 두 도시의 가장 가난한 동네에 위치한 공공시설에서 생활하는 사람들과 집단 토론을 진행한 적이 있었다. 토론 내용에는 가난한 사람이 동정받지 못하는 이유를 설명하는 부분이 있었다. 토론에 참여한 가난한 사람들은 음식을 살 돈조차 없으면서 신상 휴대폰이나 최신 텔레비전을 산 가족 이야기를 했다.[5] 게다가 비슷한 이야기가 토론하는 동안 계속해서 나왔다. 사람은 재정 상태에 따른 적합한 소비 금액에 대한 강한 기준을 가지고 있다. 그래서 가난한 사람이 생필품을 살 여유도 없으면서 일반적으로 사치품이라고 생각하는 물건을 사면 사람은 특히 화를 낸다.

전체적으로 상당수의 사람이 가난이란 그저 정신만 차리면 빠져나올 수 있는 것이라고 생각한다. 이런 생각을 가진 사람이 돈 걱정이 무엇인지 모르는 부자만이 아니다. 연구에 참여한 사람 중에 그리 부유하지 않은 사람도 있었다.

가난한 사람을 향한 부정적 생각은 끈질기게 이어진다. 여러 연구에서 밝혀진 바에 따르면, 다섯 살밖에 되지 않은 어린 아이도 벌써 가난을 부정적으로 생각한다. 이 생각은 유년 시절 내내 이어지며 특히 중산층 가정 아이에게서 많이 나타난다. 정작 저소득층 가정 아이는 가난에 대해 어렴풋이 생각할 뿐이다.[6]

한 연구에서 5~14세 사이의 미국 아이에게 사진 두 장을 보여주었다. 한 장은 외관 상태가 아주 나쁜 '황폐한' 집 사진이었고, 나머지는 앞마당 잔디가 깔끔하게 정리된 교외의 '멋진' 집 사진이었다. 사진을 보여주고 난 후 아이들에게 두 집에 누가 살고 있는지, 사는 사람 성격은 어떨지, 그리고 어느 집에 사는 아이와 친구가 되고 싶은지 물었다.

무엇보다 인간의 선한 본성에 대한 믿음을 되살릴 수 있어서 너무 기쁘다. 연구에 참여한 아이 대부분이 양쪽 집에 살 것 같다고 상상한 인물 모두 아주 멋진 사람이었다. 아이들 각자 생활환경과는 관계없이 일반적으로 비슷하게 대답했다.[7] 하지만 아이가 한 대답을 좀 더 자세히 분석하면 가정환경에 따라 아이의 생각은 차이가 있었다.

예를 들어 일부 가난한 아이는 중산층 가정집이 얼마나 깨끗하고 잘 정리되어 있는지를 이야기했지만 약 다섯 명 중 한 명 꼴로 그런 집에 사는 사람은 속물이고, 무례하며, 다른 사람을 괴롭힌다고 말했다. 또한 아이 중에 "그 사람들은 부자라서 행복하겠죠. 가난한 사람은 집도 없는데 말이에요."라고 말한 아이도 있었다.

사진 속 황폐한 집에 살 것 같은 사람에 대해 이야기할 때였다. 중산층 가정 아이 중 일부는 그 집에는 게으르고, 더럽고, 인색한 가족이 살며, 이 가족은 '창문을 깨부수는 짓'을 할 것 같다고 말했다. 대조적으로 저소득층 가정 아이들은 좀 더 동정심을 보여주었다. 한 아이는 이렇게 말했다.

"만약 이 집에 사는 사람이 부자도 아니고, 엉망진창인 옷을 입고 있다면 사람들은 비웃을 거예요. 제가 가서 친구가 되어주고 싶어요."

좋은 이야기이지만 가난한 아이들도 황폐한 집에 사는 한 가족에 대해 부정적으로 생각한다는 것을 알 수 있다. 아이들도 가난한 사람에 대한 사회 시선이 차갑다는 것을 이미 알고 있다. 저소득층 가정 아이가 황폐한 집에 사는 아이의 친구가 되어주고 싶다고 말한 이유는 자신은 그 아이를 색안경을 끼고 보지 않을 것이라고 생각했기 때문이다.

어린 아이일 때부터 가난한 사람에 대해 부정적으로 보는 것은 걱정스러운 일이다. 이는 가난을 더욱 고착화할 수 있기 때문이다. 또 다른 연구를 보면 6~7세 어린 아이도 가난한 친구는 학교 성적이 나빠야 한다고 생각했다. 가정환경이 부유한 아이 대다수는 자신은 꿈을 이룰 것이라고 말한 데 반해 가정 형편이 어려운 아이 중 그렇게 말한 아이는 4분의 1이 채 되지 않았다.[8] 현실적으로 이 아이들에게 꿈을 이루기 위한 기회가 부족하고 어려운 것은 사실이지만 어릴 때부터 이런 생각을 가지게 되면 자기충족적 예언 자신에 대한 기대가 자신의 성취 결과에 영향을 미치게 되는 편향성의 희생자가 될 위험성이 높다. 이러한 현상을 심리학에서는 고정관념의 위협stereotype threat이라고 말한다. 아이에게 부정적 고정관념을 지속해서 주면 결과적으로 아이는 기량을 발휘하지 못한다. 그렇기에 저소득층 가정 아이가 인생에 기회가 없다는 것을 운명으로 받아들여 노력할 필요도 없다고 생각할까 걱정스럽다.

또 다른 연구에 따르면 아이는 성인이 되어서도 가난한 사람에 대해 부정적으로 생각하며, 게으르고, 더럽고, 의욕이 없으며, 불쾌하고, 화가 나 있으며, 멍청하다고 평가한다.[9]

1990년대 오클라호마주에서 진행한 연구 결과를 보자. 이 연구는 의대생을 대상으로 진행했다. 의대생은 부유한 환자보다는 형편이 어려운 환자와 만날 가능성이 높다. 그런데 의대생이 가난한 환자를 치료한 기간이 길수록 환자를 더 많이 부정적으로 생각했다. 인턴 4년 차가 되자 병원비를 부담할 수 없는 환자는 치료하고 싶지 않다고 했고, 가난한 사람을 좋지 않게 생각했다.[10]

가난한 사람이 비난받는 이유는 세상 사람이 소위 '공정한 세상에 대한 신념belief in a just world'을 가지고 있기 때문이다.[11] 공정한 세상에 대한 신념이란 이 세상은 전체적으로 공평한 곳이므로 인생에서 각자 누릴 만한 것을 얻는다는 생각이다. 이런 세계관을 통해 사람은 마음의 안정을 얻고 자기에게 일어나는 일을 통제할 수 있다고 느낀다. 하지만 이 세계관을 가진 사람은 누구나 스스로 인생을 만들어간다고 생각하기에 가난한 사람을 보면 학교 다닐 때 열심히 공부하지 않았다거나, 직장에서 최선을 다하지 않았다거나, 가진 돈에 대해 무책임하고 씀씀이가 헤플 것이라고 생각한다.[12] 1992년에 실시한 노숙자에 대한 태도 연구를 보면 응답자의 의견은 동정에서부터 분노와 혐오까지 여러 범위에 걸쳐 나타났다. 노숙자에 대해 적대적으로 생각한 응답자일수록 공정한 세상에 대한 신념을 가지고 있을 가능성이 높다.[13]

　　그렇다면 **사람은 부자를 어떻게 바라볼까? 가난한 사람을 싫어한다는 말은 곧 부자를 좋아한다는 말일까?** 꼭 그렇지 않다. 예일대학교의 수잰 호르비츠Suzanne Horwitz의 연구에 따르면 가난한 사람을 보는 시선과 부자를 보는 시선은 각각 독립적이라고 한다. 그래서 가난한 사람을 싫어한다고 자동으로 부자를 좋아하는 것은 아니며, 그 반대의 경우도 마찬가지이다.[14] 설문조사를 이용한 심리학 연구를 보면 사람은 대체로 부자를 싫어한다고 답하는 경향이 있는데, 내재적 연관성 검사Implicit Association Test기법을 이용한 호르비츠의 연구 결과는 좀 다르다. 내재적 연관성 검사는 사람의 실제 속마음을 파악하는 것을 목표로 하는 검사 기법으로 실험 참여자가 겉으로 말하는 내용과 다른 실제 속마음을 알 수 있다. 이 기법은 주로 인종차별주의적 감정을 느끼는지 검사할 때 사용했다.

　　실험 참여자는 컴퓨터 앞에 앉는다. 컴퓨터 화면에는 한 단어가 떠오른다. 참여자는 떠오른 단어를 보고 특정 단추를 눌러 '좋다' 아니면 '나쁘다'로 분류한다. 예를 들어 '훌륭하다'라는 단어가 뜨면 '좋다'를 뜻하는 단추를 누르는 식이다. 그러고 나서 '부'와 '빈곤'을 나누는 판단을 하도록 한다. '고소득'이라는 단어를 보면 '부'를 뜻하는 단추를 누르도록 말이다. 참여자는 가능한 빠른 속도로 눌러야 하며 컴퓨터는 누르기까지 걸리는 시간을 측정한다. '좋다'단추와 '부'단추를 같은 단추로 설정했을 때, 응답자가 '좋다와 '부'를 모두 빠른 시간 안에 누른다면 응답자는 두 단어의 의미를 연결해서 생각한다는 뜻이다. 이 실험에서는 거짓으로 응답하기 어려워서 단어에 대해 응답자가 실제로 어떻게 생각하는지 알 수 있다.

참고로 이 연구는 저소득층을 바라보는 시선에 대해서는 다루지 않았다. 실험 결과 중산층 사람은 말한 바와 달리 잠재의식에 부자를 좋아하는 경향이 있음을 확인했다. 그렇다고 해서 다른 중산층 사람을 싫어하는 것은 아니었다. 하지만 비싼 재규어 자동차와 오래된 도요타 자동차가 부딪혔다는 이야기를 들려주었을 때, 실험에서 부자를 좋아하는 것으로 나타난 사람은 재규어를 탄 운전자에게 더 관대했다.

깨닫지 못할 뿐 우리는 부자를 동경하고, 가난한 사람을 대할 때보다 부자에게 더 친절하다. 자신도 모르게 가난한 사람을 차별하는 것이다. 가난한 사람에게 가혹하지만 세상은 공평하지 않다. 한번 빈곤의 나락에 빠지면 헤어나오기가 어렵다. 이는 가난으로 좋지 않은 결정을 내리게 되고, 이를 본 세상 사람은 가난한 사람을 무책임하다고 낙인을 찍기 때문이다.

돈 걱정이 어떻게 지능을 낮출까

수확을 앞둔 인도 타밀나두주의 사탕수수 농부들은 수중에 남은 돈이 거의 없다. 해마다 이 시기가 되면 농부들은 생활비를 감당하기 위해 별수 없이 대출을 받거나 전당포에 가진 물건을 잡힌다. 2004년 심리학자들은 사탕수수 농부 500명을 대상으로 일련의 인지 능력 검사를 실시했다. 그리고 몇 달 뒤, 심리학자들은 수확한 사탕수수를 팔아 돈을 번 농부 500명에게 같은 검사를 다시 실시했다.

실험을 진행한 넉 달 동안 농부의 식단이나 생활에는 달라진 것이 없었다. 수확 전과 후의 차이는 돈 걱정의 여부였다. 연구 결과 돈 걱정에 대한 스트레스는 농부의 인지 능력에 영향을 미치는 것으로 나타났다.[15] 수확 전 수중에 돈이 없을 때는 수확 후 사탕수수를 팔아 돈이 생겼을 때보다 지능지수IQ가 9~10점 정도 낮았다. 이 점수 차이라면 지능지수 등급이 달라질 수 있는 수준이다. 지능지수가 뛰어남에서 보통으로, 보통에서 '둔함'으로 바뀔 수 있는 정도이다.

연구 결과로 돈이 없으면 돈 생각에 사로잡히게 된다는 것을 확인할 수 있다. 하버드대학교의 경제학자 센딜 멀레이너선 교수는 가난이 인지 능력에 미치는 영향에 대해 연구하는 학자이며 사탕수수 농부들의 인지 능력 실험에도 참여했다. 멀레이너선 교수는 돈 걱정을 하는 사람 뇌는 다른 일에 집중할 수 있는 '대역폭 주파수 밴드에서 가장 높은 주파수와 가장 낮은 주파수 사이의 차'이 좁으며,[16] 이로 지능이 낮아진다는 것을 밝혔다. 누구나 밤새우고 나면 다음 날 제대로 생각하기가 힘들다. 멀레이너선 교수는 돈 걱정으로 생각의 폭이 좁아지면, 밤새운 사람 상태와 80퍼센트 정도의 유사성을 보인다고 한다.

이와 완전히 다른 조건에서 진행한 연구에서도 돈 걱정이 정신 능력에 얼마나 크게 영향을 미치는지 보여주었다. 이 연구는 미국 뉴저지주의 쇼핑센터에서 이루어졌다. 실험 참여자들은 자동차를 고쳐야 하는 상황을 상상했다. 그리고 일부 참여자에게는 수리비가 1,500달러가 나왔다고 하고, 다른 참여자에게는 10분의 1 수준인 150달러가 나왔다고 했다.

이제 자동차 수리비를 염두에 둔 참여자들에게 두 가지 실험을 진행했다. 첫 번째는 심리학 실험에서 자주 쓰이는 레이븐 검사Raven's Progressive Matrices였다. 이는 논리적 사고 능력과 문제 해결 능력을 확인하는 지능 검사이다. 하얀 검사지 위에 검은 색으로 일련의 도형이 그려져 있고 중간에 빈 칸이 있다. 참여자는 논리적으로 빈 칸에 알맞은 도형을 보기에서 골라야 한다. 두 번째는 컴퓨터 화면에 빠른 속도로 명령어가 나타나면 참여자에게 키보드 위의 특정 단추를 가능한 빠른 속도로 누르도록 했다. 다음에 나올 명령이 무엇인지 예측하는 일은 불가능했고, 이 실험에서는 참여자의 사고력과 빠른 실행력을 측정했다.

실험을 통해 어떤 사실이 밝혀졌을까? 우선 참여자들이 두 실험에서 얻은 점수는 다양했다. 우리는 자동차 수리비를 염두에 둔 부유한 참여자와 상대적으로 가난한 참여자가 보여주는 차이에 관심이 있었다. 생각한 자동차 수리비가 1,500달러건 150달러건 부유한 참여자들 간의 성적은 검사에 따라 비슷하게 좋거나 나빴다. 하지만 상대적으로 가난한 참여자일 경우 높은 자동차 수리비를 가정한 사람의 점수가 훨씬 나빴다.[17] 알다시피 자동차 수리비는 실제 상황이 아니다. 실제 비용을 내야 하는 것이 아님에도 돈 걱정은 사람의 인지 능력에 상당한 영향을 끼쳤다.

꼭 돈 문제가 아니어도 여러 이유로 과도한 집착을 해본 적이 있을 것이다. 페이스북을 기웃거리는 외로운 사람은 자신만 빼고 다들 밖으로 나가 친구와 즐거운 시간을 보내는 것 같다. 금연을 시도 중인 남자는 텔레비전을 켤 때마다 담배에 불을 붙이는 배우가 나오는 고전 영화에서 눈을 뗄 수 없다. 유산한 여성은 친구들의 임신 소식에만 귀 기울인다. 사실 세상 사람 모두가 매일 밤 친구와 놀러 다니고, 항상 담배를 피우거나 아이를 가지는 것은 아니다. 집착하는 사람만 두드러지게 느낄 뿐이다.

돈 문제도 마찬가지이다. 돈이 없으면 돈에 집착하고, 마음속에서 돈 생각이 떠나지 않는다. 이것만으로도 충분히 나쁜 일이지만 센딜 멀레이너선 교수와 프린스턴대학교의 엘다 샤피르Eldar Shafir 교수의 공동 연구에 따르면 돈에 대해 걱정하면 할수록 빈곤에서 탈출하는 데 필요한 결정을 잘 내리지 못한다고 한다.

빚지기 싫어도 대출받는 이유

매년 미국인 1,200만 명이 초단기 고금리 소액대출을 받는다. 그리고 대출자 54퍼센트는 상환에 어려움을 겪는다.[18] 미국 금융소비자보호국 US Consumer Financial Protection의 조사에 따르면 대출자 절반은 상환 기한을 10번 연장하는 것으로 나타났고, 이 과정에서 이자 부담과 경제적 고통이 점점 심해진다. 대부업체는 엄청난 비난과 함께 점점 강한 규제를 받지만 이 대출을 받는 사람 역시 비난의 대상이다. 사람들은 이런 식으로 생각할 것이다.

'도대체 생각 없이 왜 그런 업체의 돈을 빌리는 거야? 즉시 해주는 무담보 대출은 고금리여서 갚기가 더 어렵다는 걸 왜 모르지? 도대체 대부업체가 어떻게 수익을 내며 대출 회수의 위험에 어떻게 대비한다고 생각하는 거야?'

사실 대부업체는 대출자의 순전한 어리석음에 기대지 않는다. 이 업체는 빚을 대하는 사람의 심리를 잘 알고 있다. 특히 소득이 낮고 불안정한 사람은 단기대출이 더 상환하기 쉽다고 생각한다. 인간의 합리성을 전제로 하는 경제학에서 사람은 소비는 현재에 하고, 지불은 가능한 뒤로 미루고 싶어 할 것이라고 예상한다. 하지만 사람은 대부분 빚을 지는 것을 전혀 좋아하지 않는다. 이 사실을 뒷받침하는 자료는 무수히 많다. 사람은 부채 회피적이다. 그래서 무이자라 해도 빚이 있으면 빨리 갚아 버리고 싶어 한다. 결국 돈이 남지 않는다고 해도 말이다.[19] 부채 상환에 문제가 생기는 이유는 대개 예상치 못한 일이 발생했거나 단순히 상환일을 잊었기 때문이다. 그런데 **빚지는 생각을 하면 마음이 불편한데도 사람은 왜 고금리 소액대출을 받는 것일까?**

퓨 소액 신용 대출 보고서Pew's Payday Lending Report를 보면 미국의 저소득층이 이 대출을 받는 이유는 부채에 대한 두려움과 익숙함 때문이라고 한다. 이런저런 이유로 현금을 필요로 하지만 장기간 동안 대출 걱정을 하고 싶어 하지 않는다. 경제적 불안정성을 생각하면 제대로 갚지 못할지도 모르는데 장기간 꾸준히 상환하는 대출을 하는 것은 무모하다고 여긴다. 그저 급료 받는 날까지 잠시 위기를 넘길 돈이 필요할 뿐이고, 그날에 바로 상환할 것이라는 속셈이다. 대출자는 고금리가 문제될 정도로 긴 기간 동안 빌리지 않겠다고 생각한다.

이는 가난할수록 위험 회피적 소비를 한다는 다른 연구 자료와 일치한다. 가난한 사람이 하는 말도 들어보면 합리적이다. 다만 한편으로 이해되는 행동이 다른 한편으로는 그렇지 않다. 예를 들어 안 좋은 일이 일어났을 때 감당할 능력도 안 되면서 보험에 가입하지 않는 것이다.

한 라디오 드라마를 예로 보자. 이 드라마는 그런디스 가족 이야기를 담고 있다. 드라마 속에서 그런디스 가족은 다소 무능력하다. 보험금을 감당할 여력이 없어 빌려서 사는 작은 집에 보험을 들지 않는다. 합리적인 선택이었을까? 드라마 속에서 강둑이 무너져 집을 포함해 마을 전체가 물에 잠겨버린다. 보험에 가입하지 않은 일은 결코 합리적 선택이 아니었다.

오늘날 인터넷 사용은 매우 편리하고, 필수적이다. 하지만 실직 상태라면 컴퓨터를 사거나 초고속 인터넷에 가입하기가 망설여진다. 마찬가지로 이런 행동을 보면 처음에는 경제적으로 신중하다고 생각한다. 컴퓨터를 사거나 인터넷을 연결하려면 대출하거나 신용카드를 사용해야 하기 때문이다. 하지만 인터넷에 올라온 구인 광고를 볼 수도 온라인 입사 지원서도 쓸 수 없다. 따라서 실직 기간이 길어질 수 있다. 돈이 거의 없는 상태라면 돈을 쓸 것인지 말 것인지 결정할 때 위험보상 비율risk-reward ratio: 위험을 추가로 부담할 때 투자자가 얻는 기대수익의 증가 비율에 대한 정확한 계산이 필요하지만, 이는 쉬운 일이 아니다. 정확한 계산에 실패하면 상대적 빈곤은 더욱 악화한다.

퀴즈를 하나 내겠다. 가능한 빨리 미국의 모든 주 이름을 말해보라. 두어 개 힌트를 주면 시작할 수 있을까? 미국에는 오하이오주와 알래스카주가 있다.

힌트가 도움 되었을까? 그렇지 않을 것이다. 연구에 따르면 스스로 모든 주 이름을 전부 찾아내는 것보다 힌트 두 개를 가지고 나머지 주 이름을 대는 것이 더 어렵다.[20] 이러한 심리 과정을 회상 억제retrieval inhibition라고 부른다.

회상 억제는 이렇게 작용한다. 힌트를 듣고 미국 50개 주 이름을 기억해야 할 때 힌트를 제외한 나머지를 기억해내려 한다. 하지만 머릿속에는 오하이오주와 알래스카주가 떠나지 않아 코네티컷, 뉴햄프셔, 사우스다코타 등등 이름을 떠올리는 일에 집중할 수 없다.

현실에서 돈 걱정을 할 때도 이와 비슷한 일이 일어난다. 고금리 소액 대출을 받는 사람은 심리학자가 터널링tunneling이라고 부르는 상태를 보이는데, 이는 마음의 시야가 좁아지는 현상이다. 지금 가장 중요한 일은 당장 필요한 돈을 한시라도 빨리 손에 쥐는 것이다. 전기가 끊기기 전에 전기세를 내거나 출근할 수 있도록 차를 고치는 데 드는 돈 말이다. 여기서 회상 억제로 현재만 생각하는 좁은 시야가 장기적으로 생각하는 폭넓은 시야를 사라지게 만든다. 즉, 급료 받는 날에 대출을 상환

할 수 있는지 여부를 감안하지 않는다.[21]

돈 걱정을 하는 사람에게 터널링이 현저하게 나타났다면 이들은 무책임하게 가난 속에 빠진 것이 아니다. 가난한 사람은 대체로 뇌기능에 따른 수동적 피해자이다. 일부에서는 가난하기 때문에 좋지 않은 의사결정을 내리는 것이 아니라, 좋지 않은 의사결정을 내렸기 때문에 가난하다고 주장한다. 직설적으로 이야기하면 가난한 사람은 부자만큼 똑똑하지 않기 때문에 멍청한 결정을 내렸을 가능성이 더 높다는 것이다.

어느 쪽 주장이 맞는 것일까? 도덕적 측면과 정책적 측면의 영향을 모두 고려하면 이는 꽤 중요한 질문이다. 정부는 당장 빈곤 탈출을 우선시해야 할까 아니면 교육비에 더 투자해야 할까? 복지 제도가 자력갱생을 돕는 것일까 아니면 의존성을 키우는 것일까? 저금리 대출을 해주어야 하는 것일까 아니면 가진 돈으로 어떻게든 해결하도록 해야 하는 것일까?

정신적 빈곤의 함정

심리학자 아누즈 샤Anuj Shah교수는 이 문제를 연구했다. 연구에 참여한 사람들은 가난하지도 멍청하지도 않았다. 참여자들은 세계적으로 유명하고 등록금도 비싼 프린스턴대학교 학생들이었다. 샤 교수는 실험에서 가상의 상황을 만들어 이 속에서 결핍으로 참여자의 사고가 방해받도록 했다.

실험에서 학생들은 〈가족대항전Family Feud〉이라는 미국 텔레비전 퀴즈 쇼처럼 문제를 풀어야 했으며, 보통 사람 100명에게 특정 질문을 했을 때 가장 많이 나온 답이 무엇인지 맞추어야 했다.

실험에서 학생을 A그룹과 B그룹으로 나누었다. A그룹은 말하자면

'시간 부자'가 되었다. 이 그룹에는 가능한 많은 답을 생각할 수 있도록 긴 시간이 주어졌다. 반면 B그룹은 시간에 쫓기게 했다. 주어진 시간에는 엄격한 제한을 적용했다. 각 그룹에 배분한 시간을 고려했을 때 처음에는 두 그룹이 거의 비슷하게 퀴즈를 맞추었다. 이때 시간에 쫓기는 학생들은 압박감에 오히려 문제 풀이에 더 집중하는 모습을 보였다.

그러고 나서 B그룹에게 필요하면 추가 시간을 '빌릴' 수 있는 기회를 주었다. 물론 공짜는 아니었다. 시간 '대출'에 대한 '고금리'는 이러했다. 문제를 풀 때 1초를 빌리면 주어진 전체 문제 풀이 시간에서 2초가 줄었다.

그럼 **B그룹은 어떤 반응을 보였을까?** 앞서 문제를 풀었을 때 추가 시간은 필요하지 않았다. 추가 시간 없이도 시간 부자인 A그룹과 거의 비슷한 실력을 보였다. 하지만 기회가 주어지자 B그룹은 시간을 빌리기 시작했다. 시간에 대한 걱정이 다른 고려사항보다 우선시 되었다. 즉, 단기적 문제가 장기적 문제보다 중요하게 여겨지기 시작한 것이다. 당장 몇 초를 얻는 것이 나중에 그 두 배를 잃는 것보다 더 중요하게 느껴졌다. 게다가 B그룹이 단기적으로 더 나아진 성과를 낸 것도 아니었다. 어느 면을 보아도 B그룹은 잘못된 선택을 했다.[22]

이 연구 결과에서 무엇을 알 수 있을까? 어떤 결핍이 있는 상황에서 압박감은 생각을 짓누르고 잘못된 선택을 하도록 한다. 구체적으로 말하면 비합리적이고 단기적인 상황만 생각하는 결정을 내린다. 그런데 연구에 참여한 그 어떤 학생도 결코 똑똑하지 않다고 말할 수 없다. 나쁜 결정을 내린 것은 똑똑하지 않아서가 아니라 처한 상황 탓이었다.

샤 교수가 연구한 결과를 보면 가난한 사람이 좋지 않은 선택을 하는 것은 돈이 없는 상황 탓이지, 똑똑하지 않아서가 아니다. 어떤 사람이든 가난하다고 비난받는 것은 잘못된 일이다. 돈에 대한 태도 연구에서도 소득이 낮은 사람이라고 해서 다른 사람보다 경제적으로 무책임한 것은 아니지만 때로 잘못 내린 결정으로 빚에 더 깊이 빠져든다고 밝혔다.[23] 말 그대로 '생각의 빈곤'이 존재하고 여기에서 벗어나기 위해서 가난한 사람에게 필요한 것은 경제적 도움이다.

상호 신용협동조합을 통해 가난한 사람에게 소액을 저금리로 즉시 빌려주는 방법이 도움될 수 있다. 이런 서비스를 받으면 저소득층 사람은 빌린 돈으로 즉시 해결해야 할 문제를 처리하고, 요하네스 하우스호퍼Johannes Haushofer교수가 말한 '신경생물학적 가난의 덫the neurobiological poverty trap'에서 빠져나올 방법을 생각할 정신적 여유를 가질 수 있다.

하우스호퍼 교수는 충분한 돈 없이 살려고 애쓰면 스트레스 호르몬 코르티솔 수치가 증가하여 사고방식에 영향을 미친다는 가설을 세웠다. 저소득층 사람이 코르티솔 수치가 높다는 것은 여러 연구에서 밝혀졌다.

체내에 코르티솔 수치가 높아지는 데는 다른 이유가 있을 수도 있다. 예를 들어 질병 때문에 코르티솔 수치가 높아졌는데 아파서 실직하고, 그래서 가난하게 살 수도 있다. 확실한 결론을 얻으려면 높은 코르티솔 수치와 가난 중에 어느 쪽이 먼저 일어나는지 알아야 한다. 주목할 만한 사실은 저소득층 가정 2~6세 유아의 코르티솔 수치가 높다는 것이다.[24] 이 분야에 대한 연구는 아직 초기 단계이며, 일부 연구에서는 하우스호퍼 교수의 가설을 반박하긴 하지만 일반적으로는 지지한다.

가난한 이유는 멍청하기 때문일까

신경과학적으로 증명한 사실을 보면 하우스호퍼 교수가 세운 가설에 더욱 무게가 실린다. 사람의 이마 뒤에는 전전두엽피질prefrontal cortex이 있는데, 이 부위는 무모한 즉흥성을 막는 데 큰 역할을 한다. 즉, 우리가 항상 즉각적인 만족을 선택하는 것을 막고, 미래에 있을 더 큰 보상을 참을성 있게 기다리도록 지시한다.

오늘 10파운드를 받을 것인지 일주일 후에 11파운드를 받을 것인지 결정하라는 제안을 받았다고 해보자. 그러면 마음속에서 '금액 차이가 별로 없으니 지금 10파운드를 받는 것이 더 낫지. 일주일 후에 받으면 금액이 약간 더 많긴 하지만 기다리는 동안 무슨 일이 생겨서 돈을 못 받게 될지도 몰라.'와 같은 생각이 든다.

그런데 비교해야 할 금액이 10파운드와 20파운드라면 어떨까? 이렇게 되면 일주일 더 기다리는 쪽이 훨씬 합리적이라고 생각한다. 이는 당신의 전전두엽피질이 제대로 기능하고 있기 때문이다.

이 사고 과정의 변화를 보면 앞서 나온 심리 작용과 비슷하다. 사람은 자전거를 빌릴 때는 15파운드를 아껴서 기뻐했지만 자동차를 살 때는 그 금액 차이는 사소하다고 느꼈다. 그런 심리 작용을 상대적 사고라 불렀다. 그렇다면 **일주일 동안의 소비 금액을 생각했을 때 몇 파운드를 더 받으려고 일주일을 기다릴 필요가 있을까?**

이 상황에서는 상대적 사고와는 약간 다른, 시간 할인temporal discounting이라는 심리 현상이 일어난다. **기다린다는 선택을 하려면 얼마큼 돈을 더 받아야 할까?** 상대적 사고와 마찬가지로 경제학자들은 이 문제에 대해 수백 건의 연구와 실험을 했다. 결과는 어땠을까? 거래 조건이 어떤지에 따라 사람은 다양하게 대답했다. 하지만 부유한 사람과 가난한 사람이 서로 다른 결정을 내리는 핵심 원인은 "기다릴 여유가 있는가?"의 여부였다. 부자일 경우 '그렇다'인 경우가 많다. 이미 돈이 많기 때문에 지금 당장 10파운드가 있어도 그만, 없어도 그만인 셈이다. 그렇기 때문에 받을 금액을 선택할 때 11파운드 쪽을 선택할 수도 있다. 20파운드는 당연히 받는 쪽으로 선택했을 것이다. 이와 달리 가난한 사람은 당장 10파운드가 너무 아쉬워서 기다리면 받을 수 있는 더 큰 금액을 포기한다.

하지만 앞 내용을 다시 생각하면, 인도의 시골 마을 사람들은 가전제품 금액의 50달러를 아낄 수 있다면 45분 동안 걸어갈 수 있다고 답했다. 상황에 따라 가난한 사람도 다르게 행동하는 것을 알 수 있다. 그럼 어떻게 설명할 수 있을까? 가난한 사람은 전체 금액에서 아낄 수 있는 돈을 가늠할 때는 합리적으로 판단하다가 **현재와 미래 간에 받을 수 있는 돈을 선택해야 할 때는 합리적이지 못한 결정을 내리는 것일까? 심리가 무엇일까?** 이 질문을 풀 수 있는 힌트는 경두개 자기자극transcranial magnetic stimulation이라 불리는 기법에 있다. 이 기법을 시행할 때는 머리 옆에 커다란 전자기 코일을 감는다. 코일은 자기파를 발생시키고, 뇌 속에 흐르는 전류에 영향을 미친다.

전자기 자극이 전전두엽피질의 활동을 감소시켰더니 사람은 미래에 있을 더 큰 보상을 기다리지 않았고, 현재만을 고려했다. 현실에서 이와 같은 결과를 가져오는 자극은 바로 만성 스트레스이다.[25]

물론 가난한 사람만 스트레스를 받는 것은 아니지만, 스트레스에 훨씬 취약하다. 이제 가난한 사람이 왜 그렇게 초단기 고금리 소액대출이라는 치명적 선택을 하는지 설명할 수 있을까? 가난한 사람이 바보 같고 무책임해서가 아니라, 일상에서 받는 높은 스트레스가 전전두엽피질에 영향을 미쳐 미래를 생각하지 못하는 것일까?

이 분야에 대해서는 좀 더 연구가 필요하고, 현상의 인과관계를 구분하는 일은 늘 어렵다. 하지만 이미 있는 연구 자료로도 설득력이 있다. 한 연구에서는 경제적 어려움이 아이의 두뇌 발달에 해를 끼칠 수 있음을 보여주었다. 미국 세인트루이스에서 연구 대상 아이들이 3~6세가 되는 동안 매년 한 번씩 뇌를 촬영했다. 그랬더니 가난한 가정의 아이는 뇌의 회색질과 백색질의 양이 적었고, 해마와 편도체의 크기도 작았다. 하지만 부모에게 좋은 양육을 받은 아이일 경우 가난이 뇌에 미치는 영향은 적었다.[26]

더 많은 연구에서 경제적 빈곤이 생각의 빈곤을 강화한다는 것이 확인되면, 저소득층의 소득을 늘리는 사회 복지 프로그램에 대해 강한 논쟁이 이루어져야 할 것이다. 그러면 현재 사회 복지 프로그램에 흐르는 정치적 사고에 변화가 찾아올 수 있다. 프랑스의 경제학자 토마 피케티 교수가 증명한 것처럼 정치적 사고로 사회 복지 프로그램을 다루는 일은 경제 불평등을 조장할 뿐이다.[27]

MIND OVER MONEY

CHAPTER 11

돈에 대한 거짓말은
용서할 수 있다

타이태닉호의 구명보트에 가장 먼저 오른 사람
부러움이 꼭 나쁜 감정은 아니다
돈에 대한 거짓말은 용서받을 수 있다
도박에서 헤어나올 수 없는 사람들

행동이 어수룩한 사람을 항상 의심하라. 이 말을 하는 이유는 지갑, 연필, 종이 등을 잔뜩 떨어뜨린 심리 실험이 하나 있었기 때문이다. 내가 영국 브라이턴에 살던 시절에 일어난 일이다. 개방대학 여름 학기Open University Summer School의 심리학 프로그램이 시작되었다. 그래서 마을 어디를 가나 누군가가 물건을 떨어뜨리고 다녔다.

근처에는 사람들이 클립보드를 든 채 돌아다니고 있었다. 어떤 상황에서 물건이 떨어지면 사람이 도움을 주는지 실험하기 위해서였다.

그럼 **어떤 상황에서 어떤 사람이 도움을 많이 주었을까?** 연구에 따르면 실험자가 어수룩하게 물건을 떨어뜨렸을 때 돈을 지향하는 사람일수록 도움을 줄 가능성이 낮았다.

이기적인 것일까, 자족적인 것일까

2006년 미국 미니애폴리스의 미네소타대학교에서 이루어진 심리 실험에 한 그룹의 학생들이 참여했다. 이 실험은 저명한 심리학자 캐슬린 보스Kathleen Vohs 교수가 진행했다. 실험 대상인 그룹 수가 너무 많아서 학생들은 말 그대로 이상하다weird는 생각이 들었다. 이상하다weird고? 그렇다. 이 실험 대상자는 모두 WEIRD의 조건을 충족하는 나라에서 온 학생들이었다. 서양Western의, 교육 수준이 높고Educated, 산업화가 이루어져Industrialized, 부유한Rich, 민주Democratic 국가들 말이다.

학생들은 마구 섞인 단어 카드 중 네 단어를 골라서 문구를 만들어야 했다. 일부 학생에게는 감정이 개입하지 않은 단어 카드를 주었다. 한 학생은 '추운cold, 그것은it, 책상desk, 밖에desk, 있다is'라고 읽히는 단어 카드 다섯 장 중 네 장을 골라 "밖은 춥다.It is cold outside"라는 문장을 만들었다. 또 다른 학생에게는 돈과 관련된 단어 카드를 주었다. '높은high, 하나의a, 급여salary, 책상desk, 지급하는paying'이라는 단어 카드를 받자 '높은 급여a high paying salary'라는 문구를 만들었다.

실험은 잠재적이지만 돈에 대한 학생의 생각을 알아보려는 목적이었다. 그 다음으로 실험 진행자는 미리 섭외한 학생에게 단어 카드 맞추는 일이 어렵다는 시늉을 하며 도움을 요청하도록 했다. **어떤 학생이 도와주러 올 것인가? 맞추는 단어 카드에 따라 차이가 있을까?**

돈과 관련된 단어 카드를 맞춘 학생이 친구를 도와준 시간은 돈과 관련되지 않은 카드를 맞춘 학생이 도와준 시간의 반밖에 되지 않았다. 어떤 성격을 가진 아이인지는 중요하지 않았다. 문제는 '높은 급여'나 이와 비슷한 문구를 생각한 학생이 더 이기적이었다.[1]

다른 실험에서 보드게임 모노폴리를 학생들에게 나눠주었다. 게임에서는 일부 학생은 마지막에 돈을 많이 남겨 다음 판에서 쓸 수 있도록 하고, 나머지에게는 돈이 거의 남지 않도록 했다. 그리고 게임을 진행하는 동안 한 학생에게 게임판 위에 연필을 떨어뜨리며 어수룩한 척을 하도록 했다. 이번에도 모노폴리에서 돈을 많이 가진 학생이 연필을 줍는 일에 별 도움을 주지 않았다.

이 연구는 심리학계에서 '점화 priming'라고 부르는 현상의 예를 보여준다. 점화란 어떤 이미지나 단어를 보고 무의식적으로 그 주제에 집중하여 사고에 큰 영향을 받는 현상을 말한다. 점화 현상을 다룬 유명한 실험이 있다. 노화와 관련된 단어 철자 맞추기 게임을 시켰더니 실험 참여자들이 게임 후 엘리베이터를 향해 걸어가는 속도가 느려졌다고 한다. 즉, 늙음과 관련된 생각이 마음속에 꽉 차서 마치 노인이 된 것처럼 걷기 시작했다는 것이다.[2]

하지만 점화에 대한 생각은 심리학 내에 균열을 가져왔다. 점화 현상을 발견한 유명한 연구를 재현한 시도가 항상 성공적이지 못했기 때문이다. 심리학자들이 돈과 관련된 단어 카드 실험 결과를 재현하려고 완전히 똑같은 방법으로 실험을 진행했지만 동일한 결과를 얻지 못했다.[3] 보스 교수의 실험뿐만이 아니었다. 화면을 통해 100달러 지폐를 보고 있는 실험 참여자에게 자유시장경제에 대한 의견을 물어보는 실험이 있었다. 원래 실험 결과에 따르면 금액이 큰 지폐를 보면서 응답한 사람이 다른 사람보다 더 자본주의에 대한 믿음이 높다고 나타났다. 하지만 심리학자들이 이 실험을 재현했을 때는 같은 결과를 얻을 수 없었다. 그럼 공정성을 위해 재현 실험에 대한 보스 교수의 의견도 들어보자. 보스 교수는 논문에서 이 실험에 대한 이의 제기에 응답하며, 실험에서 표본이 같은 비교 대상이었는가 하는 질문을 던졌다.[4] 재현 실험의 참여자들은 시카고대학교의 학생들이었는데 이 학교는 특히 경제학으로 유명하다. 그래서 보스 교수는 시카고대학교의 학생이라면 좀 더 시장 친화적 입장을 고수했을 가능성이 높다고 했다. 그래서 지폐 사진을 보여 준 것이 학생의 응답에 큰 차이를 가져오지 않을 수 있다고 주장했다.

돈에 대한 말을 듣거나, 돈을 보았을 때 우리의 태도나 행동이 영향을 받는다는 이야기가 전혀 근거 없지는 않다. 일부 연구에서는 반박하지만 이를 지지하는 연구도 많다. 보스 교수의 점화 실험은 전 세계 여러 연구에 사용되었고, 18개국에서 연구 165개 이상을 진행했다. 그중 한 연구를 예로 들어보자. 돈과 관련된 단어 카드를 맞추면서 돈에 점화 된 참여자에게 가상 질문을 던졌다. 이를테면 당신은 사무 보조원으로 일하고 있다. 복사기를 쓰다가 집에 있는 프린터용 종이가 떨어진 사실이 떠올랐다. **당신은 종이 한 뭉치를 가방에 집어넣을까?**

연구 결과, 돈에 점화 되지 않은 그룹에 비해 점화 된 그룹이 사무실에서 종이를 슬쩍하거나 또는 다른 비윤리적 행동을 하겠다고 대답했다.[5] 하지만 이는 가상 상황에서 어떻게 행동할지에 대한 대답일 뿐이다. 실제 상황에서 부정행위를 할지는 알 수 없다. 그래서 이를 알아보려고 실험을 구상했다.

실험 참여자들은 이기면 실제로 돈을 받을 수 있는 컴퓨터 게임을 했다. 그런데 연습을 몇 번 거치니 약간의 부정행위로 돈을 더 많이 딸 수 있는 쉬운 방법을 찾았다. 이 실험에서도 돈에 점화 된 참여자들이 유혹에 더 쉽게 무너졌다. 연구팀은 돈에 점화 된 참여자는 상황을 도덕적으로 옳은 방향보다 금전적으로 도움 되는 방향으로 결정을 내리는 사업적 가치관을 가진다고 가설을 세웠다.

돈에 점화 된 사람이 항상 나쁜 행동을 하는 것은 아니다. 캐슬린 보스 교수는 연구를 통해 돈에 점화 된 사람이 이기적으로 보이지만, 자족적인 모습도 보인다고 했다. 이 또한 남에게 도움을 주지 않는 이유가 될 수 있다. 어느 실험에서 참여자들에게 어렵지만 풀 수 있는 퍼즐을 주었을 때, 돈에 점화 된 참여자는 다른 점화를 받은 참여자에 비해 포기하는 경우가 적었고, 빨리 도움을 구하지도 않았다. 다른 참여자들은 11분 동안 스스로 풀려 애썼지만, 돈에 점화 된 참여자들은 16분 동안이나 혼자 노력했다. 보스 교수의 실험에서는 시작 전 학생들을 나누어 컴퓨터 화면 보호기를 보여주었는데, 일부 학생은 바닷속에서 물고기가 떠다니는 모습을 보았고 나머지 학생은 돈이 떠다니는 모습을 보았다. 그랬더니 이어진 과제를 수행할 때 돈을 본 학생 중에서 짝과 함께 하겠다는 학생보다 혼자 하겠다는 학생이 세 배 더 많았다.

그렇다면 **돈에 점화 된 사람은 이기적인 것일까, 자족적인 것일까?** 돈의 점화를 받으면 사람은 오직 한 가지만 생각하는 경향이 있다. 이는 돈을 벌고 나서도 아량을 베풀 수 없다는 뜻은 아니지만 사람은 돈을 더 많이 가질수록, 더 비열해진다는 연구 결과가 있다.

부자와 아이 먼저: 부자라면 타이태닉호에서 구조되었을 것이다

다들 한 번쯤 이런 상황을 경험해본 적 있을 것이다. 친구 중 잘사는 녀석이 바에서 술을 한잔 사면서 계산할 때는 두툼한 지갑을 아주 천천히 꺼내는 상황 말이다. 내 친척이 이런 이야기를 들려준 적이 있다. 친척은 알고 지내는 아주 부유한 부부가 있었다. 어느 날 40번째 생일을 맞이한 이 부부가 내 친척을 비롯하여 여러 친구를 집으로 초대하여 생일 파티를 열었다. 강이 내려다보이는 웅장한 집이었다. 그런데 이 부부가 파티에 초대한 손님에게 음식값을 내라고 했다. 이런 행동을 보면 사람은 흔히 이렇게 말한다.

"애초에 그렇게 한두 푼에도 짜게 굴어서 부자가 된 거 아니겠어?"

백만장자인 구두쇠의 악명 높은 이야기도 많지만 한편으로는 굉장히 후한 자선가로 활동하는 부자도 많다. 그래도 여전히 돈이 많아지면 사람이 비열하고 이기적으로 변한다는 주장은 계속된다.

"타이태닉호에 타고 있다면, 나는 첫 번째 구명보트에 올라탈 자격이 있어."라는 문장을 보자. 실제로 이런 재난 현장에서 어떤 행동을 했을지 결코 알 수 없다. 극심한 공포 속에서도 다른 사람부터 먼저 살리려는 행동을 했을 수 있다. 하지만 누구도 이 질문을 받지 않을 것이며, 가라앉는 배에서 나부터 탈출할 자격이 있다고 대답하지도 않을 것이다. 그런데 결과를 보면 가난한 사람보다 부유한 사람이 더 많이 그렇다는 식으로 생각한다.

이 타이태닉 관련 연구는 미국의 심리학자 폴 피프Paul Piff교수가 진행한 연구 50건 이상 중 하나에서 나온 것이다. 피프 교수의 연구 대부은 부자를 그리 좋게 나타내지 않는다.

피프 교수는 "부유할수록 더 인색할까?"의 답을 찾기 위해 한 그룹의 사람들을 모았다. 이 그룹에는 연간 수입 20만 달러를 버는 사람도 있었고, 이보다 적게 버는 사람, 그리고 훨씬 적게 버는 사람이 섞여 있었다. 모든 참여자에게 10달러를 주었다. 이 돈은 가져도 되고, 기부해도 되고, 일부는 가지고 일부는 기부해도 되었다. 피프 교수가 발견한 바에 따르면 가난한 사람이 더 인정이 많았다. 기부한 사람 중에는 연간 수입 15만~20만 달러 사이를 받는 사람보다 2만 5,000달러 이하를 받는 사람이 평균 44퍼센트 더 많았다.

피프 교수는 또 다른 연구에서 실험 참여자에게 크기가 서로 다른 원 두 개를 보여주고 자신과 '타인'을 상징하는 원을 선택하게 했다. 그 결과 부유한 사람일수록 큰 원이 자신을 나타낸다고 답했다. 또 부유한 사람은 "자신은 모든 일에 능하며 절대 잘못을 저지르지 않는다."는 문장에 더 많이 그렇다고 대답했으며, 사진을 찍기 전에 거울을 보고 외모를 가다듬는 경향이 더 심했다.[6]

지금까지 나온 부자는 비열하고, 이기적이며, 자만심이 넘치고, 허영심이 많다. 하지만 이 사람들은 피프 교수의 연구에 참여하기 전부터 부자였다. 이 행동은 부유하기 때문에 그런 것이 아니라, 원래 그런 태도를 지녔기에 부자가 되었을 수도 있다. 즉, 혐오스러운 행동을 돈의 탓으로 돌려서는 안 되며, 처음부터 그런 성격이었기 때문에 이기적인 부자가 되었을지도 모른다는 뜻이다.

부자의 돈과 악행 사이의 관계를 규명하는 방법이 하나 있다. 돈이 없는 사람에게 돈을 주고 부자의 모습이 나타나는지 관찰하는 것이다. 이를 확인하기 위해 폴 피프 교수도 모노폴리 게임을 이용했다.

게임 참여자들은 실제로 서로 다른 소득 계층에 속하지 않았지만, 실험에서는 게임마다 동전 던지기를 통해 한 명은 자신이 부자라고 생각하게 하고, 상대방은 자신이 가난하다고 생각하도록 했다. 방법을 어떻게 썼을까? 먼저 동전 던지기에서 이긴 사람은 경주용 차를 타고, 진 사람은 낡은 부츠를 신고 게임을 진행해야 했다. 게다가 동전 던지기 승자는 패자보다 두 배의 돈을 가지고 게임에 임했으며, 한 번에 주사위를 한 개 대신 두 개씩 던질 수 있었다. 심지어 고GO칸을 지날 때마다 200달러가 아닌 400달러를 받았다. 게임을 진행하면서 가질 수 있는 모든 행운을 승자에게 다 몰아주었다.

당연히 혜택을 받은 참여자가 게임에서 이겼다. 하지만 피프 교수가 주목한 것은 게임 결과가 아니었다. 피프 교수는 실험 참여자들에게 비밀로 하고 반사거울 너머로 게임에서 '부자'가 된 사람의 행동을 관찰했다. 결론은 한마디로 말하면 혐오스러웠다. 부자가 된 참여자들은 자꾸만 소음을 만들었다. 게임판에서 경주용 차를 타고 달리면서 의기양양하게 함성을 질러댔다. 심지어 게임에 참여하는 사람을 위해 그릇에 담아둔 과자를 할당된 양보다 더 많이 먹어치우기도 했다.

게임이 끝난 뒤 혜택을 받은 참여자들에게 승리한 이유가 무엇인지 물었다. 어떻게 대답했을까? 모두 자신의 노력과 현명한 결정 덕분이라고 대답했고, 그 누구도 처음부터 혜택을 받고 시작했기 때문이라고 답하지 않았다.[7] 이 결과를 보니 1978년에 있었던 어느 유명한 연구 결과가 생각난다. 이 연구에서 복권 당첨자 중 거의 3분의 2가 어떤 식으로든 자신은 복권에 당첨될 자격이 있다고 생각했다.[8]

피프 교수가 내린 결론은 다음과 같다. 경쟁을 좋아하는 사람은 이기적인 본능이 있고, 돈도 잘 번다. 또한 실험에서 비록 일시적이고 그저 게임일 뿐이라도 돈을 가지면 사람은 다르게 행동하고, 자기중심적이며, 거만해진다. 다시 말해, 인과관계에 있어 양쪽이 다 가능하다.

결과를 신중하게 판단하자

햇살이 눈부신 어느 날, 미국 샌프란시스코 인근 만 지역Bay Area에서 몇 사람이 보행로 옆 덤불 뒤에 숨어 있었다. 당신은 바로 눈치챘겠지만, 이 사람들은 범죄를 저지르려는 것이 아니라 심리 실험 중인 학자였다. 건널목에서 운전자가 어떻게 행동하는지 관찰하고 있었다. 이 실험을 진행한 학자는 이번에도 폴 피프 교수였다.

다른 곳도 마찬가지겠지만, 캘리포니아에서는 보행자가 횡단보도를 건널 것 같으면 자동차는 멈추어야 한다. 이는 도로 이용지침 중 하나이고, 안전을 위한 문제이며, 법적인 문제이다.

무엇보다 운전자가 친절을 베풀었을까? 관찰한 결과가 어땠는지 말하지 않아도 알아챘을 것이다. 값싼 차를 운전하는 사람은 모두 차를 멈추어 보행자가 횡단보도를 다 건널 때까지 기다렸지만, 비싼 차가 횡단보도에서 멈춘 경우는 이의 절반밖에 되지 않았다.[9]

참고로 이 실험에서 관찰한 차량 수는 꽤 적었다. 그렇지만 부유한 사람이 비열하고 이기적이라는 것을 증명하는 자료는 많다. 한편으로 사람이 부유해지면 마음이 후해지고 이타적으로 변한다는 사실을 알려주는 연구도 있다. 중요한 점은 어떤 연구도 모든 부자가 비열하다고 주장하지는 않는다는 것이다. 평균적으로 볼 때 부자일수록 가난한 사람보다 좀 더 비열하다.

연구에 표본이 되는 실험 참여자 수가 매우 많고, 실제 돈을 이용한 실험이 있다면 도움이 될 것이다. 위 실험을 예로 횡단보도에서 멈추지 않고 비싼 자동차를 운전한 사람이 부유한 사업가가 아니라 도망치기에 여념 없는 차량 절도범이었을 수도 있다. 하이델베르크대학교의 스테판 트로트만Stefan Trautmann 교수는 피프 교수의 논문 내용에 대해 다음과 같이 언급했다.

"지위가 낮은 개인은 눈에 잘 띄는 재화를 지나치게 소비할 수 있다."

쉽게 설명하면 가난한 사람이 때로 무리해서 비싼 차를 산다는 뜻이다.[10]

트로트만 교수는 이런 오류를 피하기 위해 네덜란드의 권위 있는 설문조사를 이용했다. 설문조사에서는 대표 표본으로 선정한 9,000명에게 일 년에 네 번 질문했다. 재산, 수입, 직업 종류, 직업 안정성 등에 대한 구체적 질문을 통해 응답자의 사회경제적 지위를 평가했다.

트로트만 교수는 높은 사회경제적 지위를 가진 사람일수록 좀 더 독립적이고 타인과 유대 관계를 덜 맺는다는 것을 발견했다. 그리고 부유한 사람은 탈세 문제에 관대했으며 형편이 어려운 사람은 복지 혜택을 부정 수령하는 문제에 너그러웠다. 이를 보면 돈이 많다고 해서 더 부도덕한 것은 아닐지도 모른다. 빈부보다는 개인의 도덕관념에 따른다. 적어도 어느 정도의 경제 수준까지는 말이다. 하지만 설문조사 자료로 트로트만 교수가 내린 결론은 부자들의 태도였지, 행동은 아니었다.

그래서 다음으로 신뢰 게임을 하기 위해 설문조사에 참여한 응답자 중 대표 표본이 될 만한 사람을 선정했다. 이 소규모 집단의 행동을 관찰한 결과, 부자라고 해서 가난한 사람보다 상대방을 더 많이 속이지는 않았다. 트로트만 교수가 부자들이 보통 사람과 똑같이 인정이 많고 타인을 도와준다는 결정적 증거를 찾았다는 뜻은 아니다. 아직 특정 연구에서 부자와 그렇지 않은 사람 사이에 측정 가능할 정도의 차이가 발견되지 않았을 뿐이다.

심리학자는 신중해야 한다. 인생의 모든 면이 그렇겠지만 심리학에서 모든 현상은 전혀 단순하지 않다. 어느 한 방향으로 연구해서 결과를 얻었는데, 다른 방향으로 연구해보면 전혀 다른 결과가 나올 수 있다.

부자는 보통 사람보다 비열할까

백만장자 633명에게 독재자가 되어 최후통첩을 보낼 기회를 준다. 이 실험이 우리가 알아보는 "부자는 보통 사람보다 더 비열할까?"에 답을 줄 수 있을까?

그렇다고도 아니라고도 할 수 있다. 이보다 더 명확한 답을 줄 수가 없다. 이 연구도 네덜란드에서 진행했으며, 다소 모순된 결과가 나왔다. 연구팀은 네덜란드의 대형 은행을 설득해서 부자 고객 633명을 초대하고, 게임에 참여하도록 했다.

게임의 일환으로 백만장자들에게 100유로를 지급했다. 게임을 해도 되고 아니면 그냥 가져도 되는 실제 돈이었다. 백만장자에게는 그리 큰 돈은 아니었다. 참여자 중 한 그룹은 독재자 게임을 진행했다. 이 게임 에서 선두를 달리는 참여자는 혼자 마음대로 게임을 진행하고 다른 누 구도 토를 달 수 없다. 다른 한 그룹은 최후통첩 게임을 했다. 이 게임에 서는 선두에 선 사람이 제안하면 '수락할 것인지, 거절할 것인지' 상대 방이 선택해야 한다. 게임 시작 전에 백만장자들에게 게임의 상대방은 연간 수입이 1만 2,500유로 미만으로 버는 사람들이라고 알려주었다. 참여자 사이에 큰 소득 차이가 있었다. **백만장자는 상대방을 신경도 쓰지 않을까? 아니면 비열하고 이기적으로 굴까?** 그렇지 않았다. 첫 번째 게임 에서는 말이다. 백만장자는 대체로 상냥한 독재자였고, 평균 71유로를 상대방에게 주었다. 그리고 백만장자 중 거의 절반 정도가 전액을 주었 다. 백만장자는 상대방보다 세 배 정도 후하게 돈을 썼다.[11]

그럼 최후통첩 게임은 어땠는지 보자. 이 게임은 독재자 게임과 큰 차 이가 있었다. 바로 상대방에게 선택의 여지가 있다는 것이다. 한쪽의 일 회성 제안을 다른 한쪽이 거절할 수 있다. 지난 수십 년간의 연구에서 증명한 바에 따르면 금전 제안을 받은 사람은 금액이 적다 싶으면 퇴짜 를 놓는다. 또한 총 금액에서 20퍼센트 미만의 액수를 제안하면 절반 이 상이 거절한다. 그래서 보통 이 게임을 할 때 선두에 선 사람은 대부분 상대적으로 후하게 제안한다. 돈을 주는 사람이나 받는 사람이나 이 상 황에서 대체로 공정성 개념을 가지고 있다. 게임 규칙상 상대방이 제안 을 거절하면, 제안한 사람도 아무 것도 얻을 수 없기 때문이다. 하지만 네덜란드의 백만장자는 별로 개의치 않았다. 일방적 기부가 아니라 거래해야 하는 상황이 되자 덜 관대했다. 이번 게임에서 백만장자가 제시한 금액은 평균 64유로였고, 자신보다 훨씬 가난한 상대방에게 100유로 전액을 주겠다는 백만장자는 세 명 중 한 명이 채 되지 않았다.

이를 통해 우리는 무엇을 알 수 있을까? 최후통첩 게임에서도 백만장자는 보통 사람보다는 훨씬 씀씀이가 후했다. 우리가 말할 수 있는 것은 돈이 있으면 사람은 독립성을 가지며, 일부 부자는 돈을 후하게 쓸 결심을 하기도 한다. 결국 부자는 그럴 여유가 있고, 우리와 마찬가지로 돈을 기부하면서 마음이 따뜻해진다.

비행기 일등석

나는 업무 차 일 년에 몇 번 비행기를 탄다. 늘 일반석이다. 저가항공을 탈 때는 빠른 체크인이나 좌석 지정 같은 유료 서비스를 이용해본 적이 없다.

그런데 한 회사가 강연을 부탁하면서 나에게 샌프란시스코행 일등석 항공권을 보내 준 것이다. 내가 일등석 체크인 카운터에 들어서자 모든 항공사 직원이 더는 친절할 수 없는 서비스를 제공했다. 마치 현실이 아닌 마법 세계로 들어가는 문을 지난 것 같았다. 비행기에 타자 나는 일등석에 같이 탄 사람들이 궁금해서 견딜 수가 없었다. 금수저를 물고 태어났을까 아니면 자수성가를 했을까? 이 중 어느 분야에서 매우 중요하거나 유명한 인물이 있을까? 불법으로 아니면 적어도 비윤리적으로 돈을 벌었을 가능성은 없을까? 짧게나마 설문조사를 하고 싶은 충동을 느꼈다.

그간의 연구에 따르면 우리는 돈을 가질 자격이 있는 사람과 그렇지 않은 사람은 누구인지, 그리고 올바른 방법으로 돈을 벌었는지에 대해 강렬한 감정을 느낀다고 한다. 한 연구에서는 실험 참여자에게 일련의 사진을 보여주고 얼굴 근육의 움직임을 관찰했다. 노부인의 사진을 보여주며, 물웅덩이를 거칠게 지나간 택시 때문에 옷이 흠뻑 젖은 노부인의 이야기를 들려주자 사람의 표정은 슬픔을 나타냈다. 하지만 부유해 보이고 정장을 입은 사업가의 옷이 젖은 남자의 이야기를 듣자 즐거워했다. 말로는 인정하지 않았지만 얼굴 근육의 움직임이 즐거움을 나타냈다. 미소를 감출 수 없었다.[12] 부자를 향한 감정에는 이처럼 샤덴프로이데Schadenfreude: 남의 불행을 보고 기뻐하는 마음가 숨어 있고 흠모하는 마음도 있다. 재산을 물려받거나 스스로 돈을 벌지 않는 사람을 바라보는 시선은 더욱 부정적이다.

소비자 행동 연구자 러셀 벨크Russell Belk는 돈의 신성함과 세속성에 관한 논문에서, 잃어버린 보물을 우연히 발견한 사람은 누구라도 끔찍한 운명을 맞는다는 경고를 담은 동화가 전 세계 어느 나라에나 있다고 밝혔다.[13] 인류 문화, 저 깊은 곳에는 옳지 않은 방법으로 많은 재산을 가지면 끔찍한 일이 일어난다는 생각이 자리 잡고 있다. 앞서 살펴본 것처럼 이 감정은 부자뿐 아니라 복권에 당첨된 사람, 즉 '나와 비슷한 사람'에게까지 확대된다. 우리는 복권 당첨자에 대해 다음과 같이 생각한다.

'당첨자가 좋은 사람이라면 앞날에 행운이 있기를! 당첨금을 현명하게 써야 할 텐데.'

하지만 동시에 '나쁜 사람이면 어쩌지? 당첨금을 다 날려버리면 어떡하지?'라고 걱정한다.

비행기 일등석 이야기로 돌아가 보자. 부자가 아닌 사람은 흔히 '부자는 나쁜 짓을 많이 해서 잠을 잘 못 잘 거야.'라고 생각하며 스스로 위안

삼는다. 하지만 일등석을 타보니 부자는 그렇게 생각하지 않는 것 같았다. 비행기에서 내리면서 '늘 이런 대접을 받으면 실제로 그렇지 않더라도 자신은 중요한 인물이라고 믿게 되겠구나.'라는 생각이 들었다.

권리 의식은 높아질 것이고, 어려운 사람들 속에서 돈을 너무 많이 가진 죄책감도 점점 사라진다.

"그래, 나는 특별해. 이렇게 살 자격이 있어."

이런 태도는 우리를 화나게 하는 동시에 부자를 바라보는 일반적 감정을 낳는다. 바로 부러움이다. 그래서 부유해 보이는 남자의 불행에 미소 짓는다. 하지만 때로 부러움이 너무 강해지면 예상치 못한 일이 일어난다.

부러움을 버리다

영국 워릭대학교의 대니얼 지조Daniel Zizzo 교수와 앤드루 오즈월드 Andrew Oswald 교수는 부러움에 관한 연구를 진행했다.[14] 실험에서 참여자들은 돈을 얻을 수 있는 기회를 모두 공평하게 얻었다. 하지만 참여자들은 중간에 상금 지급이 있었음을 알게 되었다. 그래서 실험이 끝났을 때 일부 사람은 11파운드를 가졌고, 다른 사람들은 6파운드밖에 가지지 못했다.

당연히 상금을 놓친 사람은 억울했다. 상금 지급은 완전히 임의로 이루어졌다. 돈을 많이 받은 사람이 특별한 자격이 있는 것은 아니었다. 간단히 말하면 불공평했다.

그래서 손해 본 사람에게 다시 한번 기회를 주었다. 거래를 제안한 것이다. 제안에 응하면, 상금을 받은 사람의 돈을 제하는 대가로 자신의 돈 일부를 써야 했다.

경제학에서 이런 거래를 돈을 '태운다'고 한다. 하지만 워릭대학교에서 케이엘에프처럼 모닥불을 지핀다는 뜻은 아니다. 진짜 불이 붙는 것도 아니고, 현금이 정말 소각되는 것도 아니다. 그저 실험을 위해 만들어진 작은 경제 체계 속에서 화폐가 유통에서 제외되는 것이다. 이는 모든 참여자에게 손해인 거래이다.

비교의 목적으로, 상금을 받은 사람에게도 상대방의 돈을 '태울' 수 있는 기회를 주었다. 상금을 받지 못한 사람은 대상을 정해 돈을 태울 수 있었고, 상금을 받은 사람은 무차별적으로 태울 수 있었다. 이런 기회가 생기자 실험 참여자의 3분의 2가 거래에 응했다. 상금을 받지 못한 사람은 이 거래로 '얻을' 것이 있었다. 상대의 돈을 태우려면 자신의 돈을 내야 하기에 경제적으로는 더 많은 돈을 잃는 셈이었지만 상금을 탄 사람이 괴로워하는 모습을 보고 만족했다.

결과적으로 참여자들은 평균적으로 처음에 얻은 돈의 절반 정도만 가지게 되었다.

이런 행동으로 사악한 만족감을 얻을 수 있겠지만, 절대 칭찬할 만한 행동이 아니다. 우리 모두가 자신보다 더 부유한 사람의 돈을 태울 수 있다면, 생산성 있는 사회를 이루지 못할 것이다. 이 실험은 사람이 돈의 노예money over mind가 된 전형적 예이다.

하지만 부러움이 늘 이렇게 작용하는 것은 아니다. 나는 부자인 내 친구 집을 여기저기 구경하면서 친구가 너무 부러웠다. 집 지하실에는 작은 영화관이 있었다. 이런 집을 원하지 않는 사람이 어디 있을까? 하지만 그렇다고 해서 그 집을 태우고 싶지는 않았다. 오히려 친구 부부가 존경스러웠다. 그리고 나는 조금이나마 일을 더 열심히 하게 되었다.

부자에 대한 존경 덕분에 부러움은 좀 더 긍정적인 감정으로 탈바꿈

한다. 물질주의와 외로움에 관한 연구를 진행한 릭 피이터스 교수를 기억할 것이다. 피이터스 교수는 긍정적 부러움에 '선의적 부러움benign envy'이라는 별칭을 붙였다. 선의적 부러움은 나쁜 감정이 아니라 좋은 감정이다. 이 감정 덕분에 사람은 성공을 향한 열망을 가지고 노력하여 부자가 즐기는 돈을 가질 수 있다.[15]

피이터스 교수는 이와 반대로 '악의적 부러움malicious envy'이 있다고 했다. 바로 워릭대학교 실험 참여자가 보여준 파괴적 행동을 설명할 수 있는 부러움이다. 사실 피이터스 교수는 부러움에 대한 일반적 모습을 설명하기 위해 악의적 부러움이라는 표현을 썼다. 즉 '타인의 더 많은 재산이나 더 나은 상황 때문에 나타나는 분하고 불만족스러운 열망의 감정'이다. 일반적으로 악의적 부러움이 타인이 가진 물건을 파괴하고 싶은 마음으로 이어지는 것은 아니다. 적어도 진짜 파괴가 일어나지 않는다. 대신 경멸이나 거짓된 감정 등을 느낀다.

피이터스 교수는 부러움에 대한 연구에서 학생들에게 아이폰 컬러사진을 보여주고, 제품 특성을 읽게 했다. 다음으로 아이폰을 가진 동료 옆에서 일하는 상상을 하도록 했다. 학생 절반 정도가 아이폰을 가진 동료에게 질투와 약간의 감탄을 느낄 것 같다고 대답했고, 나머지 학생은 질투와 시기심을 느낀다고 답했다.[16]

다음으로 각 그룹의 학생들에게 아이폰을 얼마나 좋아하는지 점수를 매기도록 했다. 학생들은 아이폰을 사기 위해 노력을 어느 정도 기울일 수 있는지, 가격을 어느 정도까지 감안할 수 있는지 등의 질문에 답했다. 그 결과 동료의 아이폰에 감탄한다고 답한 '선의적 부러움' 그룹에 속한 학생들은 피이터스 교수가 '부러움 할증료an envy premium'라고 이름 붙인 추가 비용을 낼 생각이었다. 그것도 꽤 많은 금액을 말이다. 동료에게 시기심을 느낀다고 답한 '악의적 부러움' 그룹에 속한 학생들보다 무려 50퍼센트나 돈을 더 낼 용의가 있었다.

비록 가상 시나리오이긴 하지만 이 연구로 우리는 누군가가 나에게 없는 물건을 가지고 있으면, 그 물건을 가지고 싶고, 이를 얻기 위해 일하게 된다는 것을 알 수 있다. 그리하여 타인이 가진 더 많은 재산 때문에 나타나는 분하고 불만족스러운 열망이 '행동 자극제'가 된다.

하지만 여기에 주의해야 할 점이 있다. 긍정적 부러움은 부러워하는 누군가가 가진 물건을 내 손에 넣을 수 있을 만한 환경에서만 나타난다. 피이터스 교수는 우리 집 것보다 더 좋은 이웃집 잔디 깎는 기계를 예로 들었다. 이웃집의 기계를 보면 부럽고 가지고 싶다. 기껏 잔디 깎는 기계일 뿐이기 때문이다. 그러니까 나도 같은 것을 사자고 마음먹는다. '존스 가족 따라잡기 Keeping up with the Joneses: 이웃 사람과 비슷하게 사는 것을 의미'와 비슷한 맥락이다. 옆집 존스 씨는 우리보다 더 좋은 집에, 더 좋은 차가 있지만 그래 봤자 옆집일 뿐이다. 〈카다시안 가족 따라잡기Keeping up with the Kardashian: 카다시안 가족의 일상을 보여주는 미국 연예채널 E의 리얼리티 쇼〉는 어떨까? 카다시안 가족처럼 부유한 사람 또는 도널드 트럼프같은 사람을 마주하면 우리는 부러움을 경멸로 바꾸는 전략을 취한다. 취향이라고는 찾아볼 수도 없으면서 돈만 넘치게 많다고 비난한다.

피이터스 교수는 후속 실험을 진행하여 이런 반응을 확인했다. 이번 실험에서 참여자들은 아이폰과 블랙베리 사이에서 입찰을 할 수 있었다. 이전 실험에서 '악의적 부러움'을 상상한 학생들은 이번에도 아이폰에 대해 '선의적 부러움'을 상상한 학생만큼 비싼 돈을 지불하려 하지 않았다. 또한 이 학생들은 돈을 더 많이 내고 블랙베리를 사고 싶어 했다. 이는 완전히 다른 핸드폰을 사서 아이폰을 가진 동료와 자신을 차별화하고, 자신의 핸드폰이 훨씬 더 나은 것이라고 믿고 싶기 때문이었다.

이렇게 부러움이란 사실 꽤 복잡한 감정이다. 앞으로도 연구가 더 필요하지만 이 실험으로 우리가 얻을 수 있는 중요한 결론은 부러움은 부정적 감정이지만 상황에 따라 자극제가 되어 우리에게 긍정적 영향을 준다는 것이다.

거짓말과 손 씻기

부러움과 마찬가지로 우리는 대체로 거짓말을 받아들이지 못한다. 물론 예외는 있다. 당신은 친구 딸의 결혼식에 참석했다. 그런데 신부 어머니인 친구가 쓴 모자를 보자마자 '도대체 저 어이없는 모자는 어디서 난 거지?'라는 생각이 들었다. 친구가 다가와 모자를 100파운드에 샀다고 하면 당신은 아마 "어머, 모자 예쁘다."라고 대답할 것이다. 물론 거짓말이다. 하지만 친구의 감정을 보호하기 위한 선의의 거짓말이다.

사람은 돈과 관련된 거짓말은 괜찮다고 생각한다. 금액이 많을수록 허용 정도도 높아진다. 지금부터 돈이 사람의 마음을 어떻게 망치는지 알아보자.

여러 심리학 연구에서 밝혀진 바에 따르면 사람은 부도덕하다고 생각하는 물건이나 사람과 접했을 때, 평소보다 손을 더 오래 씻는다고 한다. 사람이 죄와 연관된 자신을 씻어내려 하는 것이다. 이러한 행동을 맥베스 부인 증후군Lady Macbeth Syndrome이라고 부른다.

이 현상은 여러 연구에서 매우 일관되게 나타난다. 일부 심리학자는 어떤 상황에 대한 도덕적 수용 여부를 알아볼 때 실험 참여자에게 직접 물어보는 것보다 손 씻는 시간을 측정하는 것이 더 나은 방법이라고 생각한다. 그리고 이 방법으로 실험 참여자가 질문을 받았을 때, 진짜 속

마음 대신 연구자가 듣고 싶어 하는 말만 대답하는 심리학 연구의 고질적 문제도 해결할 수 있다고 한다.

손 씻기로 참여자 마음을 알아보는 중국의 연구 내용을 보기에 앞서 1950년대 심리학자 레온 페스팅거Leon Festinger의 고전 심리 실험을 살펴보자.

참여자들에게 지금부터 지겨운 과제를 수행해야 하지만, 실험에 참여할 다음 사람들에게는 과제가 굉장히 재미있었다고 말하도록 했다. 거짓말을 시킨 것이다. 그리고 사람에 따라 거짓말 대가로 1달러 또는 20달러를 받았다. 이 실험을 통해 밝혀진 사실은 이런 상황 속에 놓인 사람은 소위 인지 부조화를 경험하게 된다는 것이다. 인지 부조화란 동시에 상반되는 두 관점을 가져 불편함을 느끼는 상태를 말한다.

인지 부조화 상황에서 사람이 느끼는 불편함은 매우 강해서 부조화를 없애고 싶어 한다. 그래서 나중에 실험 과제가 어땠는지 참여자들에게 평가를 부탁했더니 과제가 그리 지겹지 않았다고 확신했다. 특히 거짓말의 대가로 돈을 적게 받은 그룹이 이런 식으로 반응했다.[17]

하지만 돈을 많이 받은 사람의 반응은 달랐다. 이 경우 거짓말은 돈 때문에 하는 것이라고 생각했고, 실제로 지겨운 과제를 재미있다고 말하는 데 아무런 심리적 불편함을 느끼지 않았다. 그래서 실험이 끝난 후 인터뷰에서도 과제는 지겨웠다고 변함없이 이야기했다.

이 실험 내용을 염두에 두고 중국의 심리학자를 만나러 가보자. 페스팅거의 실험 내용을 중국식으로 바꾼 실험에서는 돈을 받고 거짓말하는 사람은 연기자였다. 이번에도 연기자에게 거짓말 대가로 지급한 금액은 어떤 경우에는 적었고, 어떤 경우에는 많았다. 그리고 실험 참여자들은 연기자들이 돈을 받고 거짓말하는 모습을 지켜보았다.

실험 참여자들이 실험이 끝난 줄 알고 실험실을 나가려고 할 때 연기자가 다가와서 악수를 청했다. 그러고 나서 모든 실험 참여자에게 다음 단계 실험에서는 정밀 기계를 다루어야 하니 손을 꼼꼼하게 씻으라고 요청했다. 이는 실험 참여자가 손을 씻는 데 얼마나 걸리는지 확인하기 위해서였다. 연구팀은 거짓말에 대해 사람이 느끼는 도덕적 거부감을 측정하는 좋은 방법이 손 씻기라고 생각했다.

거짓말 대가로 소액 1위안을 받은 연기자와 악수한 사람이 제일 오래 손을 씻었는데, 9초 정도 걸렸다. 결론적으로 그 정도 돈에 거짓말했다는 사실에 참여자는 매우 불쾌해했다. 반대로 거액을 받고 거짓말한 연기자와 악수한 사람들이 손 씻은 시간은 7초로 짧았다. 이 연기자의 행동을 덜 불쾌하게 여긴 이유는 거짓말 대가로 받은 금액이 컸기 때문이었다.[18]

위 실험을 통해 중국의 심리학자들은 사람은 돈을 받고 한 나쁜 행동을 용서하는 경향이 있다고 주장했다. 대가로 받은 금액이 클 때에 한해서 말이다. 이와 같은 주제로 두 번째 실험을 실시했다. **이 실험의 결과는 설득력이 있을까?**

실험 참여자들은 일련의 사진을 보았다. 사진 속에는 한 남자가 땅에 떨어진 돈을 제일 먼저 주우려고 다른 남자를 쓰러뜨리려 하고 있었다. 어떤 사진에서는 땅에 떨어진 돈의 금액이 적었고, 다른 사진에서는 금액이 컸다. 그랬더니 실험 참여자는 적은 돈 때문에 다른 사람을 밀친 경우보다 큰돈을 가지려고 밀친 경우를 더 관대하게 보았다. 돈을 위해 다른 사람을 쓰러뜨려도 된다는 쪽으로 참여자가 생각을 바꾼 변환점 tipping point은 300위안 근처였다.

연구에서 확실하게 밝혀진 결과는 일반적으로 생각하는 태도와 상반

된다. 다음 실제 상황을 예로 보자. 뉴스에서 종종 마약 운반책으로 활동한 사람 이야기가 나온다. 공항 검색대를 통과해 헤로인이나 코카인을 밀수하려고 큰 위험을 감수하는 사람 말이다. 마약 운반책이 검색대를 무사히 통과하면 진정한 승자는 마약 거래상과 마약 조직일 것이다. 하지만 모든 위험을 무릅쓴 사람은 마약 운반책이다.

다음 두 마약 운반책 중 어느 쪽을 선택하겠는가? 운반책 A, 운반 대가로 50달러 수령. 운반책 B, 운반 대가로 5,000달러 수령. 당신은 운반책 B를 선택할 것이다. 이는 운반책 B를 좋게 생각해서라기보다 큰 위험을 감수해야 한다면 적어도 그에 상응하는 돈을 받아야 한다고 생각하기 때문이다. 겨우 50달러를 받고 그렇게 큰 위험을 감수하는 짓은 멍청해 보인다. 비슷한 맥락으로 우리는 때로 몇 십억을 훔친 은행 강도를 보면서 은밀한 존경심을 느낀다. 반면에 몇 푼 안 되는 돈을 들고 도망친 강도에게는 비난만 퍼부을 뿐이다.

심리학자가 경제학자보다 착한 이유

다음 연구를 보면 우리는 누군가를 속여도 괜찮다고 생각할 것이다. 하지만 속여서 얻은 돈은 다른 누군가를 위해 쓰여야 하며 속임수를 쓴 사람은 그것을 가로채지 않아야 한다는 전제가 있다.

이 연구는 영국 배스대학교에서 진행되었다.[19] 실험에 참여한 학생들은 거꾸로 뒤집어 놓은 일회용 종이컵 밑으로 주사위를 굴렸다. 그러고 나서 컵 바닥에 뚫린 작은 구멍으로 주사위를 확인하고 연구팀에게 나온 숫자를 알려주었다. 나온 숫자가 1이면, 자선단체 영국 암 연구소 Cancer Research UK가 기부금 10펜스를 받고, 숫자 2가 나오면 20펜스를 받는 식으로 진행했다.

거의 4분의 1의 학생들이 숫자 6이 나왔다고 말했다. 이 비율은 주사위를 던져 6이 나올 수 있는 확률보다 많다. 이는 자선단체에 주는 기부금을 늘리려고 열 명 중 한 명 꼴로 거짓말했다는 뜻이다.

당신은 '거짓말한 학생이 왜 이렇게 적지?'라고 생각할 것이다. 그런 상황이라면 누구라도 6이 나왔다고 거짓말하고 기부금을 최대로 만들지 않을까? 학생들은 좋은 일을 위해서지만 매번 거짓말하는 것은 좀 파렴치하다고 느꼈다. 자신의 거짓말이 어느 정도 신빙성 있게 들리기를 원했다. 그래서 자주 '6'이라고 말하기는 했지만 신빙성을 위해 중간에 3 또는 4라고 대답하기도 했다.

사실 이 실험에는 두 그룹의 학생들이 참여했다. 한 그룹은 경제학과 학생들이었고 다른 그룹은 심리학과 학생들이었다. 자선단체를 위한 주사위 던지기에서 두 그룹 행동 간에 이렇다 할 차이는 없었다. 하지만 두 번째 실험, 개인적 이익을 위한 거짓말 실험을 하자 두 그룹 사이에 차이가 드러났다.

이 실험에서는 학생들에게 세 가지 숫자를 주었다. 연구팀은 학생들에게 이 숫자는 방금 던진 주사위 세 개에서 나온 것이라고 알렸다. 그러고 나서 숫자를 순서대로 크게 말하게 했고, 세 숫자 중 첫 번째로 말하는 숫자에 해당하는 돈을 주겠다고 말했다.

한 학생이 숫자 1, 2, 3을 받아서 정직하게 읽는다면 이 학생은 1파운드를 받는다. 거짓말을 막을 방법은 없다. 숫자가 6, 6, 6이라는 거짓말까지는 아니겠지만 숫자 3, 2, 5를 받아서 5, 2, 3이라고 순서를 약간 조정하면 3파운드 대신 5파운드를 받을 수 있다.

작은 거짓말이긴 하지만, 거짓말은 거짓말이다. **그래서 어떻게 되었을까?** 실험 후에 학생들에게 자백을 시켰더니 경제학과 학생이 심리학과 학생보다 거짓말을 더 많이 했다.

흥미롭게도 이 실험 결과는 돈을 버는 데 있어 경제학자가 다른 사람보다 더 가차없다는 다른 연구 결과와 비슷하다. 예를 들어 경제학과 학생은 자선단체에 기부를 적게 한다는 사실이 밝혀졌고, 한 연구에서는 경제학을 공부하는 학생 중에 자선단체에 전혀 기부하지 않는다고 답한 학생 수가 건축학이나 심리학과 학생의 두 배였다. 소득이나 성별을 감안해도 경제학과 학생은 죄수의 딜레마 검사에 잘 협조하지 않았다. 죄수의 딜레마란 1950년대에 만든 참여자 간의 협조성을 알아보는 고전 검사이다. 전제는 다음과 같다. 당신과 친구가 은행 강도 혐의로 구속되었다. 둘은 각각 독방에 수감되어 선택의 갈림길에 서 있다. 자백할 것인가, 친구에게 혐의를 씌울 것인가, 아니면 결백을 주장할 것인가? 당신과 친구가 같이 결백을 주장하면 징역 1년이다. 둘 다 자백하면 징역 8년을 선고받는다. 당신이 친구를 범인으로 지목하면 친구는 징역 20년을 받고 당신은 석방된다.

개인적 측면에서 자백이 합리적인 선택이다. 최악의 경우 징역 20년을 피할 수 있기 때문이다. 하지만 친구가 협조할 것이라는 확신이 있으면 둘 다 침묵을 지켜 징역 1년만 살면 된다. 협조가 가능할 때 결과가 훨씬 유리하다. 결국 선택은 친구를 신뢰할 수 있는가로 귀결된다.

1981년에 진행한 연구에서 경제학과 학생들에게 "공정성이 얼마나 중요한가?"라는 질문을 던졌는데 3분의 1은 답변을 거부하거나 완곡하게 답변하여 무엇을 말하고자 하는지 알 수 없었다.[20]

어쩌면 당연한 결과일지 모른다. 경제학을 공부하는 학생이 배우는 세계는 합리적 판단으로 경제 이윤을 최대화하는 것을 목표로 삼는다. 하지만 **이익 추구를 강조하는 경제 이론으로 경제학자가 돈 문제에 이기적**

으로 행동하는 모습을 설명할 수 있을까? 아니면 처음부터 돈에 관심이 많은 사람이 경제학을 선택하는 것일까?

한 연구에서 이 질문의 답을 찾기 위해 대학 입학부터 졸업까지 학생들이 돈을 대하는 태도를 비교했다. 그 결과 졸업이 다가오면서 다른 전공 학생은 돈에 대해 약간 더 후해진 반면, 경제학을 공부하는 학생은 대학 생활 내내 다른 전공의 학생보다 돈에 덜 후했다.[21]

그렇다면 **모든 경제학자는 자기 잇속을 챙기고 악착같이 돈을 긁어모으는 것일까?** 물론 그렇지 않다. 요즘 경제학에서 흥미로운 연구는 대부분 심리학 영향을 받았으며, 돈에 인정사정없고 개인의 최대 이익을 위해 행동하는 합리적 경제 주체라는 개념은 현실적이지 않다고 주장한다. 현실에서 경제학자는 때로 협동을 추구하며 경제적 씀씀이도 후하다. 게다가 경제적 결정을 항상 합리적이고 올바르게 내리진 않는다.

심리학자 허브 골드버그 교수와 로버트 루이스 박사는 1978년 사람의 성격과 돈에 관한 책을 냈다. 이 책은 사람이 돈에 대해 얼마나 비합리적으로 생각하는지 보여준다.[22] 책을 보면 "월말에 다 쓰지 않고 돈이 남으면 마음이 불편하다", "대량 구매를 할 때마다 이용당하고 있다는 것을 안다", "돈으로 자신의 모든 문제를 해결할 수 있다고 확신한다." 등의 내용이 있다. 그리고 행동경제학 분야에서도 사람은 때로 돈에 대해 비합리적으로 생각한다는 연구가 나오고 있다.

그런데 돈에 대한 별난 결정을 하는 사람들이 있다. 지금부터 이 사람들을 알아보자.

도박에 미친 사람

"도박에서 중요한 건 돈이 아니에요."

과거 도박 중독자였던 폴 벅도 나에게 토씨 하나 틀리지 않고 이렇게 말했다. 2003년부터 2011년에 걸쳐 폴은 계정 93개를 이용하여 130만 파운드를 도박으로 잃었고, 빚을 갚기 위해 직장에서 자금을 횡령했다. 폴은 꼭 돈이 아니라 크림 케이크 한 트럭이나 6인치 길이의 못 한 통을 위해서라도 도박을 했을 것이라고 말했다. 하지만 도박의 판돈은 실제 돈이었고, 곧 인생을 갉아먹기 시작했다.

폴 같은 사람에게 돈은 걱정해야 할 문제, 그 이상이다. 도박하는 사람, 돈이 쌓여도 계속 모으기만 하는 사람, 아니면 돈을 지나치게 펑펑 쓰는 사람에게 돈은 목표를 상징하거나 이루려는 수단 이상의 존재이다. 일종의 장애disorder현상이 나타난 것이다.

강박적으로 소비하는 사람은 자존감이 낮고, 소비할 때 갈등을 느끼며, 돈을 지위와 힘의 상징으로 본다. 미국의 여러 도시에서 강박적 소비자 그룹에 참여한 사람을 대상으로 한 연구가 있었다. 연구 결과 강박적 소비자는 안정감을 위해 돈이 필요하다는 의견이 보통 사람보다 적었고, 지위와 힘을 얻으려고 돈을 원한다는 의견은 보통 사람보다 많았다. 또 돈으로 문제를 해결할 수 있다고 생각했으며 타인과 자신을 돈으로 비교했다. 강박적 소비자는 보통 사람보다 가진 돈이 충분하지 않다고 느꼈다.[23]

폴은 18살 때까지는 내기 도박에 전혀 관심이 없다가 리즈대학교 재학 중에 처음으로 마권을 사서 대박을 터뜨렸다. 한 말에 5파운드를 걸었는데 33배로 돌려받았다. 폴은 지금도 20년 전 그날을 생생하게 기억한다. 중요한 것은 돈이 아니었다.

그럼 무엇일까? **도박의 짜릿함일까?** 17세기 철학자 블레즈 파스칼은 보상에 대한 기대가 도박을 하는 주요 이유라고 했다. 그래서 파스칼은

"도박꾼에게 판돈이 없는 도박을 하게 하라. 그러면 흥미를 느끼지 못할 것이고, 도박을 지겨워할 것이다."라고 말했다.[24]

파스칼 이후로 거의 350년이 지나고 몇몇 심리학자가 연구실에서 이를 실험했다. 실험 참여자의 심장 박동을 측정해보니 판돈 없는 도박을 한 사람보다 실제 판돈이 걸린 도박을 한 사람의 심장이 더 빨리 뛰었다.[25]

도박 결과에 따라 얻을 수 있는 돈과 도박하지 않아도 받는 돈 중 하나를 선택할 수 있다면, 도박꾼은 어느 쪽을 택할까? 미국 버지니아주에서 실험 참여자들에게 게임을 시켰다. 게임에서 참여자는 상금 2달러와 상금을 딸 수 있는 확률이 50퍼센트인 기회 사이에서 하나를 선택해야 했다. 돈을 원한다면 상금 2달러를 선택해야 한다. 긴장감을 맛보고 싶은 사람이라면 딸 수 있을지 없을지 모르는 쪽을 선택할 것이다. 게임을 시작하기 전에 참여자들은 확실히 돈을 받을 수 있는 쪽을 선택할 것이라고 말했다. 하지만 연속으로 40번 정도 게임을 이어서하자 모든 상황이 변했다. 참여자는 자주 긴장감을 느끼는 쪽을 택했다. 그렇다면 도박꾼은 어떨까? 긴장을 느낄 수 있는 쪽을 택할까?

도박꾼은 확실히 상금을 받는 쪽을 택했다.[26] 이 실험은 도박꾼에게 동기를 부여하는 것은 금전 보상이라고 말한다. 그렇지 않다면 쌓인 빚을 감당하기 위해 게임에서 확실히 돈을 얻는 쪽을 선택한 것일까?

도박 장애가 심해지면 돈을 따는 짜릿함은 줄어든다. 그러면서 돈을 따면 재미가 아니라 안정감을 느낀다. 대학에 다닐 때 폴은 도박에 쓸 시간도, 돈도 없었다. 하지만 졸업 후 소매 유통업계에 취업하자 매일 도박에 빠져들었다. 폴은 한번도 고급 차를 사거나 여행을 가려고 도박을 한 적은 없었다. 대신 도박을 하면서 느끼는 편안함을 좋아했다. 마치 자신만의 작은 풍선 속에 있는 것 같았다. 직장에서 불안을 느낄 때마다 도박을 하면 마음이 차분해지곤 했다.

2001년 폴은 직장에서 투자 자문역이 되었고, 급여가 세 배로 올랐다. 그때부터 폴의 도박 의존 증세도 빠르게 악화되어 병적으로 도박을 하는 지경에까지 이르렀다. 폴은 처음에 마권을 사는 정도에 아드레날린이 치솟는 흥분을 느꼈지만 이제는 매일 밤 하루에 300파운드에서 900파운드 정도를 도박에 쓰게 되었다. 아내와 세 아이가 잠자리에 들면 폴은 온라인 도박을 했다. 폴은 말했다.

"도박이 나의 세계를 완전히 차지했습니다. 머릿속은 도박으로 꽉 차서 다음에는 어디에 걸면 좋을까 하는 생각이 항상 떠나지 않았어요."

영국 인구의 1퍼센트가 도박 중독에 시달리고 있다. 도박 중독자는 충동적이고 돈에 집착한다. 도박으로 몇 천만 원을 잃고 나면 잃은 돈을 만회하려고 끊임없이 돈에 집착하는 것이다.[27] 돈을 마약이자 도구로 사용하는 최악의 예다. 도박 중독자는 항상 다음 판을 생각한다. 마권 판매소 앞을 지나기만 해도 머릿속에는 즉각 반응이 일어난다. 마치 마약 중독자가 마약 흡입과 관련된 저울, 주사기, 반사면 등과 같은 물건을 볼 때 일어나는 반응과 흡사하다. 그러나 돈은 마약인 동시에 도구이기도 하다. 도박 중독자는 도박을 지속하는 데 필요한 도구인 돈을 충분히 얻기 위해 집착한다.

그렇다면 **도박과 충동성 중 어느 쪽이 먼저 나타날까?** 뉴질랜드에서 장기간에 걸친 추적 연구를 진행했다. 이 연구에서 1972년과 1973년에 뉴질랜드 남섬의 더니든에서 태어난 천 명이 약간 넘는 아이를 출생 이래로 계속 추적했다. 아이들은 사는 곳이 세계 어디든 비행기를 타고 정기적으로 더니든에 돌아와 인터뷰를 하고, 신체검사와 피검사를 받고, 설문조사에 응했다.[28] 물론 중간에 그만둔 참여자도 있었지만 91

퍼센트는 포기하지 않았다. 이제 막 성인이 된 91퍼센트 참여자는 이미 연구팀과 8번에 걸친 긴 만남에 편한 마음으로 솔직하게 이야기해 주었다.

18세가 되자 각 참여자는 성격 평가를 받았다. 그 후 3년 뒤인 1993년, 참여자가 도박을 하는지에 대해 심층 인터뷰를 진행했다. 뉴질랜드에 첫 카지노가 문을 연 것은 1994년이었지만, 당시 뉴질랜드에는 슬롯머신 8천대 이상과 경마 그리고 개 경주dog race가 많이 있었기 때문에 도박을 할 수 있는 기회는 사실 미국보다 많았다.

21세에 도박을 많이 한 참여자들을 분석해보니, 18세에 실시한 성격 평가에서 다른 참여자들보다 위험 감수와 충동성 부분에서 높은 점수를 기록했다. 이 참여자들은 걱정이 많았고, 분노와 공격성을 많이 드러냈으며, 자신이 피해자라는 생각을 자주 하는 것으로 나타났다. 이를 보면 도박 문제보다 성격 문제가 먼저 나타나는 것을 알 수 있다. 물론 18세에 이미 도박을 하고 있었고, 이로 인해 나타난 성격일 가능성도 있다. 하지만 충동성이 도박 중독에 빠지게 하는 위험 요인이라는 여러 연구 결과를 생각하면 그럴 가능성은 낮다.

다른 연구에서 충동성을 확인해보았다. 지금 당장 15파운드를 받을 것인가 아니면 13일 뒤에 35파운드를 받을 것인가? 도박꾼은 당장 돈을 받는 쪽을 택했다.[29] 연구에 따르면 사람은 특별히 기분이 좋거나 나쁠 때 충동적으로 행동할 가능성이 높았다.

내기에 돈을 걸 때는 몸속의 코르티솔 수치가 올라가고, 결과를 기다리는 동안 심장박동이 올라간다.[30] 도박이 처음이라면 판돈을 걸면서 느끼는 흥분이 행동을 강화한다. 그래서 또 돈을 건다. 하지만 도박 중독의 기미가 보이면 모든 상황은 달라진다.

폴은 도박을 하면 할수록 긴장감이 사라졌다.

"2009년부터 2011년까지는 도박을 해도 전혀 즐거움을 느낄 수 없었어요. 새벽 두 시에 일어나 브라질 축구 경기나 호주 경마에 10파운드, 20파운드 30파운드를 걸던 때가 있었지요. 브라질 축구나 호주 경마에 대해 아무것도 몰라요. 단지 5시쯤 다시 일어나 이겼는지 확인했어요. 사실 승패 따위는 신경도 쓰지 않았어요."

이겨도 소용없었다. 이겨서 받은 당첨금으로 빚을 다 갚을 수 있을 것이라고 생각하지도 않았다. 대신 딴 돈은 자동차의 스페어 타이어 속에 숨겨두었다. 기분 좋은 일은 아니었다. 하지만 폴은 언제 이 돈을 다시 도박에 걸까라는 생각밖에 할 수 없었다.

"어느 토요일 아침이었어요. 경마 경주에서 돈을 땄죠. 3,000파운드를 걸었는데 1만 5,000파운드가 되었더군요. 하지만 온종일 내 계정에 이 돈이 들어 있다는 생각이 떠나지 않았어요. 아내가 잠자리에 들자마자 컴퓨터에 접속해서 온라인 룰렛 게임을 했어요. 1시간 5분이 지나자 내 계정은 3만 9,000파운드를 잃었더군요."

그제서야 폴은 기분이 나아졌다. 도박할 돈이 없어지고 나서야 해방감을 느꼈기 때문이었다.

일부 도박 중독 치료 프로그램에서는 치료 일환으로 재정 관리 전략을 가르친다. 하지만 호주의 한 연구에 따르면 도박꾼의 경제 지식은 보통 사람보다 좋지도, 나쁘지도 않다. 다른 도박꾼과 마찬가지로 폴도 결국에는 도박장이 돈을 번다는 사실을 잘 알고 있었다. 하지만 도박꾼의 사고방식은 보통 사람과 결정적 차이가 있다. 도박꾼은 경제 상식이 있어도 자주 비논리적 결정을 내린다.

당신 앞에 슬롯머신이 있다. 화면에는 오렌지 그림 두 개와 딸기 그림 하나가 떠 있다. 여기에 걸면 돈을 잃는다. 돈을 따려면 같은 그림이 세 개 나와야 하는데, 화면에 지금 두 개밖에 없다. 그러니 돈을 잃게 된다. 하지만 도박꾼은 이를 간발의 차이라고 생각한다.

'오렌지 그림 두 개? 세 개에 가깝잖아. 아깝다. 이길 뻔 했는데.'

마찬가지로 경마에서 자신이 돈을 건 말이 두 번째 또는 세 번째로 들어오면 도박꾼은 돈을 잃었다고 생각하는 것이 아니라 거의 이길 수 있었다는 쪽으로 해석한다.

쥐도 이와 비슷하게 행동한다. 보상에 집착하게 만드는 마약 퀴인피롤quinpirole을 주사하자 쥐는 손실이 간발의 차이인 것처럼 행동하기 시작했다.[31] 특히 이렇게 승리 확률에 대한 왜곡된 생각을 통계학에서는 도박사의 오류라고 부른다. 하지만 도박사만 이 오류에 빠지는 것은 아니다.

예를 들어 룰렛 게임을 할 때, 직전 판의 승리가 검정이었다면 75퍼센트의 사람은 이번에는 빨강이 나올 확률이 높다고 생각하여 빨강에 돈을 건다. 사실 이번 판에 나올 색깔의 확률은 직전 게임의 결과와 아무런 상관없다. 그러니 빨강이 나올 확률은 다시 한번 검정이 나올 확률과 동일하다. 그런데 사람은 이를 믿기 어려워한다. 도박꾼은 더 그렇다. 그리고 선택해야 하는 상황에 자신감은 더욱 상승한다. 그래서 도박꾼은 복권 숫자를 정할 때, 자동으로 숫자를 선택하는 것보다 자신이 직접 고를 때 복권 당첨 확률이 더 높아진다고 확신한다.[32]

아이오와 도박 과제Iowa Gambling Task라는 신경 검사 기법이 있다. 검사에 참여한 사람은 카드 네 벌을 받는다. 그리고 아무 곳에서나 카드를 뽑는다. 뽑은 카드에 따라 돈을 얻기도, 잃기도 한다. A벌과 B벌의 카드로 얻을 수 있는 돈은 많지만 잘못 뽑을 경우 잃는 돈이 더 많도록 설정되어 있다. 그래서 시간이 흐르면 돈을 잃는다. C벌과 D벌의 카드는 얻는 돈이 적은 대신 잃는 돈은 더 적다. 시간이 흐르면 돈을 얻는다. 차츰 사람은 어느 카드가 좋은지 알게 되고, 백 번 정도 시도한 후 사람은 대부분 C벌과 D벌을 선호한다. 하지만 복내측 전전두피질ventromedial prefrontal cortex이 손상된 환자는 손실이 커져도 카드 A벌과 B벌을 계속 원한다.[33]

도박꾼도 마찬가지이다. 다른 쪽 카드를 골라야 할 것 같은데 계속해서 돈을 잃는 카드를 고른다. 이런 도박꾼의 뇌를 촬영해보니 복내측 전전두피질 손상 환자와 공통점이 있었다. 보통 사람보다 이 부위의 활동성이 낮았다. 복내측 전전두피질의 기능이 떨어지는 사람은 결과를 예측하거나 만족을 지연시키기가 어렵다. 하지만 이 연구에 참여한 사람은 고작 7명으로 매우 적었다.

충동성이 강해질수록, 추론에서 오류를 일으킬 가능성이 더 높아진다. 이것으로 충동성과 도박의 관계를 설명할 수 있다. 영국의 국가의료 NHS 병원에서 도박 중독 문제가 있는 사람에 대한 연구를 진행했다. 그결과 도박 중독자는 보통 사람보다 미신에 의존할 가능성이 높다는 것이 밝혀졌다. 행운의 부적을 지니고 다니거나 손실을 보면 운이 나빴다고 해석하는 것처럼 말이다.[34]

폴이 도박에 빠진 것은 현실도피를 위해서였다. 도박이 자신을 망치고 있다는 것을 알았지만 멈출 수가 없었다. 2011년 어느 날, 폴은 심각한 도박 중독자의 사고방식과 행동방식에 대한 신문 기사를 읽다가 자신과 비슷하다는 사실을 깨달았다. 그 다음 엿새 동안 폴은 인터넷을 뒤져 도박 중독을 판단할 수 있는 평가 도구들을 찾았다. 모든 검사에서 중독 지수가 만점에 가깝게 나왔다. 상태는 심각했다. 중독이 너무 심각했기에 폴은 자살하는 길밖에 없다고 생각했다. 폴은 다른 해결책을 찾기로 마음먹었다. 폴이 찾아간 곳은 런던 소호 지역에 위치한 국립 도박 중독 클리닉National Problem Gambling Clinic이었다.

이곳에서 매년 도박 중독자 천 명 이상을 치료한다. 상담 전문 정신과 의사인 헨리에타 보덴존스Henrietta Bowden-Jones박사에 따르면 도박 중독자는 때로 가족이 사는 집까지 날리기도 한다. 대부분 상태가 매우 심각해질 때까지 배우자는 도박 문제를 전혀 눈치채지 못한다. 도박은 집안의 내력이기도 하다. 어떤 사람은 아버지 심부름으로 어릴 때 마권을 사다 나르기도 했고, 또 다른 사람은 어린 시절 부모가 경마에 빠져 있는 동안 몇 시간이나 거리에 방치된 경험이 있었다. 그렇다고 모든 중독자가 어린 시절 도박과 관련된 경험이 있는 것은 아니었다. 중독자 중일부는 학대나 왕따, 또는 몹시 아픈 형제와 함께 자란 경험이 있었다. 이런 경우 도박은 일종의 현실도피였다.

8주간 치료를 받는 동안 중독자는 자신이 도박에 빠지게 된 원인을 생각하고, 결과를 분석한다. 도박에 대한 관심을 다른 이로운 일로 돌리는 실용적 방법도 배운다. 또 종이 위에 도박을 그만 두면 좋은 점에 대한 목록을 작성하여 도박을 하고 싶을 때마다 본다.

폴은 도박과 관련된 모든 것을 피하라는 조언을 들었다. 돈을 들고 다니지 않았고, 모든 컴퓨터를 멀리 했으며, 심지어 중요한 스포츠 게임도 절대 보지 않았다. 쉽지 않은 일이었다. 폴은 살이 쪘고, 얼굴에 발진이 일어났으며 종종 몸이 떨리기도 했다.

사람 행동은 놀랄 만큼 빠르게 바뀔 수 있다. 보덴존스 박사는 결과적으로 도박에서 벗어나려면 도박의 유혹을 느끼는 상황을 모두 멀리하고 적절한 대체 활동을 찾아야 한다고 한다. 도박 중독자는 오랫동안 도박에만 돈을 썼기 때문에 도박 대신 고급 레스토랑에서 멋진 식사를 하거나 음악을 들으러 공연장을 가는 것도 실질적으로 도움이 된다.

치료를 시작한 지 넉 달이 지나자 폴은 자신의 인생을 통제한다고 느꼈다. 삼 년 후에도 한 푼도 도박에 쓰지 않았다. 하지만 지금도 도박을 하고 싶은 마음이 어딘가에 남아 있다고 한다. 현재 폴은 도박 중독 방지를 위한 자문 회사를 운영하고 있다. 주변 사람들이 가끔 내기하는 것은 괜찮은지 종종 폴에게 물어본다고 한다. 폴은 대답한다.

"알 수 없어요. 앞으로도 내기는 절대 하지 않을 거니까요."

MIND OVER MONEY

CHAPTER 12

세금 납부도
생각보다 즐겁다

기부하면 행복해지는 이유
씀씀이가 후한 백만장자들
기부만큼 즐겁게 내는 세금

나는 돈이 꼭 나쁘다고 생각하지 않는다. 돈이 존재하는 이유는 유용하기 때문이다. 우리가 돈을 잘 통제하고 잘 쓰면 선한 일을 할 수 있다. 나아가 더 나은 삶을 살 수 있다.

돈으로 선한 일을 하는 가장 확실한 방법은 기부하는 것이다. 모두에게 유리한 win-win 상황이다. 세상에 가치 있는 일이 이뤄지고, 기부자는 마음속 따뜻함을 느낀다.

어느 날 아침 캐나다 밴쿠버의 거리를 지나는 사람에게 실험에 참여해달라고 부탁했다. 이에 응한 참여자에게는 5달러와 20달러 지폐가 든 봉투 중 하나가 주어졌다. 봉투에는 지시 사항이 적혀 있었다. 참여자 중 절반에게는 자신을 위해 돈을 쓰라고 했고, 나머지에게는 받은 돈으로 다른 누군가를 위한 선물을 사거나 자선단체에 기부해달라고 했다. 양쪽 모두 오후 5시까지 돈을 써야 했다.

그날 저녁 연구팀은 참여자 전원과 이야기를 나누었다. 첫 번째 그룹은 스시, 귀걸이, 커피를 사는 등 여러 방법으로 자신을 위해 돈을 썼다. 두 번째 그룹은 친척 아이에게 줄 인형을 사거나 친구에게 밥을 사기도 했으며, 또는 길에서 만난 노숙자에게 돈을 주었다. 이야기를 듣고 난 연구팀은 참여자에게 돈을 쓴 기분을 평가해달라고 요청했다.

봉투 속에 든 금액은 참여자가 느낀 행복에 아무런 영향을 주지 않았다. 그리고 무슨 물건을 샀는지도 중요하지 않았다. 누구를 위해 돈을 썼는지가 중요했다. 자신을 위해 돈을 쓴 사람보다 다른 누군가를 위해 돈을 쓴 사람이 훨씬 더 행복하다고 느꼈다.[1]

이 실험은 심리학자 엘리자베스 던Elizabeth Dunn 교수가 구상했다. 던 교수는 이 실험 외에도 미국에 사는 사람을 대표 표본으로 선정하여, 소득 수준을 제한한 상태에서 설문조사를 진행했다. 그 결과 가장 행복하다고 느끼는 사람은 수입에서 다른 사람을 위해 사용하는 금액의 비중이 제일 높은 사람이었다.

던 교수가 제자들에게 20달러를 자신에게 쓸 때와 다른 사람을 위해 쓸 때 어느 쪽이 더 즐거울지 물어보자, 학생은 대부분 자신에게 돈을 쓸 때 더 즐거울 것으로 예상했다. 물론 누구나 기부로 즐거움을 느끼는 것은 아니다. 신경과학 분야의 한 연구를 보면 일부 사람은 돈이 수중에 있을 때 뇌의 보상 체계의 일부분인 복측 선조체ventral striatum가 더 많이 활성화했다. 반면 다른 사람은 돈을 기부할 때 이 부위가 더 활성화했다.[2]

뇌를 촬영하지 않아도 돈에 대한 사람의 관점이 다양하다는 것은 안다. 하지만 뇌주사 장치에 포착된 뇌 활동을 통해 사람마다 서로 다른 점을 정확히 파악할 수 있다. 그래서 타인에게 관대한 '이타주의자'와 자기중심적인 '이기주의자'간의 차이를 구별해낼 수 있다. 이기주의자란 그리 기분 좋은 꼬리표는 아니다. 이타주의자 쪽이 훨씬 나아 보인다. 하지만 이타주의자도 완전히 희생만 하는 것은 아니다. 이타주의자는 스스로 기쁨을 느끼기 위해 기부하기도 한다. 그리고 다른 사람이 좋은 시선으로 봐주면 더욱 기쁘다.

난 정말 아낌없이 기부하는 사람이야

예전에 나는 런던 북서쪽 킬번Kilburn의 트라이시클 극장Tricycle Theatre 근처에 살았다. 다른 독립 극장처럼 트라이시클 극장도 개인 기부로 운영했기 때문에 기부를 유도하기 위한 다양한 회원 등급제가 있었다. 회원이 되면 보통 사람보다 먼저 표를 예약할 수 있고, 무대 뒤에서 감독이나 배우를 만날 기회도 얻는다. 그렇지만 회원권 구매를 통한 기부는 대체로 순수한 자선 행위이다. 가장 저렴한 회원권은 '개척자'로 연간 회원 가입비는 125파운드이고, 그 다음으로 '혁신자'는 500파운드 이상, '선구자'는 1,250파운드 이상, 가장 위 등급은 '감독의 모임'으로 가입비는 3,000파운드 이상이다.

　트라이시클 극장의 홈페이지에서는 모든 회원의 이름을 볼 수 있다. 이는 의심할 여지없이 기부를 유도하려는 의도적 노출이다. 그간의 연구 결과를 보면 확실히 기부자는 이런 식으로 기부 내역이 공개되고, 그에 따르는 명성을 얻는 일을 좋아한다. 그리고 기부자는 일단 자신의 예산에 맞게 가입에 필요한 최소 금액만 낸다. 그 이상을 기부하는 경우는 드물다.[3]

　기부했다는 사실을 인정받고 싶은 마음은 아무런 문제가 안 된다. 자선단체에 기부하는 데 다른 사람이 알면 좀 어떤가? 친구가 저스트기빙JustGiving: 각종 기부금을 모으기 위한 영국의 온라인 기부 포털 사이트이나 비슷한 웹사이트를 통해 마라톤 대회 개최를 위한 기부금을 요청할 때마다 나는 기부했다. 그리고 '이제 당신 차례입니다Rather you than me' 게시판에 내 이름을 올려 온 세상에 기부 사실을 알렸다. 나뿐만 아니라 기부자 대부분은 이름을 공개했다.

기부자의 기부 금액 공개는 자선단체 모금에는 확실히 도움 된다. 기부자 공개가 어떤 작용을 하는지 잘 알고 있을 것이다. 예를 들어 친한 친구가 유방암 예방을 위한 철인 3종 경기에 나가게 되었다. 당신 생각에 15파운드 정도 기부하면 충분할 것 같다. 그런데 다른 친구가 30파운드를 기부하는 것을 보았다. '절반밖에 안 되는 금액을 기부하면 좋아 보이지 않겠지?'라는 생각이 든다. 영국 유니버시티 칼리지 런던의 연구팀이 인터넷 기부 사이트 2,500개를 조사해보니 실제로 평균보다 많은 기부가 한 번 일어나면, 기부 금액이 평균 10파운드 늘어났다.[4] 그리고 모금자가 미인이거나 금액을 평균 이상으로 기부한 사람이 남성일 경우, 뒤따르는 남성 기부자가 낸 기부금은 평균 38파운드나 늘어났다. 당신이 온라인 기부를 받으려는 여성이라면 남성 친구에게 모금 시작과 동시에 큰 금액을 기부시키도록 하라. 그러면 기부금이 몰려들 것이다. 미인이 아니면 어떡하냐고? 그것은 당신이 선택할 수 있는 문제가 아니며 꼭 미인일 필요는 없다. 연구팀이 사진의 매력도에 대한 평가를 했더니 점수에 가장 큰 영향을 끼치는 요소는 사진 속 주인공이 웃고 있느냐에 달려 있었다.

자선 경매에서 입찰자 두 세명이 경쟁할 때 가장 높은 가격에 낙찰된다. 경쟁은 꼭 낙찰받기 위해서라기보다 부를 과시하고 참여자 중 가장 아낌없이 돈을 기부하는 모습을 보여주고 싶기 때문이다.

이타주의의 변질

남에게 알리지 않고 선행을 베푸는 쪽이 더 칭찬받을 만한 행동이라고 생각할 것이다. 하지만 사람은 보통 널리 알려진 선행도 따뜻한 시선으로 바라본다. 하지만 자선 활동을 이용해서 사적 이익을 추구하려는 사람을 보면 눈살을 찌푸린다. 심리학에서는 이를 이타주의의 변질 효과tainted altruism effect라고 부른다. 이런 일이 생기면 영웅 대접을 받던 사람의 명성은 단번에 땅으로 처박힌다.

예일대학교의 조지 뉴먼George Newman 교수와 데일리언 가인Daylian Cain 교수는 대니얼 팔로타Daniel Pallotta라는 미국의 기금 모금 담당자의 이야기를 들려주었다.[5] 대니얼이 세운 자선단체는 9년간 에이즈와 유방암 연구를 위한 기부금을 3억 달러 이상 모금했다. 박수받아 마땅한 일이다. 당시 팔로타에 대한 평판은 정말 좋았다. 그런데 어느 날 팔로타가 모금액을 이용하여 자선단체를 운영하고 이윤을 남기고 있다는 사실이 알려졌다. 게다가 팔로타는 연봉 40만 달러나 받고 있었다. 인기는 땅에 떨어졌고, 자선단체도 문을 닫아야 했다.

팔로타 이야기가 말하는 바는 세상 사람은 자선단체가 진짜 자원봉사로만 운영되기를 바란다는 사실이다. 현대 경제에서 제3부문비영리 부문이 차지하는 비중이 엄청난데도 말이다. 사람은 양귀비의 날the Poppy Appeal: 영국에서 제1차 세계대전 종전일 11월 11일을 기념하는 날에 모금 활동을 하는 퇴역 군인을 존경한다. 그런데 **길에서 기부를 요청하는 젊은 처거**chugger: 자선단체를 대신해서 행인에게 접근하여 기부금을 모으는 사람**를 보면 왜 화가 나는 것일까?** 처거는 자동이체로 기부를 약정하는 기부자를 모집할 때마다 수수료를 받는 것으로 알려져 있다. 전자는 자신을 희생하는 활동이고, 후자는 공격적 영업 활동으로 느껴진다.

대중이 싫어하는 것을 알면서도 자선단체에서 처거를 고용하는 이유는 일반 거리 모금액보다 버는 모금액이 크고, 기부자에게 자동이체를 약정받아와 수입 안정화에 도움이 되기 때문이다. 사람은 처거를 싫어하지만 자선단체의 직원이 보수 없이 일하기를 바라지 않는다. 전기 회사나 문구 회사도 자선단체에 무료로 제품이나 서비스를 제공하지 않는다. 그렇다면 **사람은 이타주의와 돈, 둘 관계를 어떻게 바라볼까?**

사업 성장을 노리는 프랜차이즈 브랜드 사장을 생각해보자. 브랜드를 알리려는 목적으로 100만 파운드를 자선단체에 기부하는 일과 그 돈을 광고 비용에 투자하는 일, 둘 중 어느 쪽이 더 옳은 행동일까? 예일대학교에서 진행한 연구에서 실험 참여자들에게 이 질문을 던졌다. 참여자들은 기업가는 그 돈을 기부하기보다는 광고에 투자하는 것이 옳다고 대답했다. 기부하기에는 기업가의 의도가 순수하지 않다는 이유였다. 참여자들은 기업가의 이윤 창출에 도움이 되느니 자선단체가 기부금을 받지 못하는 쪽이 더 낫다고 생각했다.

질문이 끝난 후 연구팀은 다음 문장을 들려주었다.

"기업가는 그 돈을 광고에 투자할 수 있습니다. 광고에 투자하면 기업가는 여전히 회사 브랜드를 알릴 수 있지만, 자선단체는 기부금을 전혀 얻을 수 없게 됩니다."

그랬더니 참여자들은 마음을 바꾸어 더는 기업가의 이타주의를 나쁜 시선으로 바라보지 않았다.[6] 돈의 도덕성을 평가하는 마음의 잣대가 얼마나 미세한 균형을 잡고 있는지 알 수 있는 대목이다.

'자원봉사' 조직이 정부와 계약해서 필수공익사업을 운영하기도 하고, 대형 자선단체가 사회 영향력이 큰 전문 경영인을 영입하기도 한다. 자선 활동과 공익사업, 기업 활동 사이의 경계가 점점 흐릿해지는 추세이다. 사회 기업이나 비영리 기업은 어느 한 부문에 딱 떨어지게 속하지 않는다.

이런 상호 작용에 돈이 개입하는 순간 사람의 태도는 변한다. 최근 영국에서는 무급으로 인턴을 고용하는 기업 관행에 반대하고 있다. 무급 인턴 제도는 부모가 부유하여 직장에서 돈을 받지 않아도 생활에 지장이 없는 청년만 일급 스펙을 쌓을 수 있는 기회로 활용되기 때문이다. 무급으로 인턴을 고용한 기업은 노동 착취 혐의로 고발당했다. 하지만 2012년 런던 올림픽 기간 동안 '게임메이커game-maker'라는 별칭으로 불린 무급 자원봉사자가 노동 착취를 당했다고 생각하는 사람은 아무도 없다. 상황에 따른 아주 미세한 차이가 돈과 도덕성에 대한 사람의 생각을 바꿔놓는다.

세금 납부도 생각보다 즐거운 일이 될 수 있다

기부한 사실이 공개적으로 인정받을 때는 기쁘다. 그렇다면 **세금을 낼 때도 그렇게 기쁠까?**

우리가 내는 세금은 병원, 학교, 경찰서, 공원, 노인 복지 등 사회 곳곳 가치 있는 일에 쓰인다. 세금을 통해 비용을 조달하지 못한다면 공공 서비스 부문은 자선단체 활동에 의존해야 할 것이다. 그런데 **우리는 왜 기부할 때는 기뻐하면서 세금을 납부할 때는 억울해하는 것일까?**

미국 오리건대학교에서 진행한 실험이다. A그룹의 참여자들에게 각 100달러를 지급하고, 이 중 정해진 일부 금액을 강제로 세금으로 납부시켰다. 세금은 지역의 푸드뱅크소외계층에 무료로 식품을 지원하는 복지 단체의 기금으로 사용했고, 세금을 제한 나머지 금액은 참여자들 몫이었다. 이와 달리 B그룹의 참여자들은 받은 돈을 푸드뱅크에 기부할 것인지, 한다면 얼마를 할 것인지 선택할 수 있었다. 결과적으로 자발적 기부를 한 B그룹의 기부 만족도가 10퍼센트 더 높았다.[7]

  과연 사람은 세금을 내는 것보다 기부하는 쪽을 더 선호하는 것일까? 참여자의 뇌에서 일어나는 반응을 보자. 뇌주사 장치를 이용하여 실험 참여자들의 뇌를 촬영했다. 그 결과 자발적 기부를 한 참여자의 뇌에서 기쁨을 느낀 것은 사실이었다. 하지만 강제로 세금을 낸 참여자의 뇌 활동도 같은 모습을 보였다. 우리가 인정하고 싶지 않은 모습을 우리 뇌는 보여준다. 사실 우리는 세금 납부를 꽤 좋아한다.

  이 실험에 대해 한 가지 알아야 할 사실이 있다. 실험 참여자는 납부한 세금이 어디에 쓰이는지 정확하게 알고 있었다. 다시 말해, 참여자는 세금이 푸드뱅크에 쓰인다는 것을 알았다. 실험 참여자가 낸 세금은 목적세hypothecated tax였던 셈이다.

부자는 때로 통이 크다

2006년 미국의 투자 전문가 워런 버핏은 전 재산의 99퍼센트를 사회에 환원하겠다고 발표했다. 발표는 세간의 큰 이목을 끌었고 그 후 버핏은 다른 억만장자도 기부에 동참하도록 설득했다.

  물론 버핏처럼 몹시 통이 큰 대부호나 남보다 인색한 부자나 양쪽 모두 일반적 모습이라고 보기는 어렵다. 그렇다면 **보통 부자는 시간이 지나면서 수입이 늘어나고 이에 맞춰 기부에 후해지는 것일까?**

  이는 '부유함'의 정도에 따라 다르다. 기부에 대한 대표 조사를 보면 소득 중 일부를 자선단체에 기부하는 비율은 저소득층과 고소득층에서 높았고, 그 중간에 속한 소득층에서는 낮은 것으로 나타났다. 그래프로 그리면 U자 곡선이 된다.[8]

보스턴칼리지의 연구팀은 이 결과에 이의를 제기했다. 연구팀은 우선 기부를 전혀 하지 않는 사람, 즉 극빈층을 통계 대상에서 제외했기 때문에 숫자가 왜곡되었다고 지적했다. 그러므로 저소득층은 생각만큼 기부에 후하지 않다고 주장했다. 이는 알다시피 저소득층 사람이 기부할 여유가 많지 않기 때문이다.

하지만 보스턴칼리지의 연구 결과에서 드러난 인상적인 사실은 소득이 서로 다른 집단 간 기부의 정도가 비슷했다는 것이다. 소득 구간은 1만~30만 달러까지 설정했는데 미국 인구의 98퍼센트에 해당하는 소득이 이 구간 사이에 위치했다. 하지만 구간별 소득 대비 기부 비율은 평균 약 2.3퍼센트 정도로 동일한 수준이었다. 이는 미국인의 98퍼센트가 모두 각자 소득에서 같은 비율로 똑같이 기부한다는 뜻이 아니다. 같은 소득 구간 내에서 기부의 양상은 차이를 보였다. 기부를 전혀 하지 않는 사람이 있는가 하면 소득의 2.3퍼센트보다 훨씬 더 많이 기부한 사람도 있었다. 그렇지만 소득 구간 전체의 기부 정도를 평균하면 저소득, 중간소득, 고소득 구간에서 놀라울 정도로 거의 차이가 없는 모습을 보였다. 소득 수준별 기부 양상은 U자형 곡선이 아니라 직선에 가까웠다. 마치 모든 미국인이 각자의 소득에서 약 2.3퍼센트의 기부세를 일률적으로 내는 듯한 모습이다.

우리가 '보통' 부자라고 부르는 사람이라 해서 특히 기부를 많이 하는 것은 아니다. 물론 절대 금액으로 따지면 소득이 30만 달러인 사람이 낸 기부금이 3만 달러인 사람이 낸 기부금보다 많다. 각 소득의 2.3퍼센트만큼 기부한다면 소득이 30만 달러인 사람은 약 7,000달러쯤 기부하고, 3만 달러인 사람은 약 700달러 기부한 셈이다. 하지만 고소득층에서 이 정도 기부금 마련은 쉽다. 생활에 필요한 기본 사항을 다 해결하고도 남는 돈이 많기 때문이다.

그럼 **미국에서 소득 상위 2퍼센트, 연간 수입 30만 달러 이상을 버는 초고소득자의 경우는 어떨까?** 이 구간 내의 소득 금액은 그야말로 천차만별이지만 평균적으로 소득 대비 4.4퍼센트 정도를 기부하여, 저소득 구간 사람보다 소득 대비 기부 비율이 높았다. 그렇기에 이 소득 구간에 속하는 부자를 하나의 집단으로 묶어 생각한다면 부자가 더 많이 기부한다. 하지만 그 속에서도 워런 버핏 같은 자선가가 전체 평균 기부율을 올리기도 하고, 못 말리는 구두쇠가 소득 대비 기부율을 끌어내리기도 한다.[9]

이 실험 결과는 부자라고 해서 우리보다 기부를 더 많이 하지도, 적게 하지도 않음을 말한다. 예외적으로 초고소득층의 일부 억만장자가 보여주는 자선 행보 덕분에 부자가 기부를 많이 하는 것처럼 보이기는 하지만 말이다.

이와 다르게 미국 자선 관련 전문지 〈필랜스로피 크로니클The Chronicle of Philanthropy〉에 따르면 금융 위기 이후 미국에서 기부를 줄인 계층은 중산층이나 저소득층이 아니라 고소득층이었다고 한다.[10]

또 다음과 같은 연구도 있다. 2010년 6월 한 연구팀은 런던 거리를 오가며 보도 위에 편지를 떨어뜨렸다. 서로 다른 장소 20곳에 15통씩 편지를 떨어트렸다. 편지 봉투에는 우표가 붙어 있고, 손으로 쓴 수신인의 이름과 주소가 있었다. 수신인의 이름으로 남성인지 여성인지 구별하기 힘들었고, 주소를 보면 주택가 쪽인 듯 했다. **누가 이 편지를 주워서 부쳐주었을까?**

연구 결과를 보자. 윔블던이나 핀너Pinner같은 부유한 동네에서는 떨어진 편지를 누군가 주워서 우체통에 넣어준 경우가 87퍼센트였다. 반면 저소득층이 모여 사는 라임하우스Limehouse나 섀드웰Shadwell같은 지역에서는 회수 비율이 37퍼센트에 불과했다.[11]

비범한 이타주의

부자의 기부 모습 중에 '비범한 이타주의 행동'으로 알려진 유형이 있다. 기부자가 겉으로 드러나지 않는 기부이다. 기부자의 이름이 명판에 오르지 않고, 기부에 찬사를 보내는 사람도 없고, 누군가 기부자에게 고마움을 표시할 가능성도 전혀 없다.

예를 들어 생판 남에게 신장 이식을 해주는 경우이다. 신장 기부에는 고통이 따르고, 수술한 후 회복 시간이 필요하며, 수많은 신체검사와 심리검사를 거쳐야 한다. 이 모든 과정을 대가 없이 견디고, 앞으로 절대 만날 일이 없는 생판 남인 사람을 돕는 일이다. 미국의 설문조사 결과를 보면 타인에게 신장 이식을 하겠다는 응답자는 설문 참여자의 절반에 가깝지만 실제로 신장 기부를 하는 사람은 훨씬 적다. 자료에 따르면 미국에서 1999년에서 2010년 사이에 신장 기부는 천 건에 미치지 못했다. 게다가 델라웨어나 미시시피 같은 일부 주에서는 해당 기간 동안 신장 기부 사례가 아예 없었다.

이와 대조적으로 유타주의 경우 이 기간에 신장 기부가 76건이나 이루어졌다. **주에 따라 왜 이렇게 심한 차이가 나는 것일까?** 조지타운대학교의 연구자 크리스틴 브레델하우어비츠Kristin Brethel-Haurwitz와 아비게일 마시Abigail Marsh교수는 이 질문의 답을 찾으려 했다.[12] 두 연구자는 종교적 독실함을 포함하여 다양한 요소를 감안했다. 유타는 독실한 모르몬Mormon교도들이 모여 사는 주이다. 따라서 종교적 색채가 유타주에서 신장 기부가 많은 사실을 설명할 수 있을지 모른다. 하지만 조사 결과 신장 기부의 가장 강력한 예측 변수는 중위 소득 수준이었다. 쉽게 이야기하면 주민이 돈을 많이 버는 주에서 신장 기부가 잦았다는 뜻이다.

물론 부유한 사람이 가난한 사람보다 신장 기부를 할 가능성이 높다는 말은 아니다. 신장 기부자 개인 특성을 조사하기에는 전체 기부자의 수가 너무 적었다. 하지만 연구 결과가 의미하는 바는 높은 수준의 이타주의와 소득이 서로 관련이 있다는 것이다. 그리고 부유함, 그 자체가 핵심 요인은 아니었다. 핵심 요인은 부유함보다 행복감이었다. 즉, 평균 소득이 높은 주에서 행복 지수도 높았고, 행복 지수가 높은 주민이 좀 더 이타주의적으로 행동했다.

신장 기부는 쉽지 않은 결정인 만큼 기부자는 상대적으로 안전한 수술 과정을 거치게 된다. 그런데 **정말 죽음이 눈앞에 놓인 상황에서도 사람은 이타주의적으로 행동할까? 각자 가진 재산에 따른 행동의 차이가 있을까?**

캘리포니아대학교 버클리캠퍼스의 미첼 호프만Mitchell Hoffman교수는 이 질문의 답을 찾기 위해 어려운 연구에 도전했다. 호프만 교수는 이 연구를 위해 복합적 방법론을 사용했다.[13]

제2차 세계대전 때 유럽에서는 수천 명이 들키면 사형에 처한다는 사실을 알면서도 유대인을 구하기 위해 용감하게 자신의 집에 숨겨주었다. 진정으로 비범한 이타주의이다. 그러나 칭찬받기는커녕, 누구에게 말할 수조차 없었다. 호프만 교수는 그렇게 용감하게 행동하는 사람은 어떤 사람인지 알고 싶었다.

호프만 교수는 야드 바셈이스라엘에 있는 홀로코스트 박물관의 '의인 추모비 Righteous among the Nations: 홀로코스트 기간에 핍박받던 유대인을 구하기 위해 위험을 감수한 사람을 기리기 위한 조각품'에 새겨진 사람을 조사했다. 이 사람들은 자신의 생명과 자유, 지위가 위험해지는 상황에서도 강제수용소에 이송될 처지에 놓인 유대인을 구해주었다.

호프만 교수는 유대인에게 가장 많은 도움을 준 상위 20개국을 살펴보고, 각 국가의 평균 소득을 비교했다. 또한, 소득 외의 다른 요소로 분석 결과가 편향되는 위험을 줄이기 위해 다양한 방법을 동원했다. 분석 결과 국내총생산GDP이 높고, 국민이 평균적으로 부유한 이탈리아나 네덜란드에서 유대인이 많이 살아남았다. 반면에 국가 형편이 어려운 몰도바나 루마니아 같은 나라에서는 그렇지 못했다. 사실 소득이 10퍼센트 증가하면, 구조된 유대인의 수는 20퍼센트 증가했다.

각 국가의 정치 상황이 영향을 미쳤을 수도 있다. 정치 상황에 맞춰 유대인을 집에 숨겨주거나 되돌려 보냈다는 이야기이다. 호프만 교수도 이 부분을 인정하고 있었다. 예를 들어 당시 폴란드 국민은 매우 억압적 체제에 살았다. 국민은 극히 사소한 일, 라디오를 갖거나 통금 시간을 어겼다는 이유만으로 사형에 처했다. 이런 분위기 속에서 자신의 집에 누군가를 숨겼다가 발각될 경우 자신뿐 아니라 온 가족이 사형에 처해질 위험이 있었다. 그러니 유대인을 도와준 사람의 수가 적을 수밖에 없었다. 그러나 호프만 교수가 폴란드를 제외하고 다시 계산해도 결과는 같았다.

돈이 많으면 유대인을 구할 기회가 많았을 것으로 예상할 수 있다. 그래서 호프만 교수는 유대인을 도와준 사람의 집에 있는 방의 개수를 넣어 다시 한번 계산했다. 방이 많으면 유대인을 숨겨주기 수월했을 것이기 때문이었다. 결과는 마찬가지였다.

호프만 교수의 연구는 확실히 부유한 국가에서 유대인을 더 많이 구조했고, 같은 국가 안에서는 부유한 사람이 구조에 더 많이 참여했다는 사실을 보여준다. 보통 생각하는 것처럼 부자가 더 이기적이라는 말이 항상 옳은 것은 아니다. 다행스럽게도 어떤 사회 경제 집단에 속해도 사람은 똑같이 관대하고, 자기희생적이다. 동시에 누구나 똑같이 이기적이고 사악한 면을 보여주기도 한다.

CHAPTER 13

절약하는 사람이
부자가 된다

현재를 이야기하면 저축에 도움이 된다
오디세우스가 알려주는 저축방법
저금통을 이용한 말라리아 퇴치

'절약하는 사람이 부자가 된다.'

오래된 속담처럼 들리겠지만 내가 막 지어낸 말이다. 일반적으로 생각할 때 부자가 되는 사람은 위험을 감수하는 사람이다. 이에 반해 절약이라는 단어는 비용을 아낀다는 의미로, 검소라는 단어가 떠오른다. 하지만 부자와 절약이 같이 움직이는 데는 이유가 있다. 재산을 많이 모은 사람은 대부분 성공의 비결 중 하나가 신중한 지출 관리였다고 말한다. 더 중요한 점은 부자가 되고 나서도 이 부분에 변함이 없다는 사실이다. 물론 대담한 기업가 정신을 발휘하거나 위험한 투자에 성공한 것도 중요한 요인이다.

우리도 미래를 위해서 지출 관리를 해야 한다는 사실을 잘 알고 있다. 돈을 많이 버는 방법이나 합리적으로 소비하는 방법도 알아야 하지만 미래를 위해 저축하고 투자하는 법도 알아야 한다. 사실 돈을 지배하는 마음이 가장 중요한 역할을 하는 분야는 저축과 투자이다.

저축은 어렵다. 얄궂지만 저축의 목적이 장대한 인생 설계 같은 중요한 일이 아닐 때 그나마 저축하기가 쉽다. 갖고 싶은 고가의 물건을 사거나 휴가를 떠나기 위해서 하는 저축은 단기간 희생이 필요하긴 하지만, 보통 몇 개월만 기다리면 저축한 보람을 느낄 수 있다. 그리고 목표를 이루는 날을 몇 달 동안 상상하고 기대하는 일도 즐겁다. 이와 달리 일반 저축, 즉 노후나 질병 문제처럼 예측 불가능한 상황에 대비하기 위한 장기간 저축은 힘들다. 저축이 필수적이라는 것은 알지만 노후나 질병 문제는 너무 먼 미래의 일이고 일어날 일 같지도 않다. 그런 목적을 위해 저축하는 과정은 즐겁지 않다.

금융시장이 발달한 국가에서는 그 어느 때보다 복잡하고, 다양한 저축 상품이 즐비하다. 하지만 저축 상품을 잘 활용하려면 나에게 딱 맞는 상품을 찾아야 한다. 다른 사람에게 도움이 된 상품이라고 해서 나에게 도움 되는 것은 아니다.

저축은 심리학 연구에서 얻은 통찰력을 유용하게 쓸 수 있는 분야이다. 돈에 대한 비합리적 선택처럼 보여도 장기적으로는 그 선택이 꽤 합리적이라는 사실을 심리학을 통해 알 수 있다. 우리는 실수를 하는 인간이고, 때로는 최악의 상황에서 자신을 구해줄 장치가 필요하다.

재무 설계사는 저축을 분산시켜야 한다고 조언한다. 반박할 수 없을 만큼 중요한 이유가 있다. 이는 위험을 분산시켜야 하기 때문이다. 예를 들어 투자한 펀드가 망했다면 나쁜 일이지만 가진 돈을 전부 그 펀드에 넣었다면 훨씬 더 나쁜 일이다. 하지만 이런 경우는 부자나 투기하는 사람에게 해당하는 이야기이다.

인지심리학 실험에 따르면 정보가 너무 많고 그 내용을 잘 알 수 없을 때 우리는 좋지 못한 결정을 내린다. 특히 상황을 자신에게 유리한 쪽으로 판단한다.

운동선수를 예로 들어보자. 육상 단거리 선수에게 달리기 기록을 물어보면 정확히 답한다. 하지만 육상 기록처럼 구체적이지 않고 변수가 많은 내용을 추측해보라고 하면 선수는 자신의 능력을 과대평가할 가능성이 높다.[1]

마찬가지로 우리도 전반적인 자신의 운전 실력보다 특정 기술, 이를테면 평행주차 능력에 대해 더 정확히 판단하고 있다.[2] 하지만 전체적으로 운전 실력이 뛰어나다고 모두 생각한다. 밥을 먹을 때도 이런 모습이 나타난다. 식당에서 음식 한 그릇을 먹은 사람에게 얼마나 먹었는지 물어보면 정확한 대답이 나온다. 하지만 뷔페를 먹을 때는 별로 많이 먹지 않는다고 당찮게 생각한다. 즉, 상황을 측정하기 어려울 때 우리는 자기에게 유리한 판단을 내린다.

저축 이야기로 돌아가자. 위험 관리를 위해서 저축을 여러 계좌에 분산시켰다. 연금 저축 계좌에 개인종합자산관리계좌, 그리고 할증채 premium bond도 있다. 하지만 계좌가 분산되면 자산을 얼마 가지고 있는지 파악하기 어렵다. 그래서 대충 금액을 추측하고, 자산을 실제보다 과대평가한다. 게다가 저축해야 할 때 소비하면서 이 잘못된 정보를 위안으로 삼아 소비를 합리화한다.

이를 증명한 실험이 있다. 실험에 참여한 학생들에게 무작위로 계좌세 개 또는 하나를 주었다. 그리고 학생들은 실험 내내 컴퓨터 화면을 통해 계좌 내역을 파악할 수 있었다. 그러고 나서 수학 문제 풀이, 동물이름 철자 맞추기, 브랜드 슬로건 맞추기, 주어진 정보로 미국의 주 이름 맞추기 등 다양한 과제를 수행했다. 학생들은 과제를 전부 수행하면 100달러를 받았다. 그리고 번 돈이 얼마이건 자신이 넣고 싶은 계좌에 넣을 수 있었다.

다음으로 학생들에게 다양한 물건의 목록을 보여주고 어떤 물건을 사고 싶은지 상상해보라고 했다. 하지만 학생들이 좀 더 진지하게 참여하도록 백 명 중 두 명은 실제로 물건을 살 수 있다고 말했다. 살 수 있는 물건은 대학 티셔츠, 사진 앨범, 그리고 컴퓨터 마우스였다.

마지막으로 실험이 끝날 때 가상 계좌에 쓰지 않고 남은 '돈'이 있다면 그 돈으로 복권을 사고, 당첨되면 참여자에게 실제 당첨금을 준다고 알렸다. 실험이 끝났을 때 계좌가 세 개인 경우보다 하나인 경우에 남은 돈이 6퍼센트 정도 더 많았다.

6퍼센트이면 그리 많은 금액이 아닌 것처럼 보이겠지만 사람 행동을 바꾸는 일이 매우 어려운 것처럼 심리를 바꾸기도 어렵다. 연구팀이 계좌 세 개를 가진 참여자에게 돈을 많이 쓴 이유를 물었더니 모두 계좌를 하나만 가지고 있었다면 가진 돈을 파악하기 쉬웠을 것이고, 그러면 돈을 더 모을 수 있었을 것이라고 대답했다.[3]

물론 개인 성격도 영향을 미친다. 성격 검사에서 검약 부문에 높은 점수를 기록한 학생은 은행 계좌를 여러 개 가져도 소비에 큰 차이가 없었다. 그러니 무조건 모든 계좌를 하나로 합쳐야 한다는 생각은 말았으면 한다. 입출금이 쉽거나, 이율이 다른 다양한 저축 상품이 있다. 그렇지만 저축이 너무 어렵고 지금까지 모은 돈이 많지 않다면 계좌 하나로 단순하게 관리하는 편이 도움 된다.

돈은 대체물일까

경제학자는 감정에 치우치지 않은 합리적 행동을 추구한다. 경제학자의 관점에서 항상 투자 총수익이 최대가 되는 방향으로 계좌를 활용하는 것이 옳은 선택이다. 그래서 계좌의 개수는 중요하지 않다. 결국 다 같은 주머니의 돈이기 때문이다. 경제학자가 이렇게 생각하는 이유는 고전 경제학에서 돈을 대체물로 바라보기 때문이다.

돈이 대체물이라는 의미를 간단히 설명하면 돈다발 100만 원은 다른 돈다발 100만 원과 똑같다는 뜻이다. 그래서 사람이 돈에 대해 느끼는 가치는 그 돈을 어떻게 벌었는지, 자산 중 차지하는 비중이 얼만지, 어떻게 쓸 것인지에 전혀 영향을 받지 않는다고 가정한다.

하지만 앞서 살펴보았듯이 소비할 때 돈은 대체물로 기능하지 않는다. 비논리적이기는 하지만 우리는 꽤 정교한 마음의 계좌를 이용하여 돈을 다르게 배분하고, 이에 따라 적절한 소비 결정을 내린다. 그래서 호텔 테라스에서 마시는 진 토닉 한 잔에는 10파운드를 쓰지만, 슈퍼마켓에서 진 한 병의 가격이 20파운드가 넘어가면 구매하기를 망설인다.

저축할 때도 마찬가지이다. 1파운드 각각은 서로 다른 의미를 가진다. 예를 들어 사람은 때로 다른 계좌에 돈이 있어도 대출을 받는다. 언뜻 보기에 완전히 비합리적 결정이다. 대출이자는 예금이자에 비해 훨씬 높기 때문이다. 하지만 다른 한편으로 대출은 경제 훈련을 받을 좋은 기회이다. 대출을 받게 되면 정해진 날에 상환을 약속한다. 고리대금업자는 말할 것도 없이 그 어떤 대부업체도 채무자가 상환일을 넘기도록 그냥 두지 않는다. 어떤 일이 있어도 상환일에 갚을 돈을 준비해야 한다. 하지만 저축해둔 돈으로 물건을 사면, 별다른 외부 압력이 없기 때문에 쓴 돈을 다시 모으기가 쉽지 않다.

마찬가지로 사람은 집을 살 때 가진 돈을 탈탈 털어 대출 금액을 줄이지 않고 오히려 필요한 금액보다 약간 더 많은 금액을 대출받는다. 물론 여러 사항을 고려하지만 무엇보다 자신이 대출을 갚으려고 애쓸 것을 알기 때문이다. 반면에 저축한 돈을 쓰고 나면 다시 돈을 모으려는 마음이 느슨해진다. 사람은 저축 계좌와 대출 계좌를 하나로 묶어 대출금을 상환하는 방식을 별로 좋아하지 않는다.

이 방법이 경제학의 관점에서는 이해하기 어렵지만, 당신의 저축을 지키기 위한 최선의 방법일 수 있다.

시간의 절약

저축 성향에 영향을 주는 또 하나의 요인은 시간 개념이다. 과거, 현재, 미래에 대해 얼마나 생각하는지는 사람마다 천차만별이다.[4] 당연히 미래에 대해 많이 생각하는 사람, 즉 미래지향형 시간 관념future time perspective을 가진 사람이 저축을 많이 한다.[5]

하지만 미래를 위해 저축하는 데는 제한이 있다. 한 연구에서 미래를 생각해서 저축할 수 있는 사람은 저축하는 법에 대한 어느 정도 지식을 가진 사람이라는 것을 밝혔다.[6] 저축하려는 마음이 강해지거나 약해지는 데는 많은 이유가 있지만, 경제적 측면에서 저축의 필요성을 아는 것이 무엇보다 중요하다.

언제 연금 저축을 시작할 것인가? 사람은 대부분 지금이 시작하기 좋은 때라고 생각하지 않는다. 지금 느끼는 경제적 압박이 크고, 돈 들어갈 일도 너무 많다. 그리고 은퇴는 아직 먼 이야기일 뿐이다. 어쨌든 시간이 좀 흐른 뒤에는 지금보다 경제적 여유가 생길 듯하다.

진짜 그럴까? 대체로 그렇지 않다. 우리는 미래에 남은 시간이 생각보다 많다고 착각한다. 그래서 이틀이 꼬박 걸리는 회의나 주말 행사에 참석을 요청받으면 행사일이 2주 후일 때보다 6개월 후일 때 승낙할 가능성이 높다. 6개월 후에는 확실히 지금처럼 바쁘지 않을 것이라고 착각한다.

마찬가지로 지금까지는 저축을 잘하지 못했지만 앞으로는 잘하리라 믿는다. 시간이 흐른 뒤에는 확실히 소득이 늘어나고, 소비는 줄어들며, 저축을 많이 할 것이라는 생각이 든다. 바로 예산의 오류이다. 그간의 연구 결과를 보면 일관적으로 우리는 지난주에 쓴 돈을 실제보다 적게 기억하고, 다음 주에 쓸 금액도 적게 잡는다.[7]

미래를 대비하는 저축처럼, 어떤 일을 시작해야 겠다고 생각할 때는 미래에 대한 표현 방법을 바꾸면 도움이 된다. 숫자가 커지더라도 단위를 줄이면 미래가 더 가까이 있는 것처럼 느낄 수 있다. 예를 들어 은퇴까지 10년이 남았다고 할 때보다 3,656일이 남았다고 하면 갑자기 은퇴가 그리 멀지 않은 일처럼 느껴진다.[8]

돈이 개입하면 시간은 우리 마음에 이상한 속임수를 부린다. 사람들에게 다음 달에 얼마나 쓸 것인지 물어보면 금액을 매우 적게 잡는다. 하지만 내년에 얼마나 쓸 것인지 물어보면 금액을 약간 많이 잡지만 훨씬 정확한 금액을 산정한다.[9] 그 이유는 내년 소비 금액에 대해 잘 모르기 때문에 오류의 가능성을 감안해서 금액을 높게 잡기 때문이다.

저축을 미루면서 흔히 미래에 수입이 더 많아지기 때문에 저축이 더 쉬울 것이라고 변명한다. 여기서 고려하지 않은 사항은 사람은 많이 벌면, 많이 쓴다는 것이다. 수입이 많아지면 전보다 좋은 레스토랑에서 외식하고, 더 비싼 가구를 사고, 더 화려한 휴가를 떠난다. 또한 수입의 대부분을 생필품 구입에 사용한다면 저축하기 더 어렵다. 그래서 소득이 늘어난다고 해서 저축할 수 있는 금액이 많아지는 것도 아니다.

베스트셀러 《넛지Nudge》의 작가 리처드 탈러 교수는 저축 계획을 생각해 냈다.[10] 탈러 교수가 고안한 저축 계획을 이용하는 사람은 수입의 일부를 저축할 것을 약속하되, 지금 시작하지 않고 미래에 수입이 증가했을 때 저축을 시작한다. 급여가 네 번 오를 때마다 급여의 3퍼센트를 저축하는 방식이다. 저축의 결심은 지금 하지만, 저축의 고통은 미래로 연기할 수 있다. 탈러 교수의 저축 계획은 손실 회피 성향을 이용했다. 당장의 수입에서 저축할 돈이 바로 빠져나가면 손실을 본 것처럼 느끼지만 수입에 여유가 생길 것으로 예상하는 미래에 수입의 일부를 저축한다고 생각하면 덜 고통스럽다. 저축을 제외한 급여 명세서의 총 금액이 지금과 달라지지 않기 때문이다.

탈러 교수의 저축 계획을 기반으로 프로그램 '내일의 저축 늘리기Save More Tomorrow'가 생겼고, 가입을 권유받은 사람 중 무려 78퍼센트가 동참했다. 그리고 이 프로그램은 효과가 있었다. 급여가 네 번 인상된 후, 참여자들은 처음보다 네 배를 저축했다. 이 저축 계획은 미래를 향한 우리의 긍정적인 면, 지금은 힘들지만 앞으로는 더 나아질 것이라는 믿음을 자극한다. "앞으로 운동할 거야, 앞으로 건강한 식습관을 가질 거야, 앞으로 합리적 소비를 할 거야." 같은 다짐처럼 말이다.

사람이 저축하기 위해 사용하는 방법 중 하나는 저축을 다시 시작하는 것이다. 과거의 실수는 잊고, 지금까지 저축하지 못한 사실에 안달하지도 말고, 그저 미래만 생각한다. 그리고 새로운 목표를 세우고, 이를 달성하기 위해 노력한다. 좋은 방법처럼 들린다. 하지만 이런 '선형 접근법linear approach'은 항상 효과가 나타나지 않는다.

다음의 예를 보자. 누군가 앞으로 금연하겠다고 선언했다. 그런데 금연은 미룰 이유가 없다. 물론 금연을 선언하는 사람은 내일부터 끊겠다는 마음일 것이다. 하지만 내일이 모레가 되고 또 그 다음 날이 된다. 결국 끝도 없이 뒤로 미루고 만다.

저축할 때 가장 피해야 할 상황은 미래를 추상적으로 느끼는 것이다.[11] 저축할 때는 미래에 대한 추상적 생각을 피하고, 구체적으로 실행하고, 과거 저축에 실패한 원인을 파악하는 것이 좋다. 미국 라이스대학교의 연구팀이 실험 참여자에게 돈과 관련된 과거의 실수를 잊으라고 했더니, 참여자들은 미래의 자신의 행동을 지나치게 낙관적으로 예상했다. 그 결과 꼭 해야 할 저축을 다시 뒤로 미루는 모습을 보였다.

인생의 모습은 선형linear이라기보다 주기성cyclical을 띠고 있다고 생각하는 편이 더 낫다. 사람은 쉽게 변하지 않는다. 그래서 저축을 힘들어하는 사람은 자신이 내년에도 올해와 비슷한 행동을 보일 것이라는 사실을 제대로 인식해야 한다. 나중에 더 잘할 수 있을 것 같지만 자신의 능력을 이성적으로 판단해야 한다.

한 연구에서 참여자들이 각자의 저축 습관을 현실적으로 파악하도록 했다. 먼저 참여자에게 과거 저축에 성공한 경험과 실패한 경험을 고려해서 향후 2주간 저축할 수 있는 금액을 추산하도록 했다. 그랬더니 참여자들은 과거는 잊고 미래만을 생각하며 선형적으로 저축 금액을 추산한 대조군보다 70퍼센트나 많은 액수를 저축할 수 있다고 응답했다. 하지만 실제 2주가 지났을 때 참여자들이 저축한 금액은 대조군보다 80퍼센트 더 많았다.

물론 저축할 수 있는 금액은 개인의 수입과 지출에 따라 다르지만 위 실험에서 연구팀은 현재의 수입과 과거의 저축을 통제하고 자신의 행동에서 주기성을 파악한 참여자들이 훨씬 더 많이 저축할 수 있음을 보여주었다.[12]

저축을 늘리고 싶다면

사피어워프는 사용하는 언어가 사람의 사고방식에 영향을 미친다는 가설이다. 예를 들어 러시아어에는 '밝고 어두운 파란색'에 대한 구체적 단어가 있다. 러시아어를 쓰는 사람이라면, 이 단어에 영향을 받아 영어를 쓰는 사람보다 다양한 음영의 파란색을 잘 구분해낼 수 있다.[13]

영어로 "내일은 추울 거야."라는 말을 하고 싶을 때는 "tomorrow is going to be a cold day" 또는 "tomorrow will be cold"라고 표현한다. 영어의 규칙상 어느 쪽이든 미래 시제를 쓴다. 하지만 독일어로는 "morgen ist kalt", 영어로 표현하자면 "tomorrow is cold"이다. 이 문장은 현재 시제를 쓴 것이다. 독일어에도 미래 시제가 있지만, 내일이라는 단어 안에 이미 미래라는 의미가 있기 때문에 독일인은 굳이 미래 시제를 쓸 필요가 없다고 생각한다. 독일어와 비슷한 시제를 보이는 언어에는 중국 표준어Mandarin, 핀란드어 그리고 에스토니아어 등이 있다. 모두 '미래 시제가 약한 언어'로 알려져 있다. 이와 달리 영어나 프랑스어 같은 다른 언어는 '미래 시제가 강한 언어'로 불린다.

미래 시제가 강한 언어를 쓰는 사람은 다가올 미래를 더 멀게 느낀다. 그리고 이는 저축에 영향을 끼친다. 캘리포니아대학교 로스앤젤레스캠퍼스 경제학과의 키스 천Keith Chen교수는 실업률, 경제성장률, 이자율, 경제 발전의 정도를 제한한 76개국의 저축률을 비교했다. 그 결과 미래 시제가 약한 언어를 쓰는 국민이 미래 시제가 강한 언어를 쓰는 국민보다 두 배 가량 더 자주 저축에 돈을 부었다. 그래서 전체 국민의 저축률을 비교하자 미래 시제가 약한 언어를 쓰는 국민이 1인당 국내총생산 대비 저축을 6퍼센트 더 많이 하는 것으로 나타났다.[14]

일반적 결과와 다른 예외도 있다. 러시아, 아일랜드, 체코는 미래 시제가 강한 언어를 쓰지만 저축률 그래프의 거의 최상위에 위치했다. 한편, 에티오피아는 다중 언어를 사용하는 국가로, 미래 시제가 강한 언어가 세 개, 미래 시제가 약한 언어 세 개를 사용한다. 에티오피아의 저축률 통계 결과는 정말 흥미로운데, 저축의 중요성에 대한 믿음보다 구사하는 언어 종류가 더 정확한 저축률의 예측변수였다.

이러한 연구는 20세기 말에 시작했기 때문에, 언어의 시제 차이와 언어 사용자의 미래지향 성향 중 어느 쪽이 먼저 시작했는지 알기 어렵다. 애초에 사람이 미래에 대한 생각을 많이 했기 때문에 언어의 미래 시제가 약해졌는지 모른다. 즉, 언어가 사람의 태도에 영향을 준 것이 아니라, 사람의 성향이 언어에 반영되었을 수도 있다.

하지만 다른 변수를 고려하더라도 천 교수의 연구로 문화가 저축에 대한 태도에 영향을 미친다는 것을 알 수 있다. 저축을 못하는 사람은 전략적으로 이민을 가야겠다는 생각이 들 것이다. 하지만 이민은 그리 현실적인 방법이 아니다.

이민을 갈 수 없다면 돈을 보내는 것은 어떨까? 2013년 사회심리학자인 샘 마글리오Sam Maglio 교수는 사람과 돈의 지리적 거리에 따라 경제적 의사결정에 차이를 가져오는지에 관한 조사를 실시했다.

우리는 당장 받을 수 있는 돈에 비해 미래에 생길 돈에 대해서는 그리 관심이 없다. 마글리오 교수의 가설은 돈의 지리적 원근에서도 이와 비슷한 심리가 있다는 것이다.

뉴욕에 사는 사람에게 복권 응모 기회를 주면서 설문조사에 응해달라고 부탁했다. 복권 당첨 확률은 100분의 1이었고, 당첨금은 50달러였다. 당첨금은 특별 계좌에 입금되었다. 그러고 나서 참여자 절반에게는 당첨금이 든 계좌가 뉴욕에 있다고 이야기하고, 나머지에게는 수천 킬로미터 떨어진 로스앤젤레스에 있다고 알려주었다. 그리고 복권에 당첨되면 즉시 50달러를 수령할지 아니면 계좌에 3개월간 예치했다가 65달러를 수령할지 결정해달라고 요청했다.

그 결과 당첨금이 뉴욕의 계좌에 예치된다고 했을 때 응답자의 49퍼센트가 당첨금 수령을 3개월 미루겠다고 답했다. 하지만 계좌의 위치가 로스앤젤레스에 있다고 말하자 당첨금을 계좌에 두었다가 3개월 후에 더 많이 받겠다고 응답한 사람이 71퍼센트로 늘어났다.[15] 가상의 돈이지만 돈의 지리적인 위치가 심리적인 장벽으로 작용해서 돈을 계좌에 오래 두는 일이 힘들지 않은 것처럼 느낀다. 요즘은 전국의 온라인 계좌를 이용할 수 있으니, 사는 곳에서 멀리 떨어진 지역 은행에 돈을 맡겨두면 손대고 싶은 마음이 줄어들 것이다.

유혹에 저항하기

사람은 가까운 미래에 돈을 가질 수 있다는 가망이 사라질 때, 먼 미래에 대해 생각하기 시작한다. 때로는 어쩔 수 없이 그렇게 되는 때도 있다. 이유야 여러 가지겠지만 어쨌든 돈이 묶여 즉시 쓸 수 없어지는 것이다. 저축을 잘 못하는 사람의 특징은 자신의 문제에 대해 잘 알고 있다는 것이다. 이번 연구는 자기 인식을 이용하여 행동의 변화를 가져온 사례를 보여준다.

실험은 필리핀의 한 시골 마을에서 진행되었다. 이곳 주민은 그다지 잘 살지 못했고, 저축에 어려움을 겪고 있었다. 주민이 받은 저축 계좌에는 호메로스Homeros: 고대 그리스 작가. 서사시《일리아스》와《오디세이》로 유명식의 함축적 의미가 포함되었다. 연구팀이 직접 말한 것처럼 저축 계좌는 '오디세우스가 스스로 돛대에 몸을 묶고, 선원들의 귀에는 밀랍을 발라 세이렌의 노랫소리에 홀려 배가 난파되는 것을 막은 것'과 비슷한 역할이었다.[16] 누구도 목표 금액이나 만기일에 도달할 때까지 돈을 인출할 수 없었다.

　규칙이 엄격한 탓에 200여명 정도만 참여했다. 이는 참여를 권유받은 마을 주민의 28퍼센트에 불과하며, 남성보다 여성이 많이 참여했다. 참여자의 3분의 2는 만기일을 지정하는 방식을 택했다. 선택한 만기일은 주로 크리스마스나 생일, 큰 마을 잔치가 있는 날이었다. 나머지는 목표 금액을 정하는 방식을 택했다.

　또한 돈을 입금하는 방법도 선택했다. 은행에 가서 저금하기, 정기적으로 자동이체 하기, 집에 있는 '이익gansansiya'이라는 저금통에 모으기 등의 선택 사항이 있었다. 집에 있는 저금통을 선택한 경우에는 저금통 열쇠를 은행에 보관하도록 했다. 실험을 시작하기 전에 포커스 그룹여론 조사를 위해 각 계층을 대표하도록 뽑은 소수의 사람으로 만든 그룹을 인터뷰했을 때는 자동이체 방식이 인기 있었지만, 실제 실험에서는 참여자의 4분의 3이 저금통 방식을 택했다.

　실험 결과는 성공적이었고, 저축률은 82퍼센트에 달했다. 이는 강제성 없이 저축의 중요성을 알리고 실험을 진행한 대조군의 저축률보다 훨씬 높은 비율이었다. 계좌가 만기에 달하자 참여자는 자유롭게 잔액을 인출할 수 있었다. 하지만 단 한 사람만 돈을 찾았다. 참여자에게 이 자율이 더 높고 자유로운 입출금이 가능한 다른 저축 상품이 있다고 알려 주었지만 마음은 움직이지 않았다. 2년 반이 지나자 저축 잔액이 줄어들었다.[17]

　한동안 왜 그렇게 이 저축 방법을 고집했을까? 시간 할인의 개념을 다시 보자. 시간 할인이란 사람은 한 달 뒤의 30파운드보다 당장의 20파운드를 더 원한다는 뜻이다. 그런데 일부 사람은 지나치게 시간 할인을 한다. 그래서 당장의 20파운드와 한 달 뒤의 30파운드에서 선택할 때는 당장의 20파운드를 고른다. 하지만 기준 시간을 바꿔 6개월 뒤의 20파운드와 7개월 뒤의 30파운드 중 하나를 고르도록 하면 금액이 큰 쪽을 택한다. 어차피 기다려야 하는 긴 시간을 생각하면 한 달을 더 기다리는 일은 중요하지 않은 것이다.

시간 할인에 대해 다시 한번 자세히 설명하는 이유는 지나치게 시간 할인을 하는 사람이 특히 저축을 어려워하기 때문이다. 저축은 장기적으로 더 큰 이익을 얻기 위해 즉각적인 만족이나 때로는 당장 필요한 물건을 포기해야 한다는 전제 위에 성립한다.

하지만 이 사람들은 저축 문제에 대한 자기 인식 수준이 높다. 미래를 위해 저축하려면 반드시 현재의 소비를 일부 포기해야 함을 잘 알고 있다. 실제로 실행하기가 너무 어려울 뿐이다. 또 자신이 내리는 결정이 일관적이지 않다는 것도 알며, 지금 한 달을 기다리는 일이나 미래에 한 달을 기다리는 일이 똑같이 힘들다는 것도 안다. 다만 그렇게 느끼지 않을 뿐이다.

이런 성향의 사람을 '인지적 과대 시간 할인가sophisticated hyperbolic discounters'라고 부른다. 이 성향이 있는 사람은 돈을 찾을 수 없거나 반드시 장기간 유지해야 하는 저축 상품의 논리를 파악한다. 이런 이유로 실험에 참여한 필리핀 주민도 이 저축 방식에 동의했다.

시간 할인 성향을 측정할 수 있는 가상의 질문을 했을 때, 이런 성향의 사람은 지나치게 시간 할인을 하고 마는 자신의 약점을 인지하고 있었다. 그래서 저축 계좌를 엄격하게 관리해주는 외적 강제 요인을 기꺼이 받아들였다.

저금통에 저금하는 기쁨

저축은 어렵기 때문에, 이를 실행하려면 정교한 전략을 짜야 한다. 인간은 복잡하게 이루어진 심리적 존재이므로 우리의 목적을 강화하고 약점을 극복할 현명한 방법이 필요하다. 하지만 저축에 대해 단순하게 접근할 필요도 있다. 저축 시스템 중 가장 단순한 방법은 어린 아이일 때부터 시작하는 저축 방법, 돼지 저금통에 저금하는 것이다.

돼지 저금통을 어떻게 사용하는지 모두 알고 있을 것이다. 일단 쉽게 꺼낼 수 없는 통에 여분의 동전을 넣는다. 그리고 후일을 대비해서 동전을 모아나간다. 어린 아이가 달콤한 간식의 유혹도 뿌리치고 동전을 저금하면서 얻을 수 있는 가장 큰 기쁨은 분홍 돼지의 등에 난 구멍으로 동전이 떨어지는 모습을 관찰하는 일이다. 그리고 마침내 저금통이 가득 차면 깨는 즐거움이 기다리고 있다.

돼지 저금통에 이자는 붙지 않는다. 그래서 사람은 어린이가 자라서 어른이 되면 돼지 저금통에 금방 질릴 것이라고 생각한다. 하지만 인터넷에 들어가면 어른을 위한 저금통 광고를 많이 볼 수 있다.

많은 사람이 특별한 선물을 마련하기 위해 저금통에 저금한다. 나름 효과가 있다. 그래서 심리학자들은 돼지 저금통과 비슷한 저축 방법이 있다면 극빈층 사람이 적게나마 돈을 모아 목숨을 구할 물건을 살 수 있지 않을까 하고 생각했다.

아직도 전 세계 여러 곳에서 말라리아처럼 예방 가능한 질병이 널리 유행하여 감염자가 사망에 이른다. 그래서 정부와 원조 단체는 지역 주민에게 감염을 예방하기 위한 행동을 알리는 홍보 사업에 비용을 투자한다.

극빈층 가정에서도 화학 성분이 함유된 모기장을 치면 말라리아 예방에 도움이 된다는 사실을 알고 있다. 그리고 물을 정수해서 마시거나, 염소 약제를 넣으면 장관감염gut infection을 막을 수 있고, 아이에게 슬리퍼를 신기면 발바닥에 침입하는 기생충을 막을 수 있다는 사실도 안다.[18]

문제는 알면서도 실행하지 못하는 것이다. 그런 제품을 살 여유가 없기 때문이다.[19] 아프리카 케냐의 서부 주에서 5인 가족에게 모기장은 평균 1~2개밖에 없다. 말 그대로 돈이 없어서 죽는 셈이다. 주민은 은행이나 금융기관을 이용할 방법이 없다. 강제성 없이 돈을 모으면 어떻게 되는지 알 것이다. 그래서 간단하게 저금통을 쓰자는 대안이 나왔다.

연구팀은 지역의 수공업자에게 부탁하여 실험에 참여한 각 가정에 녹색 금속 상자를 만들어주었다. 상자의 양 옆면은 높이가 달랐고, 윗면에는 사선으로 동전을 넣을 구멍이 있었다. 상자는 통자물쇠로 잠겨 열쇠가 있어야 열 수 있었다. 또한, 돈을 얼마나 넣었는지 확인할 수 있도록 각 가정에 금전출납부도 나눠주었다.

실험에 참여한 케냐 가정 4분의 3은 너무 가난해서 땅바닥 위에 천막을 짓고 살았으며, 따로 저금할 수 있는 돈은 매우 적었다. 참여자는 이자를 기대하며 저금하지 않았다. 이자가 없었기에 실험 종료 후 금속 상자에서 꺼낸 돈은 그동안 넣은 돈의 금액과 한 푼도 다르지 않았다. 그래도 녹색 금속 상자 덕분에 모기장을 사기 위한 저축 금액이 66퍼센트 늘어났다.[20]

이는 그간 시도한 다른 저축 방법에 비해 엄청난 변화이다. 볼리비아와 페루, 필리핀에서 진행한 실험에서는 참여자에게 정기적으로 문자를 보내 저축해야 한다는 사실을 일깨워주었다. 실험 종료 후 늘어난 저축 금액은 고작 6퍼센트에 불과했다.[21] 비교하면 케냐의 실험은 10배나 나은 결과를 보여주었다.

케냐의 실험은 어떻게 그런 큰 성공을 거두었을까? 단순하게 지역 사회에 저축이라는 개념이 처음 소개되어서였을까? 물론 연구팀이 상황을 지켜본 영향도 있었을 것이다. 하지만 저축 방법이 단순하고 실용적일 뿐만 아니라 구체적이고 중요한 목표를 위해 저축했다는 것도 중요하다. 명확한 목표 설정만큼 저축 의욕을 북돋우는 것도 없다.

또 하나의 성공 요인은 절제력이다. 케냐 주민은 모기장을 사기 위해 저축을 시작했다. 구체적 목표를 위한 저축이지만 절제력 덕분에 없는 돈에도 차근차근 돈을 모아 성공할 수 있었다.

저축하기가 어렵거나, 따로 저축할 돈을 만들 여유가 없다면 우선 적은 금액부터 시작하고 저축 과정을 단순화해야 한다. 금융 체계가 전에 없이 복잡하고 정교해지면서 숫자에 밝지 않는 사람이나, 재무 전문가를 이용할 여유가 없는 사람, 그밖에 많은 사람이 아주 적은 금액이라도 저축한다는 생각 자체를 거부한다. 이럴 때 '크리스마스'를 위한 계획과 '돼지 저금통'이 도움 될 수 있다. 비록 사람의 재정 상황이 나아지도록 해주지는 못하지만 저축을 어려워하는 사람이 다시 한번 저축하는 법을 배울 수 있고, 무엇보다 저축으로 기쁨을 느낄 수 있다.

MIND OVER MONEY

CHAPTER 14

행복해지고 싶다면
경험을 소비하라

행복한 인생을 원한다면 물건이 아닌 경험을 소비하라
불필요하게 비싼 고급 식료품을 산다 해도 낭비는 아니다
자신이 받는 시간당 임금은 모르는 것이 낫다

돈의 존재 이유가 기부에만 있는 것이 아니다. 사람은 자신을 위해 돈을 쓰고 싶다. 꼭 생필품이 아니더라도 말이다. 앞서 기부나 저축의 효용성에 대한 이야기를 했다. 이번에는 소비의 효용성을 이야기하고자 한다.

소비에 대한 많은 연구는 소비를 통해 행복을 커지게 하는 여러 가지 방법을 알려준다. 그중 하나는 물질적 재화가 아닌 경험을 소비하는 것이다. 예를 들어 돈을 많이 가진 사람이라면 멋진 옷이나 가구를 사기보다 남극 크루즈나 르완다에서 고릴라를 구경하는 여행 상품에 돈을 쓰는 것이 훨씬 낫다. 여행을 다녀온 경험은 오래 남기 때문에 살아가면서 더 큰 기쁨을 느끼게 해준다.

생각해보면 경험의 소비가 바로 일부 억만장자가 소비하는 방식이다. 리처드 브랜슨영국 버진그룹의 창업자이자 회장은 열기구 비행기록 경신에 도전하거나 우주선 발사 로켓 만들기 같은 대규모 프로젝트에 돈을 아끼지 않는다. 도널드 트럼프가 미국 대통령 선거에 출마한 이유도 애초에 당선에 대한 기대보다는 재미를 느끼고 싶어서였을 것이다. 보는 사람은 짜증이 나지만 트럼프 본인만 생각하면 가진 돈을 쓰는 좋은 방법이다. 정반대로 세금을 피하기 위해 진짜 살고 싶지도 않은 나라에 가서 살면서 고국이 방문을 허락하지 않는다며 자주 불만을 토로하는 부자도 있다. 살고 싶은 곳에서 살지도 못하는데 돈을 많이 가진 것이 무슨 의미가 있는지 궁금하다.

그럼 우리는 어떨까? 우리는 물건을 사면 오래 사용할 수 있는데 경험하는 순간은 너무 빨리 끝나버린다고 느낀다. 그런데 사실은 그렇지 않다.

고모할머니에게 유산을 약간 물려받았을 때 나는 그 돈을 두 군데에 썼다. 남자친구와 아일랜드의 더블린으로 주말여행을 다녀왔고 팩스기를 샀다. 당시에 나는 팩스기 사는 데 돈을 쓰길 정말 잘했다고 생각했다. 하지만 그 후 2년이 채 안 되어 인터넷이 보급되었고 내가 산 팩스기는 금세 무용지물이 되었다. 게다가 집에 있는 팩스기 사용에 익숙해지자 팩스기를 가진 기쁨은 금방 사그라졌다. 이와 달리 더블린에서 보낸 주말은 아주 오래 전 일인데도 지금도 또렷이 기억한다. 그리고 생각할 때마다 즐겁다.

물건 구매에 따르는 행복감은 대체로 빨리 사라지는 경향이 있다.[1] 새 차가 언제까지나 새 차인 것은 아니다. 넓은 집을 사려고 직장에서 먼 외곽으로 이사한 사람은 방이 더 생겼다는 사실에 금방 익숙해지지만 길어진 통근 시간 때문에 지속적으로 괴로움을 느낀다.[2] 또 연구에 따르면 경험의 소비에 따르는 기쁨은 실제 경험이 시작되기 전부터 느낀다고 한다. 코넬대학교의 연구팀은 '멜롯와인을 기다리며'라는 멋진 제목의 실험을 통해 기대의 즐거움은 경험을 기다릴 때 더 높게 나타나

는 것을 입증했다. 반면 물건을 산다는 생각을 미리 해도 실험 참여자는 특별히 더 행복해지지 않았다.[3]

하지만 물건을 사는 일이 즐거운 경험과 함께 일어난다면 더 행복한 기분을 느낄 수 있다. 새 차를 사서 전에 가본 적이 없는 곳을 가거나, 멀리 떨어진 곳에 사는 친구를 만나러 가는 등 차가 없으면 시도하지 않을 경험을 즐기는 것이다.

똑똑한 소비

토니 홈즈는 말했다.

"나는 음식이 한 입, 한 입 다 맛있기를 바란다. 형편없는 음식을 먹을 때마다 배 속에 칼을 넣는 기분이다."

당신은 '참 좋겠다. 돈이 많아서 저런 생각도 하고.'라는 생각이 들 것이다. 모든 상황이 나빠지기 전까지 토니도 한때 돈 많은 사람이었다.

토니는 기업 이벤트 기획자로 제품 발매일에 맞춰 전 세계로 출장을 다니며, 연봉 10만 파운드를 훨씬 넘게 받았다. 지금은 돈이 별로 없는 사람이지만, 좋은 음식을 생각하는 마음은 아직 가지고 있다. 토니는 현재의 삶을 블로그 '무일푼 식도락가The Skint Foodie'에 기록하고 있다.[4]

런던 동남부에 있는 한 카페에서 토니를 만났다. 그 카페에서는 정말 맛있는 커피를 마실 수 있다. 그렇지 않으면 토니를 만족시킬 수 없을 것이다.

"처음 경제적 어려움에 빠졌을 때 저는 부유함 덕분에 누린 많은 사치를 포기하고 앞으로 어떻게 살아갈 수 있을지 전혀 모르겠더군요. 하지만 인생의 바닥까지 내려오자 사치부리지 않아도 살 수 있다는 걸 알았습니다. 다만 잘 먹어야 하는 일은 빼고요."

좋은 식생활에 대한 확고한 신념으로 토니는 가난에 대처하는 훌륭한 방법을 만들었고, 가난으로 인생이 좌우되지 않도록 했다.

어떻게 했을까? 토니는 돈이 별로 없었지만 시간은 많았다. 그래서 시간과 공을 들여 식료품을 사고 창의적으로 요리했다.

"가장 싼 음식을 먹는 게 아니라 제 능력 안에서 좋은 음식을 먹는 겁니다."

그냥 건강한 음식을 먹는다는 뜻이 아니다. 토니는 일주일에 20파운드 정도를 식비로 썼다. 하지만 정부 보조금을 받았을 때는 식비를 두 배로 늘렸다. 수입의 상당 부분을 음식에 썼다.

토니는 그 덕분에 '왕처럼, 적어도 왕자처럼' 먹으며 지낼 수 있었다고 했다. 토니에게는 자유 시간이 많았을 뿐만 아니라 프리덤 패스Freedom Pass가 있어서, 런던의 버스나 지하철을 무료로 이용하며 먼 곳까지 할인 상품을 사러 다녔다. 요리에 대한 열정이 있었고, 요리를 잘 했다. 유기농 제품은 포기해야 했지만 음식을 향한 열정은 포기할 수 없었다. 적어도 식료품의 결정적인 요소, 품질에 대한 고집은 꺾을 수가 없었다. 사실 식료품의 질이란 음식을 잘 먹고 싶다는 바램의 가장 필수적 조건이다.

토니는 적은 돈으로 잘 먹기 위해 정말 많은 노력을 기울였다. 음식은 단순한 영양 공급이 아니었고, 힘든 생활을 잊게 하는 수단도 아니었다. 음식이 토니의 인생이었다. 돈이 거의 없어지자 삶은 철저하게 단순화했고, 다른 즐거움은 모두 포기해야 했다. 하지만 음식은 토니에게 남겨진 단 하나의 즐거움이었고, 여기에 집중하는 것이 힘든 상황에 대처하는 방법이었다. 음식에 대한 고집이 있었기에 토니는 가난 속에만 묶여 있지 않았다. 그래서 마침내 음식에 대한 열정으로 돈을 벌 수 있었다.

토니가 블로그와 트위터에 올린 요리법과 조언에 사람들은 많은 관심을 보였고, 출판 계약 의뢰가 잇따랐다. 토니는 가난에 대처하는 자신만의 방법으로 밑바닥에서 다시 일어났다.

토니는 현재 정신 건강 관련 분야에서 급여를 받고 일한다. 예전처럼 무일푼의 식도락가는 아니다.

토니의 이야기가 가난한 사람에게 흔히 일어나는 일은 아니다. 이 이야기는 돈에 사로잡힌 세상 속에서 가난이 주는 악영향을 완화할 수 있는 방법을 알려준다. 토니는 수입이 적거나 아예 없는 사람처럼 행동해야 했다. 돈 없이 견디고, 생활에 드는 비용을 삭감하고, 물건을 살 때는 매우 신중하게 생각하며, 식비의 예산을 세우고, 세우고, 또 세워야 했다. 하지만 토니는 이 속에 작은 사치를 끼워 넣어 힘든 시기를 어떻게든 넘길 수 있었다. 사실 가난으로 인한 여러 희생이 있었기 때문에 작은 사치가 소중하게 느껴졌을 것이다.

토니 홈즈는 가난하다는 것은 힘든 일이라고 말했다. 토니는 가난이 사람의 사고방식에 영향을 미치는 이유를 이해한다고 했다. 그런 상황에 대처하는 토니의 방식은 삶에서 만족감을 느낄 수 있는 부분에 노력을 쏟는 것이다. 좋은 음식이 바로 만족감이었다. 누군가는 많은 식물을 씨앗부터 심어 종일 잡초를 뽑고 땅을 파서 멋진 정원을 만드는 일일 수도 있다.

우리는 결코 모든 것을 가질 수 없다. 아무리 부자라도 말이다. 그렇지만 자신에게 가장 큰 기쁨을 주는 일에 집중하면 인생을 즐길 수 있다.

비용은 잊어라

때로 우리는 시간이 곧 돈이라고 생각하여 일상의 순간조차 즐기지 못한다. 대부분의 사람에게 시간은 공짜로 누릴 수 있는 것이 아니다. 그 시간에 돈을 벌어야 하기 때문이다.

돈과 행복의 상관성에 관한 여러 실험 끝에 심리학자 엘리자베스 던 교수와 마이클 노턴Michael Norton 교수는 사람은 이미 아는 지식때문에 단순한 기쁨을 즐기지 못한다는 사실을 밝혔다. 두 교수는 실험에서 참여자들에게 좋아하는 음악을 2분 정도 듣는 동안 그 시간에 직장에 있을 때 받을 수 있는 시간당 임금을 생각하게 했다. 그러자 음악을 들으며 느낀 기쁨이 줄어들었다.[5]

시간당 임금을 받고 일하는 사람은 자신의 시간을 돈으로 환산하면 얼마인지 정확히 알고 있다. 그래서 즐거움을 위한 활동에 참여하려 하지 않고, 자원봉사 활동에도 소극적이다. 시간당 임금을 받고 일하는 사람은 대개 저소득층이고, 삶의 필수품을 갖추려면 돈 버는 일에 시간을 많이 들여야 한다. 미국에서 실시한 어느 설문조사에서 돈을 더 벌 수 있다면 여유 시간을 줄인다는 항목에 시간당 임금을 받는 응답자의 32퍼센트가 그렇다고 답했다. 반면 월급을 받는 응답자 중 그렇다고 답한 사람은 17퍼센트에 불과했다. 이는 월급을 받는 사람은 시간당 임금을 받는 사람에 비해 대체로 자신의 시간당 임금이 얼마인지 정확히 알지 못하기 때문이었다.[6]

활동하는 것보다 그 시간에 돈을 버는 쪽이 훨씬 합리적이라는 생각이 들지 모른다. 하지만 연구를 통해 입증된 바에 따르면 이런 식으로 생각하면 행복해 질 수 없다.[7]

시간당 임금을 생각하는 태도를 버리고 좀 더 자유롭게 시간을 보낼 필요가 있다. 돈 때문에 자유 시간을 즐기지 못하는 것은 가난한 사람이나 부유한 사람이나 마찬가지로 겪는 문제이다. 이론상 경제적으로 여유 있는 사람은 필요한 만큼 돈을 벌기 위해 적은 시간 동안 일하고 많은 시간을 여가 활동에 보내도 된다. 하지만 고소득을 올리는 직장인 중 적게 일하는 사람은 매우 드물다. 고용주의 요구도 있을 것이고, 비용이 많이 드는 생활 방식에 익숙해진 탓도 크다. 게다가 많은 고소득 노동자는 일에 중독된 상태이다. 끝도 없이 일하고, 돈을 더 많이 번다. 어떤 사람은 행복하다고 느끼기도 한다. 자기 일을 정말 '사랑'하는 것이다. 하지만 일 중독자가 행복하다고 느끼는 이유는 돈이 아니라 정신적 자극, 업무에서 오는 성취감, 도전하는 느낌, 직장에서의 지위이다.

소비에서 오는 행복을 극대화할 수 있는 또 하나의 방법은 지급을 미리 해두는 것이다. 지급을 미리 해두면 물건이나 경험을 사면서 느끼는 기쁨이 비용 걱정 때문에 줄어드는 현상을 막을 수 있다. 게다가 기다리는 즐거움도 느낄 수 있다. 하지만 이 방법에는 비용이 따른다.

1987년 한 실험에서 참여 학생에게 가장 좋아하는 연예인과 지금 당장, 하루 뒤, 사흘 뒤에 키스할 수 있다면 각각 어느 정도 돈을 낼 의향이 있는지 물었다. 참여 학생은 뒤로 미룰수록 기쁨이 더 커진다는 것을 알고 있었다. 그리고 그만큼 돈을 더 낼 생각도 있었다. 그래서 대부분의 학생이 사흘 뒤를 택했고, 즐거운 기다림이 비용에 반영되어 즉시 키스하는 것보다 비용을 75퍼센트나 더 내겠다고 대답했다.[8]

절약의 즐거움 그리고 소소한 기분 전환

다른 사람을 위해 돈을 쓰거나 경험을 소비하면 행복해진다. 그런데 의도적으로 돈을 쓰지 않는 것도 행복해지는 방법이다. 심리학자 소냐 류보머스키 교수는 행복을 주제로 한 연구를 계속해왔다. 그 결과 절약이 잊혀진 미덕이라는 것을 확신하게 되었다. 사람은 대부분 새 물건을 사고 싶어 한다. 절약이라는 말은 구두쇠처럼 들리겠지만, 사실 영어에서 절약thriftiness이라는 단어는 '번영하다thrive'는 단어와 같은 어원이다.

그렇다면 **어떻게 절약하면서 잘 살 수 있을까?** 류보머스키 교수는 소유한 물건에 더 관심을 가지라고 제안한다. 물건이 주는 혜택과 기쁨을 적극적으로 생각하면 소유의 기쁨이 사라지지 않는다. 예를 들어 지금 타고 다니는 차가 예전에 있던 차와 비교해서 얼마나 더 편한지 끊임없이 되새기는 것이다.[9] 또 산지 오래된 물건을 다시 꺼내 사용함으로써 처음 샀을 때 느낀 기쁨을 다시 한번 맛보는 것도 좋은 방법이다.

내가 가장 좋아하는 방법은 행복을 대여하는 것이다. 더 좋은 차를 사려고 돈을 들이는 대신에 주말에 멋진 스포츠카를 빌려서 만족감을 얻는 것이다. 어떻게 보면 사치스럽지만 새 차를 사는 것보다 훨씬 비용이 적게 들고, 잊지 못할 경험으로 기쁨을 느낀다. 그리고 이런 기쁨은 사라지지 않는다.

그럼 **쇼핑을 좋아하는 사람은 어떻게 해야 할까?** 돈을 모아 구두처럼 멋지고 볼 때마다 기쁨을 주는 물건을 사면 **기분이 좋아지는 사람은 어떻게 해야 할까?** 새로운 경험과 연계되지 않는 물건에 돈을 쓰면서 느끼는 기쁨이 오래가지는 않지만, 어쨌든 기쁘지 않은 것은 아니다. 쇼핑으로 스트레스를 해소하는 데는 다 이유가 있다.

미국의 한 연구자는 작은 물건을 사면 일시적으로 기분이 좋아진다는 사실을 밝혔다. 사람은 우울할 때 자신을 위한 작은 선물은 산다.[10] 쇼핑센터에서 진행한 연구를 보면 사람은 때로 전략적으로 돈을 쓴다. 쇼핑으로 기분이 좋아지는 것은 일시적 현상이라는 사실을 잘 알면서도, 물건을 사는 것이다. 기업에서는 교묘한 마케팅으로 소비자의 불안감과 우울함을 이용하려 한다. 그래서 물건을 사면 삶이 바뀐다며 소비자를 설득하려 하지만 사실 소비자는 대부분 믿지 않는다.

모든 돈에는 선을 행하는 힘이 있다. 우리에게 돈을 지배하는 마음이 있다면 돈은 우리의 삶과 타인의 삶까지 더 나아지게 할 수 있다. 하지만 이 세상에 돈이 넘쳐나고 돈이 곧 힘이라고 해서 돈이 우리를 완전히 바꿔놓을 수는 없다. 우리는 원하는 만큼만 소비하고, 기부하며, 돈을 벌고, 저축할 수 있다. 그리고 돈은 우리가 어떻게 쓸지 알고 있을 때에만 만족스런 삶의 도구가 된다. 우리는 돈이 모든 문제를 해결해줄 수 없다는 것을 알고 있다. 그래서 우리는 돈을 지배하기 위해 노력해야 한다.

CHAPTER 15

돈에 관한 안내서

MIND
OVER
MONEY

그동안 여러 심리학자가 연구를 계획하고, 참여자들을 모집하고, 자료를 수집하며, 결과를 분석하는 데 오랜 시간이 걸렸다. 심리학자가 한 노력 덕분에 우리가 얻는 교훈은 무엇일까? 아래에 돈에 대한 여러 정보를 정리해두었다. 전부 연구를 통해 증명한 사실만을 모았다. 이 정보가 인생을 바꿔놓을 수 있다는 말은 못 하겠지만 적절히 잘 활용한다면 당신과 돈의 관계가 더 건강해지고 당신은 더 부자가 될 수 있을 것이다.

1. 건강한 식습관을 가지려면 간식을 살 때 반드시 현금을 내라.

2. 신용카드로 물건을 사려는 순간에는 물건 가격만큼 돈을 현금인출기에서 뽑는 장면을 상상하라. 그래도 사고 싶다면? 그때는 사도 좋다.

3. 매주 같은 번호로 복권을 사면 안 된다. 그러면 복권을 사지 못한 주에 그 번호가 당첨되었을 때 땅을 치고 후회할 수 있다.

4. 와인 코스 메뉴를 먹으러 가지 말라. 와인에 대해 잘 모르면 싼 와인으로도 충분히 맛을 즐길 수 있다.

5. 두통이 너무 심할 때는 성분이 같아도 복제약 말고 비싼 브랜드 약을 먹어라.

6. 음식을 즐기면서 과식한 기분을 피하고 싶으면 싼 뷔페보다는 비싼 뷔페에 가는 것이 낫다.

7. 혹시 가판대를 운영할 일이 있다면 "시간을 약간 투자하세요!"라고 쓴 간판을 세우자. 그러면 손님이 더 많이 찾는다.

8. 세 종류 중 하나를 골라야 한다면 제일 비싼 물건을 보고 마음이 흔들려 중간 가격의 물건을 사지는 말자. 크고 반짝이는 물건은 피해야 한다. 물건을 사기 전에는 반드시 집에 두었을 때 어떤 느낌일지 상상해보라.

9. 가게의 할인 안내가 퍼센트로 나와 있다면 반드시 직접 계산해서 실제 할인된 가격을 확인하라. 생각보다 싸지 않을 수 있다.

10. 집의 적정가를 평가하러 온 부동산 중개인이 스스로 가격을 내놓을 때까지 다른 곳에서 평가받은 가격을 절대 말해서는 안 된다.

11. 가격을 협상할 때는 반드시 상대방보다 먼저 가격을 던져라. 다만 제품의 적당한 가격에 대한 정보가 전혀 없을 때는 예외이다.

12. 언제 보험에 가입해야 하는지 신중하게 생각하라. 미래에 후회할지 몰라서 보험에 가입하는가? 아니면 최악의 상황을 부담할 여유가 없는 것인가?

13. 성적을 올리는 대가로 학생에게 돈을 주고 싶다면 구체적 과제에 대해 보상하고, 어떻게 과제를 수행해야 하는지 알려주어야 한다. 좋은 점수를 받았을 때 돈을 주는 방식은 효과가 없다.

14. 누군가에게 돈을 주고 일을 시키고 싶다면 금액이 커야 한다. 그리고 상대방의 상황이 어떤지 잘 파악해야 한다.

15. 호의로 도움준 친구에게 절대 돈으로 감사를 표하면 안 된다.

16. 인센티브 제도는 반드시 장기간 지급할 예산의 여유가 확실히 있을 때에만 도입해야 한다.

17. 핵폐기물 처리장을 짓고 싶다면 지역 시민을 돈으로 매수해서는 안 된다.

18. 자녀가 그린 그림을 보고 지금까지 본 그림 중 최고라고 칭찬하는 대신 아이의 노력과 그림 그린 방식을 칭찬하라.

19. 팔려는 물건의 가격을 정할 때는 내 물건이 아니라고 생각해보라.

20. 경매장에서 바로 앞에 팔린 물건의 낙찰가가 굉장히 높았을 때는 다음 물건의 입찰가를 원래 계획보다 높게 쓰지 않도록 조심해야 한다.

21. 예상치 못하게 백만장자가 되었다면 갑자기 최고급 물건을 사서는 안 된다. 그러면 일상의 기쁨이 상대적으로 줄어든다. 대신 작은 기쁨이 되는 물건을 잔뜩 사면 좋다.

22. 외로움을 느낄 때 물질주의에 의존하거나 외로움에 대한 보상으로 돈을 벌려고 애쓰는 일은 당신을 행복하게 해줄 수 없다. 하지만 자그마한 사치를 부리는 일은 도움이 된다.

23. 부자를 대상으로 모금해야 한다면 직접적으로 기부를 해달라고 말하라. 기부가 일종의 투자라는 식으로 접근하면 안 된다.

24. 저축을 잘하고 싶다면 세월이 흐르기만을 기다리지 말자. 당장 저축을 시작할 방법을 찾아라.

25. 친구들과 함께 레스토랑에 갔다면 모두 주문이 끝날 때까지 식대를 동일하게 더치페이하자는 제안을 해서는 안 된다. 누군가 비싼 음식만 골라서 주문할 수 있기 때문이다.

26. 지역 은행에 저축 계좌를 개설하라. 온라인으로 당장 돈을 뽑아 쓸 수 있어도 일단 저축해둔 돈이 멀리 있는 것처럼 느껴져 저금을 찾아 쓸 확률이 줄어든다.

27. 행복해지는 일에 돈을 쓰고 싶다면 물건보다는 경험을 소비하라. 물건을 꼭 사고

싶다면 새로운 경험과 이어질 수 있는 물건을 사라.

28. 오래 기억할 수 있는 물건을 자신에게 선물하라.

29. 시간당 임금을 받고 일하는 사람은 즐거운 활동에 참여한 시간을 임금으로 환산
하면 안 된다. 즐거운 일에는 아무 생각 없이 참여하라.

30. 지금 하는 일보다 재미없는 일을 해야 하는 자리로 승진하기 위해 애쓰지 말라.
돈을 많이 버는 일이 당신을 반드시 행복하게 해주는 것은 아니다.

🪙 감사의 글

이 책을 쓰기 위해 나는 돈의 심리학을 주제로 한 전 세계의 흥미로운 연구 논문을 샅샅이 살폈다. 내가 소개한 여러 실험을 구상하고 수년 간 연구에 매진한 여러 심리학자, 역사학자, 사회학자, 경제학자가 없었다면 불가능한 일이다. 실험을 진행하려면 많은 인내심이 필요한데, 나에게는 그런 인내심이 없다. 고마운 학자가 너무 많아서 한 명, 한 명 나열할 수는 없지만 내가 인용한 모든 논문의 저자에게 신세를 졌다. 각 논문과 서적의 이름은 책 마지막 주석란에 실었다.

내 생각에 많은 영향을 준 폴 웨블리 교수, 아드리안 펀햄 교수, 대니얼 카너먼 교수, 스티븐 리 교수, 엘리자베스 던 교수, 유리 그니지 교수, 댄 애리얼리 교수, 센딜 멀레이너선 교수 그리고 캐롤 버고인Carole Burgoyne 교수, 허브 골드버그 교수와 로버트 루이스 박사 등에게 모두에게 감사드린다. 그리고 나의 이메일 질문에 답해 준 많은 학자와 친절하게 인터뷰에 응해준 사람에게 감사 인사를 드리고 싶다.

그리고 사생활 보호를 위해 이름을 바꿔 썼던 사람도 있다. 모두에게 감사한다. 인터뷰를 진행해주고, 책을 쓰는 이야기를 끊임없이 하던 나를 참아준 BBC 라디오 과학부의 프로듀서에게 고맙다는 말을 전하고 싶다.

내 친구들, 조, 베카, 그랜트, 파울라, 앤드류, 크리스, 필리파 그리고 짐까지, 모두 내가 프랑스에서 책을 집필하는 동안 마음의 평화를 주었다. 친구들의 집에서 여러 번 부엌, 거실, 침대를 내 임시 사무실로 쓰곤 했다. 친구들은 어쩐지 내가 일에 집중해 방해 받고 싶지 않은 순간과 쉬고 싶은 순간을 알고 있는 것만 같았다. 게다가 나에게 멋진 음식까지 대접해주었다. 더는 아무 것도 바랄 수 없을 정도였다.

이 책의 자료 조사를 담당한 로나 스튜어트에게는 특별한 감사를 전하고 싶다. 로나는 자료 조사 실력이 뛰어날 뿐 아니라, 같이 일하기 너무 좋은 사람이었다.

캐논게이트는 작가가 기대할 수 있는 최고의 출판사로 모두 친절하고 업무 진행 방식이 효율적이었다. 담당 편집자인 제니 로드가 항상 눈치 빠르게 사려 깊은 제안을 해준 덕분에 책의 내용이 말할 수 없이 좋아졌다. 교열 담당자인 옥타비아 리브는 매의 눈으로 세세한 곳까지 살피고 실수를 찾아주었다. 잰클로우 앤 네스빗의 담당 에이전트인 윌 프랜시스는 내가 이 책의 아이디어를 전하려고 전화를 걸던 그 순간부터 지금까지 정말 열심히, 훌륭하게 나를 도와주었다.

마지막으로 나의 남편 팀은 몇 주에 걸쳐 원고 한 줄, 한 줄을 확인하여 논리에 맞지 않는 부분을 지적하고, 정말 많은 개선 사항을 제안해주었다. 남편 덕분에 훨씬 더 좋은 책이 나올 수 있었다. 남편이 있어 정말 다행이다.

주석

들어가는 글

1) You can see this interview from RTÉ's The Late Late Show online at Ironmantetsuo, K Foundation Burn a Million Quid, YouTube video uploaded 6 September 2007: https://www.youtube.com/watch?v=i6q4n5TQnpA

2) For the history of the band and their other projects, see Higgs, J. (2013) The KLF: Chaos, Magic and the Band Who Burned a Million Pounds. London: Weidenfeld & Nicolson.

3) Polanyi, K. (2014) For a New West. Essays, 1919–1958. London: Polity.

4) James, W. (1983, originally published in 1890) The Principles of Psychology. Cambridge, Massachusetts: Harvard University Press.

5) See Chapter 10, Harari, Y.N. (2014) Sapiens: A Brief History of Humankind. Harvill Secker.

6) Lea, S. & Webley, P. (2006) Money as Tool, Money as Drug: The Biological Psychology of a Strong Incentive. Behavioral & Brain Sciences, 29, 161–209.

01 돈과 우리의 관계는 어디에서 시작하는가

1) Breiter, H.C. et al (2001) Functional Imaging of Neural Responses to Expectancy and Experience of Monetary Gains and Losses. Neuron, 30, 619–639.

2) Kim, H. et al (2011) Overlapping Responses for the Expectation of Juice and Money Rewards in Human Ventromedial Prefrontal Cortex. Cerebral Cortex,

21(4), 769–776.

3) McClure, S.M. (2004) Separate Neural Systems Value Immediate and Delayed Monetary Rewards. Science, 306(5695), 503–507.

4) Becchio, C. et al (2011) How the Brain Responds to the Destruction of Money. Journal of Neuroscience, Psychology & Economics, 4 (1), 1–10.

5) Reserve Bank of Australia, Banknotes – Deliberate Damage: http://banknotes.rba.gov.au/legal/deliberate-damage/

6) Zuel, N. (1992) PM's Signature May be Illegal. Sydney Morning Herald, 17 November, 4.

7) Gould, J. (17 November 2011) Funny Money Has Phillip Seeing Red: http://www.sunshinecoastdaily.com.au/news/not-so-funny-money-has-bloke-seeing-red/1176472/

8) See the suffragette-defaced penny in the British Museum: http://www.britishmuseum.org/explore/a_history_of_the_world/objects.aspx#95

9) European Commission recommendation on the legal tender of the euro, ESTA Conference, Bratislava, 2012: http://www.esta-cash.eu/documents/bratislava-presentations-2012/9.-the-ec-recommendation-on-legal-tender-implementation-in-the-member-states-and-next-step-ra-diger-voss-ec.pdf

10) De Martino, B. et al (2010) Amygdala Damage Eliminates Monetary Loss Aversion. Proceedings of the National Academy of Sciences, 107, 3788–3792.

11) Miller, H. (1946) Money And How It Gets That Way. This book is out of print, but there's an excellent summary including extensive quotes on Maria Popova's Brain Pickings blog. http://www.brainpickings.org/2014/08/04/henry-miller-on-money/

12) Stolp, M. (2011) Children's Art: Work or Play? Preschoolers Considering the Economic Questions of their Theatre Performance. Childhood, 19(2), 251–265.

13) Lau, S. (1998) Money: What It Means to Children and Adults. Social Behavior and Personality, 26(3), 297–306.

14) Webley, P. et al (1991) A Study in Economic Psychology: Children's Savings in a Play Economy. Human Relations, 44, 127–146.

15) Mischel, W. (2014) The Marshmallow Test: Mastering Self-Control. London: Little Brown & Company.

16) Berti, A.E. & Bombi, A.S. (1981) The Development of the Concept of Money and Its Value: A Longitudinal Study. Child Development, 52(4), 1179–1182. See also their 1988 book The Child's Construction of Economics. Cambridge: Cambridge University Press.

17) These four stages were outlined by Berti, A.E. & Bombi, A.S. in 1988, in

their book The Child's Construction of Economics. Cambridge: Cambridge University Press.

18) Ruckenstein, M. (2010) Time Scales of Consumption: Children, Money and Transactional Orders. Journal of Consumer Culture, 10(3), 383–404.

19) Atwood, J.D. (2012) Couples and Money: The Last Taboo. American Journal of Family Therapy, 40(1), 1–19.

20) Furnham, A. (1999) Economic Socialisation. British Journal of Developmental Psychology, 17, 585–604.

21) Kim, J. et al (2011) Family Processes and Adolescents' Financial Behaviors. Journal of Family & Economic Issues, 32, 668–679.

22) Zaleskiewicz, T. et al (2013) Money and the Fear of Death: The Symbolic Power of Money as an Existential Anxiety Buffer. Journal of Economic Psychology, 36C, 55–67.

23) Zaleskiewicz T. et al (2013) Saving Can Save from Death Anxiety: Mortality Salience and Financial Decision-Making. PLoS ONE, 8(11): e79407. doi:10.1371/journal.pone.0079407

02 돈의 형태에 집착하는 이유

1) Graeber, D. (2014) Debt: The First 5000 Years. Brooklyn, New York: Melville House Publishing.

2) Friedman, M. (1991) The Island of Stone Money. Working Papers in Economics E–91–3. The Hoover Institution: Stanford University.

3) See this blog for an interesting discussion on the way that stories of the Yap money are told and retold by economists: http://jpkoning.blogspot.co.uk/2013/01/yap-stones-and-myth-of-fiat-money.html

4) See Bank of England. Banknotes – Frequently Asked Questions – Questions about the Banknote Character Selection – £20 Nominations: http://www.bankofengland.co.uk/banknotes/Pages/about/faqs.aspx

5) Lea, S.E.G. et al (1987) The Individual in the Economy. Cambridge: Cambridge University Press.

6) Di Muro, F. & Noseworthy, T. (2012) Money Isn't Everything, But It Helps If It Doesn't Look Used. Journal of Consumer Research, 39, 1330–1341.

7) Lea, S.E.G. (1981) Inflation, Decimalization and the Estimated Sizes of Coins. Journal of Economic Psychology, 1, 79–81.

8) Bruner, J.S. & Goodman, C.G. (1947) Value and Need as Organizing Factors in Perception. Journal of Abnormal and Social Psychology, 42, 33–34.

9) Burgoyne C.B. et al (1999) The Transition to the Euro: Some Perspectives from

Economic Psychology. Journal of Consumer Policy, 22, 91–116.

10) Hussein, G. et al (1987) A Characteristics Approach to Money and the Changeover from the £1 Note to the £1 Coin. Exeter University Technical Report, no. 87/1.

11) Webley, P. (2010) Foreword: Inertia and Innovation in Inter-disciplinary Social Science. Anthropology Matters Journal, 2010, 12(1).

12) Sparshott, J. Should US Replace $1 Bills With Coins? Fed to Weigh In, 11 December 2013: http://blogs.wsj.com/economics/2013/12/11/should-u-s-replace-1-bills-with-coins-fed-to-weigh-in/

13) Dollar Coin Alliance, Facts About the Dollar Coin: http://www.dollarcoinalliance.org/facts-about-the-dollar-coin/Ahlers, M.M. $1 Coins – Unwanted, Unloved and Out of Currency, 30 November 2013: http://edition.cnn.com/2013/11/28/us/one-dollar-coins/

14) Lambert, M. et al Costs and Benefits of Replacing the $1 Federal Reserve Note with a $1 US Coin, December 2013 [Staff Working Paper]: http://www.federalreserve.gov/payment\-systems/staff-working-paper-20131211.pdf

15) Reuters, Americans Prefer Dollar Bill to Coin – Poll, 14 April 2008: http://www.reuters.com/article/2008/04/14/us-money-penny-idUSN1435329120080414

16) Eur-Lex, Review of the Introduction of Euro Notes and Coins: http://europa.eu/legislation_summaries/economic_and_monetary_affairs/introducing_euro_practical_aspects/l25064_en.htm

17) Berezin, M. (2000) The Euro is More than Money. Center for Society & Economy Policy Newsletter – The Euro, 1(1).

18) Eur-Lex, Review of the Introduction of Euro Notes and Coins: http://europa.eu/legislation_summaries/economic_and_monetary_affairs/introducing_euro_practical_aspects/l25064_en.htm

19) Berezin, M. (2000) The Euro is More than Money. Center for Society & Economy Policy Newsletter – The Euro, 1(1).

20) Eur-Lex. Communication from the Commission to the European Council – Review of the Introduction of Euro Notes and Coins: http://eur-lex.europa.eu/legal-content/EN/TXT/?uri=CELEX:52002DC0124

21) Ranyard, R. et al (2005) A Qualitative Study of Adaptation to the Euro in the Republic of Ireland: I. Attitudes, the 'Euro Illusion' and the Perception of Prices. Journal of Community & Applied Social Psychology, 15, 95–107.

22) Gamble, A. et al (2002) Euro Illusion: Psychological Insights into Price Evaluations with a Unitary Currency. European Psychologist, 7(4), 302–311.

23) Gamble, A. et al (2002) Euro-illusion: Psychological Insights into Price

Evaluations with a Unitary Currency. European Psychologist, 7(4), 302–311.

24) Eur-Lex. Communication from the Commission to the European Council – Review of the Introduction of Euro Notes and Coins: http://eur-lex.europa. eu/legal-content/EN/TXT/?uri=CELEX:52002DC0124

25) Kooreman, P. et al (2004) Charity Donations and the Euro Introduction: Some Quasi-Experimental Evidence on Money Illusion. Journal of Money, Credit, and Banking, 36(6).

26) Thomas, M. et al (2011) How Credit Card Payments Increase Unhealthy Food Purchases: Visceral Regulation of Vice. Journal of Consumer Research, 38(1), 126–139.

27) See Soman (1999) cited in Prelec & Simester (2001) Always Leave Home Without It: A Further Investigation of the Credit-card Effect on Willingness to Pay. Marketing Letters, 12, 5–12.

28) Prelec, D. & Simester, D. (2001) Always Leave Home Without It: A Further Investigation of the Credit-card Effect on Willingness to Pay. Marketing Letters, 12, 5–12.

29) Verum Consumer Trends Report (May 2014). London: Verum Research.

03 물건이 비쌀수록 소소한 돈은 신경 쓰이지 않는다

1) Kahneman, D. (2012) Thinking, Fast and Slow. London: Penguin.

2) Mullainathan, S. & Shafir, E. (2013) Scarcity: Why Having Too Little Means So Much. London: Allen Lane.

3) Tversky, A. & Kahneman, D. (1981) The Framing of Decisions and the Psychology of Choice, Science, 211, 453–458.

4) Dolphin, T. & Silim, A. (2014) Purchasing Power: Making Consumer Markets Work for Everyone. London: IPPR.

5) You can listen to the interview with Daniel Kahneman on 'Health Check' on the BBC World Service. The theatre ticket story is from the full, unedited version of this interview: http://www.bbc.co.uk/programmes/p00mmnj2

6) Kahneman, D. & Tversky, A. (1984) Choices, Values and Frames. American Psychologist, 39, 209–215.

7) Thaler, R.H. & Sunstein, C.R. (2008) Nudge. London: Yale University Press.

8) Kojima, S. & Hama, Y. (1982) Aspects of the Psychology of Spending. Japanese Psychological Research, 24(1), 29–38.

9) Shefrin, H.M. & Thaler, R. (1988) The Behavioural Life-cycle Hypothesis. Economic Inquiry, 26, 609–643.

10) Council of Mortgage Lenders, 2015.

04 돈을 못 버는 것보다 잃는 게 더 싫다

1) For an extremely comprehensive description of Kahneman's own work, as well as that of many others in the field, see the best-selling Kahneman, D. (2012) Thinking, Fast and Slow. London: Penguin.

2) Loewenstein, G.F. (1988) Frames of Mind in Intertemporal Choice. Management Science, 35, 200–214.

3) Chen, M.K. et al (2006) The Evolution of Our Preferences: Evidence from Capuchin Monkey Trading Behavior. Journal of Political Economy, 114(2006), 517–537.

4) Buonomano, D. (2011) Brain Bugs: How the Brain's Flaws Shape Our Lives. London: W.W. Norton & Co.

5) Van de Ven, N. & Zeelenberg, M. (2011) Regret Aversion and the Reluctance to Exchange Lottery Tickets. Journal of Economic Psychology, 32, 194–200.

6) Zeelenberg, M. & Pieters, R. (2004) Consequences of Regret Aversion in Real Life: The Case of the Dutch National Lottery. Organizational Behaviour and Human Decision Processes, 93, 155–168.

7) Kahneman, D. et al (1990) Experimental Tests of the Endowment Effect and the Coase Theorem. Journal of Political Economy, 98(6), 1325–1348.

8) Harbaugh, W.T. et al (2001) Are Adults Better Behaved Than Children? Age, Experience, and the Endowment Effect. Economics Letters, 70(2001), 175–181.

9) Purhoit, D. (1995) Playing the Role of Buyer and Seller: The Mental Accounting of Trade-ins. Marketing Letters, 6, 101–110.

10) Santos, L.R. (2008) Endowment Effect in Capuchin Monkeys. BPhil, Trans. R. Soc. B 363, 3837–3844.

05 그 가격이 맞아?

1) Journalist Corie Brown's telling of this story contains some fascinating details – Brown, C. $75,000 a Case? He's Buying. Los Angeles Times, December 2006: http://articles.latimes.com/2006/dec/01/entertainment/et-rudy1

2) Wallace, B. (13 May 2012) Château Sucker, New York Magazine: http://nymag.com/news/features/rudy-kurniawan-wine-fraud-2012-5/

3) Secret, M. A. (13 December 2013) Kock Brother, on a Crusade Against Counterfeit Rare Wines, Takes the Stand, New York Times: http://www.nytimes.com/2013/12/14/nyregion/william-koch-on-counterfeit-wine-crusade-testifies-against-rudy-kurniawan.html?_r=0

4) FBI (18 December 2013) Wine Dealer Rudy Kurniawan Convicted in Manhattan Federal Court of Creating and Selling Millions of Dollars in Counterfeit Wine

[Press Release]: http://www.fbi.gov/newyork/press-releases/2013/wine-dealer-rudy-kurniawan-convicted-in-manhattan-federal-court-of-creating-and-selling-millions-of-dollars-in-counterfeit-wine

5) Plassmann, H. et al (2008) Marketing Actions Can Modulate Neural Representations of Experienced Pleasantness. PNAS, 105(3), 1050–1054.

6) Goldstein, R. et al (2008) Do More Expensive Wines Taste Better? Evidence from a Large Sample of Blind Tastings. AAWE Working Paper, No. 16 April.

7) Shiv, B. et al (2005) Placebo Effects of Marketing Actions: Consumers Get What They Pay For. Journal of Marketing Research, XLII, 383–393.

8) Branthwaite, A. & Cooper. P. (1981) Analgesic Effects of Branding in Treatment of Headaches. British Medical Journal, 282, 1576–1578.

9) Shiv, B. et al (2005) Placebo Effects of Marketing Actions: Consumers Get What They Pay For. Journal of Marketing Research, XLII, 383–393.

10) Just, D. et al (2014) Lower Buffet Prices Lead to Less Taste Satisfaction. Journal of Sensory Studies, 29(5), 362–370.

11) Mogilner, C. & Aaker, J. (2009) 'The Time vs. Money Effect': Shifting Product Attitudes and Decisions through Personal Connection. Journal of Consumer Research, 36(2), 277–291.

12) Simonson, I. (1989) Choice Based on Reasons: The Case of Attraction and Compromise Effects. Journal of Consumer Research, 16, 158–174.

13) Tversky, A. & Simonson, I. (1992) Choice in Context: Tradeoff Contrast and Extremeness Aversion. Journal of Marketing Research, XXIX, 281–295.

14) Hsee, C.K. & Zhang, J. (2010) General Evaluability Theory. Perspectives on Psychological Science, 5(4), 343–355.

15) Knutson, B. et al (2007) Neural Predictors of Price. Neuron. 53, 147–156.

16) Furnham, A. (2014) The Psychology of Money. London: Routledge. This book contains many such examples, as well as a useful review of all the different types of pricing compa\-nies apply.

17) Winer, R.S. (1986) A Reference Price Model of Brand Choice for Frequently Purchased Products. Journal of Consumer Research, 13, 250–256.

18) Saini, R. et al (2010) Is That Deal Worth My Time? The Interactive Effect of Relative and Referent Thinking on Willingness to Seek a Bargain. Journal of Marketing, 74, 34–48.

19) Navarro-Martinez, D. et al (2011) Minimum Required Payment and Supplemental Information Disclosure Effects on Consumer Debt Repayment Decisions. Journal of Marketing Research, 48, S60–S77.

20) McHugh, S. & Ranyard, R. (2013) The Effects of Alternative Anchors on Credit

Card Repayment Decisions. Paper presented at British Psychological Society Annual Conference in Harrogate.

21) Furnham, A. & Boo, H.C. (2011) A Literature Review of the Anchoring Effect. Journal of Socio-economics, 40(1), 35–42.

22) Critcher, C.R. & Gilovich, T. (2008) Incidental Environmental Anchors. Journal of Behavioral Decision Making, 21, 241–251.

23) Oppenheimer, D.M. et al (2008) Anchors Aweigh: A Demonstration of Cross-modality Anchoring and Magnitude Priming. Cognition, 106, 13–26.

24) Epley, N. & Gilovich, T. (2010) Anchoring Unbound. Journal of Consumer Psychology, 20, 20–24. And also Furnham, A. & Boo, H.C. (2011) A Literature Review of the Anchoring Effect. Journal of Socio-economics. 40, 35–42. Both provide excellent reviews of some of the classic work on anchoring.

25) Strack, F. & Mussweiler, T. (1997) Explaining the Enigmatic Anchoring Effect: Mechanisms of Selective Accessibility. Journal of Personality & Social Psychology, 73, 437–446.

26) Nunes, J.C. & Boatwright, P. (2004) Incidental Prices and Their Effect on Willingness to Pay. Journal of Marketing Research, XLI, 457–466.

27) Nunes, J.C. & Boatwright, P. (2004) Incidental Prices and Their Effect on Willingness to Pay. Journal of Marketing Research, XLI, 457–466.

28) Englich, B. et al (2006) Playing Dice with Criminal Sentences: The Influence of Irrelevant Anchors on Experts' Judicial Decision Making. Personality & Social Psychology Bulletin, 32(2), 188–200.

29) Kahneman, D. (2012) Thinking, Fast and Slow. London: Penguin.

30) Galinsky, A.D et al (2009) To Start Low or To Start High?: The Case of Auctions Versus Negotiations. Current Directions in Psychological Science, 18, 357–361.

31) Kristensen, H. & Garlin, T. (1997) The Effects of Anchor Points and Reference Points on Negotiation Process and Outcome. Organizational Behavior and Human Decision Processes, 71(1), 85–94.

32) Galinsky, A.D et al (2009) To Start Low or To Start High?: The Case of Auctions Versus Negotiations. Current Directions in Psychological Science, 18, 357–361.

33) Furnham, A. & Boo, H.C. (2011) A Literature Review of the Anchoring Effect. Journal of Socio-economics, 40, 35–42.

06 뇌물이라 해도 좋고 인센티브라 해도 좋다

1) Inside the Bonus Culture, BBC Radio 4, 25 March 2013: http://www.bbc.co.uk/

programmes/b01rg1h8. Also, in 1979 the top paid manager at Barclays earned 14.5 times more than the average employee. Assessed 30 years later, the difference was 75 times more, with a lead executive's salary being more than £4.3 million a year. See The High Pay Commission, Cheques With Balances: Why Tackling High Pay is in the National Interest: http://highpaycentre.org/files/Cheques_with_Balances.pdf

2) Schwab, R.S. (1953) Motivation in Measurements of Fatigue. In Floyd, W.F & Welford, A.T. (Eds) The Ergonomics Research Society Symposium on Fatigue. London: H.K. Lewis & Co. Ltd.

3) Deci, E. (1999) A Meta-Analytic Review of Experiments Examining the Effects of Extrinsic Rewards on Intrinsic Motivation. Psychological Bulletin, 125 (6), 627–668.

4) Schwab, R.S. (1953) Motivation in Measurements of Fatigue. In Floyd, W.F & Welford, A.T. (Eds) The Ergonomics Research Society Symposium on Fatigue. London: H.K. Lewis & Co. Ltd.

5) Time magazine article by Amanda Ripley – Ripley, A. (8 April 2010) Should Kids Be Bribed to Do Well in School?: http://content.time.com/time/magazine/article/0,9171,1978758,00.html

6) Fryer, R.G. (2011) Financial Incentives and Student Achievement: Evidence from Randomised Trials. Quarterly Journal of Economics, 126, 1755–1798.

7) See Cowen, T. (2008) Discover Your Inner Economist. London: Penguin.

8) Slavin, R.E. (2010) Can Financial Incentives Enhance Educational Outcomes? Evidence from International Experiments. Educational Research Review, 5 (1), 68–80. A really useful review of schemes that have been tried out across the world.

9) Gneezy, U. et al (2011) When and Why Incentives (Don't) Work to Modify Behaviour. Journal of Economic Perspectives, 25(4), 191–209.

10) Skoufia, E. & McClafferty, B. (2001) Is Progresa working? A Summary of the Results of an Evaluation by IFPRI. IFPRI Discussion Paper, 118.

11) For details of this scheme and those in other countries see Slavin, R.E. (2010) Can Financial Incentives Enhance Educational Outcomes? Evidence from International Experiments. Educational Research Review, 5(1), 68–80.

12) Slavin, R.E. (2010) Can Financial Incentives Enhance Educational Outcomes? Evidence from International Experiments. Educational Research Review, 5(1), 68–80.

There's also an excellent summary of what works and what doesn't from the economist Uri Gneezy. Gneezy, U. et al (2011) When and Why Incentives

(Don't) Work to Modify Behaviour. Journal of Economic Perspectives, 25(4), 191–209.

13) Abolghasemi, N.S. et al (2010) Blood Donor Incentives: A Step Forward or Backward. Asian Journal of Transfusion Science, 4(1), 9–13.

14) Dhingra. N. (2013) In Defense of WHO's Blood Donation Policy. Science, 342, 691.

15) See Lacetera, N. et al (2013) Economic Rewards to Motivate Blood Donations, Science, 340, 927–928, for a review of the studies that have been done on blood donation.

16) Iajya, V. et al (2012) The Effects of Information, Social and Economic Incentives on Voluntary Undirected Blood Donations. NBER Working Paper 18630, NBER: Cambridge, MA.

17) See Lacetera, N. et al (2013) Economic Rewards to Motivate Blood Donations, Science, 340, 927–928.

18) Mellstrom, C. & Johannesson, M. (2008) Crowding Out in Blood Donation: Was Titmuss Right? Journal of the European Economic Association, 6(4), 845–863.

19) Reich, P. et al (2006) A Randomized Trial of Blood Donation Recruitment Strategies. Transfusion, 46, 1090–1096.

20) Gollan, J. (2008) Offenders Given Choice: Pay Fine or Donate Blood. Sun Sentinel, Florida.

21) Abolghasemi, N.S. et al (2010) Blood Donor Incentives: A Step Forward or Backward. Asian Journal of Transfusion Science, 4(1), 9–13.

22) Machado, S. (2014) Loss Aversion and Altruism in Repeated Blood Donation. Conference paper presented at American Society of Health Economics, Los Angeles: https://ashecon.confex.com/ashecon/2014/webprogram/Paper2366.html

23) Lumley, J. et al (2009) Interventions for Promoting Smoking Cessation during Pregnancy. Cochrane Database Systematic Reviews, 8(3): CD001055.

24) There are various schemes like this. This one was 'Smoke Free, Save Big' run by Birmingham East and North Primary Care Trust.

25) Mantazari, E. et al (2012) The Effectiveness of Financial Incentives for Smoking Cessation During Pregnancy: Is It From Being Paid or from the Extra Aid? BMC Pregnancy Childbirth, 12:24.

26) Giles, E. et al (2014) The Effectiveness of Financial Incentives for Health Behaviour Change: Systematic Review and Meta-Analysis. PLoS ONE, 9(3).

27) Lumley, J. et al (2009) Interventions for Promoting Smoking Cessation During

Pregnancy. Cochrane Database Systematic Reviews, 8(3): CD001055.

28) Ierfino, D. et al. (2015) Financial Incentives for Smoking Cessation in Pregnancy: A Single-arm Intervention Study Assessing Cessation and Gaming. Addiction, 110(4), 680–688.

29) In a south London scheme not dissimilar to Tom's, drug users are given vouchers if they stay clean, but also have to take part in eight group sessions, as well as attend a weekly drop-in. Again, participants told me they find the moment of the drug test inspirational. Some even bring family members, who are often weary of repeated broken promises, to witness the clean test results.

30) Lussier, J.P. et al (2006) A Meta-analysis of Voucher-based Reinforcement Therapy for Substance Use Disorders. Addiction, 101, 192–203.

31) Petry, N.M. (2009) Contingency Management Treatments: Controversies and Challenges. Addiction, 105, 1507–1509.

32) Weaver, T. et al (2014) Use of Contingency Management Incentives to Improve Completion of Hepatitis B Vaccination in People Undergoing Treatment for Heroin Dependence: A Cluster Randomised Trial. The Lancet, 384(9938), 153–163.

33) Ierfino, D. et al (2015) Financial Incentives for Smoking Cessation in Pregnancy: A Single-arm Intervention Study Assessing Cessation and Gaming. Addiction, 110(4), 680–688.

34) Petry, N.M. (2009) Contingency Management Treatments: Controversies and Challenges. Addiction, 105, 1507–1509.

35) Petry, N.M. (2009) Contingency Management Treatments: Controversies and Challenges. Addiction, 105, 1507–1509.

07 칭찬이 돈보다 더 낫다

1) Deci, E. (1971) Effects of Externally Mediated Rewards on Intrinsic Motivation. Journal of Personality & Social Psychology, 18(1), 105–115.

2) Henderlong, J. & Lepper, M.R. (2002) The Effects of Praise on Children's Intrinsic Motivation: A Review and Synthesis. Psychological Bulletin, 128(5), 774–795.

3) Brummelman, E. et al (2014) "That's Not Just Beautiful—That's Incredibly Beautiful!" The Adverse Impact of Inflated Praise on Children With Low Self-esteem. Psychological Science, 25(3), 728–735.

4) Mueller, C.M. & Dweck, C.S. (1998) Praise for Intelligence Can Undermine Children's Motivation and Performance. Journal of Personality & Social Psychology, 75(1), 33–52.

5) Gneezy, U. & Rustichini, A. (2000) Pay Enough or Don't Pay at All. The Quarterly Journal of Economics, 115 (3), 791–810.

6) Cameron, J. & Pierce, W.D. (1994) Reinforcement, Reward and Intrinsic Motivation: A Meta-analysis. Review of Educational Research, 64(3), 363–423.

7) Ariely, D. (2008) Predictably Irrational. New York: Harper Collins.

8) Ariely, D. (2008) Predictably Irrational. New York: Harper Collins.

9) See Webley, P. et al (2001) The Economic Psychology of Everyday Life. Sussex: Psychology Press. See p.155 for some interesting discussion on this topic.

10) Ariely, D. (2008) Predictably Irrational. New York: Harper Collins.

11) Jordet, G. et al (2012) Team History and Choking under Pressure in Major Soccer Penalty Shootouts. British Journal of Psychology, 103(2), 149–292.

12) For an explanation of this theory, see Baumeister, R.F. (1984) Choking under Pressure: Self-consciousness and Paradoxical Effects of Incentives on Skillful Performance. Journal of Personality & Social Psychology, 46(3), 610–620.

13) Mobbs, D. et al (2011) Choking on the Money: Reward-Based Performance Decrements Are Associated With Midbrain Activity. Psychological Science, 20(8), 955–962.

14) Aarts, E. et al (2014) Dopamine and the Cognitive Downside of a Promised Bonus. Psychological Science, 25, 1003.

15) Frey, B.S. & Oberholzer-Gee, F. (1997) The Cost of Price Incentives: An Empirical Analysis of Motivation Crowding-Out. American Economic Review, 87(4), 746–755.

16) Gneezy, U. & Rustichini, A. (2000) A Fine is a Price. Journal of Legal Studies, 29(1), 1–17.

08 돈이 많은 사람에게 돈이 동기부여가 될까

1) Fraser, G. (17 January 2014) The Wolf of Wall Street Sexes Up Greed, but Systemic Immorality Does More Damage: http://www.theguardian.com/commentisfree/belief/2014/jan/17/wolf-wall-street-sexes-greed-immorality

2) Gregg, P. et al (2012) Executive Pay and Performance: Did Bankers' Bonuses Cause the Crisis? International Review of Finance, 12(1), 89–122.

3) CIPD (2015) Show Me the Money! The Behavioural Science of Reward. This is a very comprehensive report that brings together masses of research on the use of rewards with adults at work and makes concrete recommendations.

4) Osterloh, M. (2014) Viewpoint: Why Variable Pay-for-performance in Healthcare Can Backfire: Evidence from Psychological Economics. Evidence-based HRM: A Global Forum for Empirical Scholarship, 2(1), 120–123.

5) Larkin, I. et al (2012) The Psychological Costs of Pay-for-performance: Implications for the Strategic Compensation of Employees. Strategic Management Journal, 33, 1194–1214.

6) Speech by Adair Turner, Chairman, Financial Services Authority at the City Banquet, Mansion House, London, 22 September 2009: http://www.fsa.gov.uk/pages/Library/Communication/Speeches/2009/0922_at.shtml

09 가지면 가질수록 더 갖고 싶은 돈

1) For a comprehensive explanation of the typologies proposed by different authors see Adrian's Furnham's 2006 book, The New Psychology of Money. London: Routledge.

2) These headings are from a typology outlined by Goldberg, H. & Lewis, R.E. (1978) Money Madness: The Psychology of Saving, Spending, Loving, and Hating Money. (Los Angeles: Wellness Institute Ltd.) I have summarised the characteristics they give here in my own words, but this book outlines the types in full.

3) See Keller and Siegrist on p.97 of Furnham, A. (2006) The New Psychology of Money. London: Routledge.

4) See Paul Webley et al's excellent textbook The Economic Psychology of Everyday Life for a summary of the research in this area, beginning on p.107.

5) Engleberg, E. & Sjoberg, L. (2006) Money Attitudes and Emotional Intelligence. Journal of Applied Social Psychology, 36(8), 2027–2047.

6) See Adrian Furnham's The New Psychology of Money, Chapter 5, for a comprehensive summary of this field of study.

7) The Big Money Test – Results, BBC Science, 14 March 2013: http://www.bbc.co.uk/science/0/21360144

8) Dew, J. et al (2012) Examining the Relationship Between Financial Issues and Divorce. Family Relations, 61(4), 615–628.

9) Burgoyne, C. (2004) Heartstrings and Purse Strings: Money in Heterosexual Marriage. Feminism & Psychology, 14(1), 165–172.

10) Prince, M. (1993) Women, Men, and Money Styles. Journal of Economic Psychology, 14, 175–182.

11) Mitchell, T.R. & Mickel, A.E. (1999) The Meaning of Money: An Individual Difference Perspective. Academy of Management Review, 24(3), 568–578.

12) For more of Elaine's story see Making Slough Happy, BBC2, 6 December 2005.

13) Sullivan, P. (20 January 2006) William 'Bud' Post III; Unhappy Lottery Winner:

http://www.washingtonpost.com/wp-dyn/content/article/2006/01/19/AR2006011903124.html

14) Runion, R. (1 May 2007) Lawsuit: Millionaire Stole Lotto Ticket: http://www.theledger.com/article/20070501/NEWS/705010406

15) BBC News (11 August 2004) Rapist Scoops £7m on Lotto Extra: http://news.bbc.co.uk/1/hi/uk/3554008.stm

16) Hedenus, A. (2011) Finding Prosperity as a Lottery Winner: Presentations of Self after Acquisition of Sudden Wealth, Sociology, 45(1), 22–37.

17) Brickman, P. et al (1978) Lottery Winners and Accident Victims: Is Happiness Relative? Journal of Personality and Social Psychology, 36(8), 917–927.

18) Armenta, C.N. et al (2014) Is Lasting Change Possible? Lessons from the Hedonic Adaptation Prevention Model. In Sheldon, K.M. & Lucas, R.E. (Eds) Stability of Happiness. New York: Elsevier.

19) Quoidbach, J. et al (2010) Money Giveth, Money Taketh Away: The Dual Effect of Wealth on Happiness. Psychological Science, 21(6), 759–763.

20) Happy Money by Elizabeth Dunn & Michael Norton (2013) gives an excellent account of how to use the evidence on spending to use money to make yourself happier. London: One World.

21) Thaler, R.H. (1999) Mental Accounting Matters. Journal of Behavioral Decision-making, 12(3), 183–206.

22) Haushofer, J. & Shapiro, J. (2013) Household Response to Income Changes: Evidence from an Unconditional Cash Transfer Program in Kenya. Massachusetts Institute of Technology Working Paper.

23) Stevenson, B. & Wolfes, J. (2013) Subjective Well-Being and Income: Is There Any Evidence of Satiation? American Economic Review, 103(3), 598–604.

24) Deaton, A. (27 February 2008) Worldwide, Residents of Richer Nations More Satisfied. Gallup: http://www.gallup.com/poll/104608/worldwide-residents-richer-nations-more-satisfied.aspx

25) Aknin, L.B. et al (2009) From Wealth to Well-being? Money Matters, but Less Than People Think. The Journal of Positive Psychology, 4(6), 523–527.

26) Helga Dittmar's book Consumer Culture, Identity & Well-Being. (Hove: Psychology Press) contains a chapter 'Is This as Good as it Gets?' on the consequences of materialism, containing this data and many other studies.

27) Csikszentmihalyi, M. (2002) Flow: The Psychology of Happiness. London: Rider.

28) Locke, E.A. et al (2001) Money and Subjective Well-being: It's Not the Money, It's the Motives. Journal of Personality and Social Psychology, 80(6), 959–971.

29) For details of this study, see Helga Dittmar's 2008 book Consumer Culture, Identity and Well-being, pp.85–94 Hove: Psychology Press.

30) Pieters, R. (2013) Bidirectional Dynamics of Materialism and Loneliness: Not Just a Vicious Cycle. Journal of Consumer Research, 40, 615–631.

10 가난한 사람을 혐오하는 사람들

1) Harris, L.T. & Fiske, S.T. (2006) Dehumanizing the Lowest of the Low: Neuroimaging Responses to Extreme Out-Groups. Psychological Science, 17, 847–853.

2) Levi, P. (1988) The Drowned and the Saved. London: Abacus.

3) Bamfield, L. & Horton, T. (22 June 2009) Understanding Attitudes to Tackling Economic Inequality: http://www.jrf.org.uk/publications/attitudes-economic-inequality

4) Clery, E., et al (April 2013) Prepared for the Joseph Rowntree Foundation – Public Attitudes to Poverty and Welfare, 1983–2011. Analysis Using British Social Attitudes Data: http://www.natcen.ac.uk/media/137637/poverty-and-welfare.pdf

5) Hall, S. et al (2014) Public Attitudes to Poverty. Joseph Rowntree Foundation.

6) Heberle, A. & Carter, A. (2015) Cognitive Aspects of Young Children's Experience of Economic Disadvantage. Psychological Bulletin, 141(4), 723–746.

7) Weinger, S. (2000) Economic Status: Middle Class and Poor Children's View. Children & Society, 14, 135–146.

8) Heberle, A. & Carter, A. (2015) Cognitive Aspects of Young Children's Experience of Economic Disadvantage. Psychological Bulletin, 141(4), 723–746.

9) Cozzarelli, C. et al (2001) Attitudes Toward the Poor and Attributions for Poverty. Journal of Social Issues, 57, 207–227. Also for a useful summary of many studies of attitudes towards the poor see Lott, B. (2002) Cognitive and Behavioural Distancing from the Poor. American Psychologist, 57(2), 100–110.

10) Crandall S.J. et al (1993) Medical Students' Attitudes Toward Providing Care for the Underserved: Are We Training Socially Responsible Physicians? JAMA, 269, 2519–2523.

11) Lerner, M.J. (1980) The Belief in a Just World: A Fundamental Delusion. New York: Plenum Press.

12) Weiner, D.O. et al (2011) An Attributional Analysis of Reactions to Poverty: The Political Ideology of the Giver and the Perceived Morality of the Receiver. Personality & Social Psychology Review, 15(2), 199–213.

13) Guzewicz, T. & Takooshian, H. (1992) Development of a Short-form Scale

of Public Attitudes Toward Homelessness. Journal of Social Distress & the Homeless, 1(1), 67–79.

14) Horwitz, S. & Dovidio, J.F. (2015) The Rich – Love Them or Hate Them? Divergent Implicit and Explicit Attitudes Toward the Wealthy. Group Processes & Intergroup Relations, doi: 10.1177/1368430215596075

15) Mani, A. et al (2013) Poverty Impedes Cognitive Function. Science, 341(6149), 976–980.

16) Mullainathan, S. & Shafir, E. (2013) Scarcity: Why Having Too Little Means So Much. London: Allen Lane. 12.

17) Mani, A. et al (2013) Poverty Impedes Cognitive Function. Science, 341(6149), 976–980.

18) Pew Charitable Trust (2013) Payday Lending in America: Report 2 – How Borrowers Choose and Repay Payday Loans.

19) Prelec, G. & Loewenstein, D. (1998) The Red and the Black. Marketing Science, 17(1), 4–28.

20) Nickerson, R.S. (1984) Retrieval Inhibition from Part-set Cuing: A Persisting Enigma in Memory Research. Memory & Cognition, 12(6), 531–552.

21) Mullainathan, S. & Shafir, E. (2013) Scarcity: Why Having Too Little Means So Much. London: Allen Lane. 107.

22) Shah, A. et al (2013) Some Consequences of Having Too Little. Science, 338, 682–685.

23) Von Stumm, S. et al (2013) Financial Capability, Money Attitudes and Socioeconomic Status. Personality and Individual Differences, 54, 344–349.

24) Haushofer, J. (2011) Neurobiological Poverty Traps. Working paper: University of Zurich. This paper is an excellent and very honest summary of the state of the field.

25) Haushofer, J. (2011) Neurobiological Poverty Traps. Working paper: University of Zurich.

26) Luby, J. et al (2013) The Effects of Poverty on Childhood Brain Development. JAMA Pediatrics, 167(12), 1135–1142.

27) Piketty, T. (2014) Capital in the Twenty-first Century. Cambridge, Massachusetts: Harvard University Press.

11 돈에 대한 거짓말은 용서할 수 있다

1) Vohs, K.D. et al (2006) The Psychological Consequences of Money. Science, 314, 1154–1156.

2) Bargh, J.A. et al (1996) Automaticity of Social Behavior: Direct Effects of Trait

Construct and Stereotype Activation on Action. Journal of Personality and Social Psychology, 71(2), 230–244.

3) Grenier, M. et al (2012) Money Priming Did Not Cause Reduced Helpfulness: http://www.psychfiledrawer.org/replica\-tion.php?attempt=MTQ2

4) Vohs, K.D. (2015) Money Priming Can Change People's Thoughts, Feelings, Motivations, and Behaviors: An Update on 10 Years of Experiments. Journal of Experimental Psychology, 144(4), e86–e93.

5) Kouchaki, M. (2013) Seeing Green. Mere Exposure to Money Triggers a Business Decision Frame and Unethical Outcomes. Organizational Behavior and Human Decision Processes, 121(1), 53–61.

6) Piff, P.K. (2014) Wealth and the Inflated Self: Class, Entitlement, and Narcissism. Personality and Social Psychology Bulletin, 40(1), 34–43.

7) Piff, P.K. (October 2013) Does Money Make You Mean? TED Talk. https://www.ted.com/talks/paul_piff_does_money_make_you_mean?language=en

8) Brickman, P. et al (1978) Lottery Winners and Accident Victims: Is Happiness Relative? Journal of Personality and Social Psychology, 36(8), 917–927.

9) Piff, P.K. et al (2012) Higher Social Class Predicts Increased Unethical Behaviour. PNAS, 109(11), 4086–4091.

10) Trautmann, S.T. et al (2013) Social Class and (Un)Ethical Behavior: A Framework, With Evidence From a Large Population Sample. Perspectives on Psychological Science, 8(5), 487–497.

11) Bauer, R. et al (2014) Donation and Strategic Behavior of Millionaires. Working Paper, Rotterdam Behavioral Finance Conference.

12) Cikara, M. & Fiske, S.T. (2012) Stereotypes and Schadenfreude. Affective and Physiological Markers of Pleasure at Outgroup Misfortunes. Social Psychological and Personality Science, 3(1), 63–71.

13) Belk, R. & Wallendorf, S. (1990) The Sacred Meanings of Money. Journal of Economic Psychology, 11, 35–67.

14) Zizzo, D.J. & Oswald, A. (2000) Are People Willing to Pay to Reduce Others' Incomes? Working Paper. Warwick Economic Research Papers, No. 568.

15) Van de Ven, N. et al (2010) The Envy Premium in Product Evaluation. Journal of Consumer Research, 37(6), 984–998.

16) Jealousy and envy aren't strictly speaking the same thing. For jealousy, think love triangle: three people, with one person fearing the loss of another to the third. Envy, by contrast, involves just the two of us. You have something I want, whether that's a particular skill, success in life or, yes, a lot more money. In this case, Pieters and his team used the word jealousy because

they thought it sounded less negative than envy and because it's often used colloquially to mean the same thing.

17) Festinger, L. (1957) A Theory of Cognitive Dissonance. Stanford: Stanford University Press.

18) Xie, W. et al (2014) Money, Moral Transgressions, and Blame. Journal of Consumer Psychology, 24 (3), 299–306.

19) Lewis, A. et al (2012). Drawing the Line Somewhere: An Experimental Study of Moral Compromise. Journal of Economic Psychology, 33(4), 718–725.

20) Marwell, G. & Ames, R. (1981) Economists Free Ride. Does Anyone Else? Journal of Public Economics, 15(3), 295–310.

21) Frank, R.H. et al (1993) The Evolution of One-shot Cooperation: An Experiment. Ethology and Sociobiology, 14(4), 247–256.

22) Goldberg, H. & Lewis, R.E. (1978) Money Madness: The Psychology of Saving, Spending, Loving, and Hating Money. Los Angeles: Wellness Institute Ltd.

23) Hanley, A. & Wilhelm, M.S. (1992) Compulsive Buying: An Exploration into Self-esteem and Money Attitudes. Journal of Economic Psychology, 13, 5–18.

24) Pascal, B. (1660, 1958) Pascal's Pensées. New York: Dutton.

25) For a good review of the studies, see Hahn, C. et al (2013) 'Show Me the Money': Vulnerability to Gambling Moderates the Attractiveness of Money Versus Suspense. Personality and Social Psychology Bulletin, 39(10), 1259–1267.

26) Hahn, C. et al (2013) 'Show Me the Money': Vulnerability to Gambling Moderates the Attractiveness of Money Versus Suspense. Personality and Social Psychology Bulletin, 39(10), 1259–1267.

27) Chen, E.Z. et al (2012) An Examination of Gambling Behaviour in Relation to Financial Management Behaviour, Financial Attitudes, and Money Attitudes. International Journal of Mental Health Addiction, 10, 231–242.

28) Slutske, W.S. et al (2005) Personality and Problem Gambling. A Prospective Study of a Birth Cohort of Young Adults. Archives of General Psychiatry, 62(7), 769–775.

29) Michalczuk, R. et al (2011) Impulsivity and Cognitive Distortions in Pathological Gamblers Attending the UK National Problem Gambling Clinic: A Preliminary Report. Psychological Medicine, 41(12), 2625–2635.

30) Clark, L. (2010) Decision-making during Gambling: An Integration of Cognitive and Psychobiological Approaches. Philosophical Transactions: Biological Sciences, 365, 319–330.

31) Cocker, P.J. et al (2013) A Selective Role for Dopamine D4 Receptors in

Modulating Reward Expectancy in a Rodent Slot Machine Task. Biological Psychiatry, 75(10), 817–824.

32) Clark, L. (2010) Decision-making during Gambling: An Integration of Cognitive and Psychobiological Approaches. Philosophical Transactions: Biological Sciences, 365, 319–330.

33) Clark, L. (2010) Decision-making during Gambling: An Integration of Cognitive and Psychobiological Approaches. Philosophical Transactions: Biological Sciences, 365, 319–330.

34) Michalczuk, R. et al (2011) Impulsivity and Cognitive Distortions in Pathological Gamblers Attending the UK National Problem Gambling Clinic: A Preliminary Report. Psychological Medicine, 41(12): 2625–2635.

12 세금 납부도 생각보다 즐겁다

1) Dunn, E.W. et al (2008) Spending Money on Others Promotes Happiness. Science, 319(5870), 1687–1688.

2) Harbaugh, W.T. et al (2007) Neural Responses to Taxation and Voluntary Giving Reveal Motives for Charitable Donations. Science, 316(5831),1622–1625. Quote is from: EurekAlert! Paying Taxes, According to the Brain, Can Bring Satisfaction (14 June 2007): http://www.eurekalert.org/pub_releases/2007-06/uoo-pta061107.php

3) Harbaugh, W.T. (1998) What Do Donations Buy? A Model of Philanthropy Based on Prestige and Warm Glow. Journal of Public Economics, 67, 269–284.

4) Raihani, N.J. & Smith, S. (2015) Competitive Helping in Online Giving. Current Biology, 25(9), 1183–1186.

5) Newman, G.E. & Cain, D.M. (2014) Tainted Altruism: When Doing Some Good Is Evaluated as Worse Than Doing No Good at All. Psychological Science, 25(3), 648–655.

6) Newman, G.E. & Cain, D.M. (2014) Tainted Altruism: When Doing Some Good Is Evaluated as Worse Than Doing No Good at All. Psychological Science, 25(3), 648–655.

7) Harbaugh, W.T. et al (2007) Neural Responses to Taxation and Voluntary Giving Reveal Motives for Charitable Donations. Science, 316, 1622–1625.

8) Andreoni, J. (2006) 'Philanthropy' in Serge-Christophe Kolm and Jean Mercier Ythier (Eds) Handbook of Giving, Reciprocity, and Altruism. Amsterdam: Elsevier/North-Holland.

9) Schervish, P.G. et al (2006) 'Charitable Giving: How Much, By Whom, To What, and Why' in Powell, W.W. & Steinberg, R. The Nonprofit Sector: A Research

Handbook. Connecticut: Yale University Press.

10) The Chronicle of Philanthropy (2014) – How America Gives: https://philanthropy.com/specialreport/how-america-gives-2014/1

11) Holland, J. et al (2012) Lost Letter Measure of Variation in Altruistic Behaviour in 20 Neighbourhoods, PLoS ONE, 7(8): e43294.

12) Brethel-Haurwitz, K. & Marsh, A. (2014) Geographical Differences In Subjective Well-Being Predict Extraordinary Altruism. Psychological Science, 25(3), 762–771.

13) Hoffman, M. (2011) Does Higher Income Make You More Altruistic? Evidence from the Holocaust. The Review of Economics and Statistics, 93(3), 876–887.

13 절약하는 사람이 부자가 된다

1) Felson, R.B. (1981) Ambiguity and Bias in the Self-concept. Social Psychology Quarterly, 44, 64–69.

2) Dunning, D. et al (1989) Ambiguity and Self-Evaluation: The Role of Idiosyncratic Trait Definitions in Self-serving Assessments of Ability. Journal of Personality and Social Psychology, 57, 1082–1090.

3) Himanshu M. et al (2013) Influence of Motivated Reasoning on Saving and Spending Decisions. Organizational Behavior and Human Decision Processes, 121(1), 13–23.

4) See my book Time Warped (2013) published by Canongate for a whole book's worth of discussion on this.

5) Warneryd, K.E. (2000) Future-orientation, Self-control and Saving. Paper presented at XXVII International Congress of Psychology, Stockholm.

6) Howlett. E. et al (2008) The Role of Self-Regulation, Future Orientation, and Financial Knowledge in Long-Term Financial Decisions. Journal of Consumer Affairs, 42(2), 223–242.

7) Peetz, J. & Buehler, R. (2009) Is There a Budget Fallacy? The Role of Savings Goals in the Prediction of Personal Spending. Personality & Social Psychology Bulletin, 35(12), 1579–1591.

8) Lewis, N.A. & Oyserman, D. (2015) When Does the Future Begin? Time Metrics Matter, Connecting Present and Future Selves. Psychological Science, 26(6), 816–825.

9) Ulkumen, G. et al (2008) Will I Spend More in 12 Months or a Year? The Effect of Ease of Estimation and Confidence on Budget Estimates. Journal of Consumer Research, 35(2), 245–256.

10) Thaler, R.H. & Sunstein, C.R. (2008) Nudge. London: Yale University Press.

11) Trope, Y. & Liberman, N. (2003) Temporal Construal. Psychological Review, 110(3), 403–421.

12) Tam, L. & Dholakia, U. (2014) Saving in Cycles. How to Get People to Save More Money. Psychological Science, 25(2), 531–537.

13) Chen, K. (2013) The Effect of Language on Economic Behavior: Evidence from Savings Rates, Health Behaviors, and Retirement Assets. American Economic Review, 103(2), 690–731.

14) Chen, K. (2013) The Effect of Language on Economic Behavior: Evidence from Savings Rates, Health Behaviors, and Retirement Assets. American Economic Review, 103(2), 690–731.

15) Maglio, S. J. et al (2013) Distance From a Distance: Psychological Distance Reduces Sensitivity to Any Further Psychological Distance. Journal of Experimental Psychology: General, 142(3): 644–657.

16) Ashraf, N. et al (2006) Tying Odysseus to the Mast: Evidence from a Commitment Savings Product in the Philippines. The Quarterly Journal of Economics, 121(2), 635–672.

17) Ashraf, N. et al (2006) Household Decision Making and Savings Impacts: Further Evidence from a Commitment Savings Product in the Philippines. Yale University Economic Growth Center Discussion Paper No. 939.

18) Meredith, J. et al (2013) Keeping the Doctor Away: Experimental Evidence on Investment in Preventative Health Products. Journal of Development Economics, 105, 196–210.

19) Bench, G. et al (2014) Why Do Households Forgo High Returns from Technology Adoption: Evidence from Improved Cook Stoves in Burkina Faso, Ruhr Economic Papers.

20) Dupas, P. & Robinson, J. (2013) Why Don't the Poor Save More? Evidence from Health Savings Experiments. American Economic Review, 103(4), 1138–1171.

21) Karlan, D. et al (2014) Getting to the Top of Mind: How Reminders Increase Saving. National Bureau of Economic Research Working Paper, 16205: http://karlan.yale.edu/sites/default/files/top-of-mind-oct2014.pdf

14 행복해지고 싶다면 경험을 소비하라

1) Dunn, E.W. et al (2011) If Money Doesn't Make You Happy, Then You Probably Aren't Spending it Right. Journal of Consumer Psychology, 21, 115–125.

2) Paul Dolan's book Happiness by Design (London: Penguin) explains how to

work out what gives you real pleasure in life, and how to make the decisions that can make you happier.

3) Kumar, A. et al (2014) Waiting for Merlot. Anticipatory Consumption of Experiential and Material Purchases. Psychological Science, 25(10), 1924–1931.

4) The Skint Foodie – Food + Recovery + Peckham (With Added Employment), online blog: http://www.theskintfoodie.com/

5) Dunn, E. & Norton, M. (2013) Happy Money: The New Science of Smarter Spending. London: One World.

6) DeVoe, S.E. & Pfeffer, J. (2008) When Time is Money: The Effect of Hourly Payment on the Evaluation of Time. Organizational Behaviour and Human Decision Processes, 104(1), 1–13.

7) Dunn, E. & Norton, M. (2013) Happy Money: The New Science of Smarter Spending. London: One World.

8) Loewenstein, G. (1987) Anticipation and the Value of Delayed Consumption. The Economic Journal, 97(387), 666–684.

9) Chancellor, J. & Lyubomirsky, S. (2011) Happiness and Thrift: When (Spending) Less is (Hedonically) More. Journal of Consumer Psychology, 21, 131–138.

10) Atalay, A. & Meloy, M. (2011). Retail Therapy: A Strategic Effort to Improve Mood. Psychology and Marketing, 28(6), 638–659.